建设
中华民族现代文明
研讨会文集

中国社会科学院科研局 编

社会科学文献出版社
SOCIAL SCIENCES ACADEMIC PRESS (CHINA)

出版说明

为深入学习领会习近平文化思想，深入学习贯彻习近平总书记在文化传承发展座谈会上的重要讲话精神，2024年6月2日，中国社会科学院举办"建设中华民族现代文明"研讨会。中共中央政治局委员、中宣部部长李书磊出席并发表主旨演讲。中共中央党校（国家行政学院）、中国社会科学院、北京大学、清华大学、中国人民大学、中央民族大学、北京师范大学、复旦大学、山东大学、兰州大学等国内高校和科研院所的百余名专家参加会议。与会嘉宾围绕"习近平文化思想的体系化学理化研究""中华文明'五个突出特性'的历史学阐释""'第二个结合'的思想内涵与实践要求""中国式现代化与中华民族现代文明""中华文化的国际传播与中外文明交流互鉴"等五个专题展开深入研讨，交流最新成果，碰撞思想火花，凝聚学术共识，拓展了建设中华民族现代文明研究的广度和深度，展现了开阔的历史文化视野、深厚的学术思想积累和强烈的使命追求。研讨会得到人民日报、新华社、央视《新闻联播》、光明日报、"学习强国"和"今日头条"客户端等媒体的广泛报道，在社科理论界产生了热烈影响。

中华民族现代文明贯通传统与现代、过去与未来，是波澜壮阔的历史进程，也是催人奋进的目标愿景。建设中华民族现代文明，是我们在新时代必须担负起的新的文化使命，为学术理论研究和哲学社会科学事业发展提供了广阔空间。为集中展示"建设中华民族现代文明"研讨会所取得的理论成果，进一步推动对习近平文化思想、建设中华民族现代文明的体系化学理化研究，根据中国社会科学院党组部署，科研局在尊重发言嘉宾意愿的基础上，组织汇编了《建设中华民族现代文明研讨会文集》，共收录发言文章59篇，按照研讨会主题分为五个专题。为更加准确规范地反映发言嘉宾的学术观点，展现各自的语言风格和研究特色，在文稿编辑过程中，我们与发言嘉宾进行了充分沟通，最大程度地保留了文稿原貌，希望能给读者以启迪和思考。

《文集》汇编工作在中国社会科学院院长、党组书记高翔指导下进行，副院长、党组成员甄占民参与组织，中国社会科学院科研局会同社会科学文献出版社具体实施。

《文集》汇编工作得到了研讨会发言嘉宾的大力支持，在此表示衷心感谢！

中国社会科学院科研局
2024年9月

目 录

习近平文化思想的体系化学理化研究

习近平文化思想的原理性贡献……………………… 张志强（003）
习近平文化思想的精髓和创新……………………… 郝立新（009）
习近平文化思想的哲学意蕴………………………… 臧峰宇（012）
习近平文化思想的辩证法…………………………… 吴向东（023）
从"问题意识"谈习近平文化思想的意义…………… 赵金刚（029）
马克思主义中国化时代化的文化根基……………… 韩　震（033）
"两个结合"与文化主体性…………………………… 郭建宁（037）
中华民族现代文明的内涵与意义…………………… 郑　飞（046）
中华民族现代文明的历史意蕴再审视……………… 何中华（053）
谈谈中华文化主体性的内涵………………………… 赵剑英（062）
主体再造：党百年文化建设的历史逻辑…………… 曹润青（065）
中国式现代化的文化形态
　　——基于唯物史观的考察……………………… 周　丹（072）
多时态的中国式现代化文化形态…………………… 安德明（094）

中华文明"五个突出特性"的历史学阐释

中华文明的突出特性夯实建设中华民族现代文明基础
　　……………………………………………… 李国强（103）
从考古学看中华文明的突出特性……………… 施劲松（108）
中华文明具有突出的连续性：从源远流长的历史连续性
　　来认识中国……………………………… 杨艳秋（112）
中华文明连续发展的深层次原因分析………… 江林昌（116）
从创新性看建设中华民族现代文明的历史必然性…… 夏春涛（120）
深刻理解中华文明突出统一性的历史价值和时代意义
　　……………………………………………… 邢广程（124）
中华文明突出统一性形成的基础
　　——几点初步认识……………………… 张顺洪（128）
从吐鲁番文书看中华文明的统一性…………… 刘安志（132）
中华文明统一性的边疆阐释…………………… 罗　群（137）
从考古看中华文明融合特性的起源…………… 陈胜前（142）
中华民族共同体中"国家认同"与"民族认同"具有
　　一体两面之关系………………………… 王震中（145）
中华文明的和平性及其世界意义……………… 罗文东（152）
古代中国尚和传统与中华文明的和平性特性………… 康　震（159）
和平性：明朝对外交往的理念与实践………… 田　澍（164）
中华文明的五个突出特性与区域史研究的范式创新
　　……………………………………………… 张　侃（168）

"第二个结合"的思想内涵与实践要求

"第二个结合"与文化主体性重建 …………………… 李文堂（175）
马克思主义中国化时代化与中华文明的现代转化
………………………………………………………… 郗　戈（180）
深刻领会习近平总书记关于"第二个结合"的重要论述
………………………………………………………… 陈曙光（186）
百年中国马克思主义哲学史视域中的"第二个结合"
………………………………………………………… 王海锋（191）
从思想解放的内涵看"第二个结合"的重大意义…… 杨洪源（197）
深刻理解"第二个结合"是又一次的思想解放……… 陈培永（204）
人类文明整体进程视域中的"古今中西之争"……… 林建华（210）
实现有原则高度的文明实践………………………… 沈湘平（218）
中华优秀传统文化人心和善道德观的时代价值…… 吴潜涛（227）
实现"第二个结合"与建设中华民族现代文明……… 丰子义（229）

中国式现代化与中华民族现代文明

"中华民族现代文明"解读 …………………………… 谢立中（235）
中华文明的统一性与中华民族共同体建设………… 麻国庆（240）
新型现代化国家的特征……………………………… 张　静（247）
在"两个文明"协调发展中推进中国式现代化……… 袁红英（255）
中国式现代化进程中的新型工业化………………… 李晓华（261）

中国式现代化与县域城乡融合……………………………周飞舟（267）
中国式现代化进程中社会政策的发展取向………………韩克庆（270）
共同富裕与中华民族现代文明发展的社会基础…………陈光金（273）
中华民族现代文明视域下的中国自主知识体系建设……杨　典（283）
繁荣居民文化消费提升文化自信…………………………朱　迪（288）
数字社会研究中的传统社会智慧：从差序格局说起
………………………………………………………………王天夫（291）

中华文化的国际传播与中外文明交流互鉴

文明互鉴与中华民族现代文明建设………………………钱乘旦（297）
传承弘扬敦煌文化　建设中华民族现代文明……………郑炳林（303）
以"丝路精神"引领欧亚文明互鉴…………………………田德文（308）
讲好中华文化故事，增进中外文明交流互鉴……………孙尚武（314）
中外文明交流互鉴的国际范式
　　——"人类命运共同体"视域下的金砖国家文明
　　交流互鉴………………………………………………汪朝光（318）
深入学习习近平文化思想　切实加强中华文化国际传播
………………………………………………………………滕云平（322）
反思国际精准传播的实现路径……………………………王维佳（326）
谈中华民族文化传播………………………………………程曼丽（330）
新时代中华文化的国际传播：战略规划与路径抉择……袁　征（334）
学者的使命与追求：参与国际学术构建，探寻人类
　　共同福祉……………………………………………陈　恒（338）

#习近平文化思想的体系化学理化研究

习近平文化思想的原理性贡献

张志强[*]

文化关乎国本、国运。2023年习近平总书记在中国历史研究院出席文化传承发展座谈会并发表重要讲话，再次重申了这一判断，并着重说明："这段时间，我一直在思考推进中国特色社会主义文化建设、建设中华民族现代文明这个重大问题。"[①] 习近平总书记还特别强调，正是这一点，是召开这次座谈会的原因。这表明，习近平总书记是把文化建设提升到中华民族现代文明建设的高度来看待的，是把文化建设提升到国本和国运的意义上来把握的。

2023年10月召开的全国宣传思想文化工作会议，第一次在"宣传思想"之后加上了"文化"，这一变化具有重大的标志性意义。这表明，我们党深刻认识到了文化建设对于宣传思想工作的基础性意义。正是在这次会议上，宣告了习近平文化思想的形成。在党的二十大开局第一年，也是开启新征程的第一年，提出的第一个重要思想，是文化思

---

[*] 张志强，中国社会科学院哲学研究所所长、党委副书记，研究员。
[①] 习近平：《在文化传承发展座谈会上的讲话》，人民出版社，2023，第1~2页。

想。这不仅表明习近平文化思想是习近平新时代中国特色社会主义思想的文化篇，更充分说明了文化思想在习近平新时代中国特色社会主义思想中的基础性或核心性地位。党的十八大以来，习近平总书记把文化建设摆在治国理政的突出位置，对文化建设的重视成为习近平文化思想一个贯穿始终的主题。因此，如何理解文化建设在治国理政中的突出位置，是我们深刻理解习近平文化思想的旨趣，并通过习近平文化思想把握习近平新时代中国特色社会主义思想体系性的关键。

一　习近平总书记把文化建设摆在治国理政的突出位置，是对马克思主义文化理论的丰富和发展

习近平总书记对于文化建设重要性的认识，首先表现为对于精神文明重要性的认识。一方面，习近平总书记高度重视精神独立对于民族发展的重要性，特别强调"人无精神则不立，国无精神则不强"。精神文明建设的目标，就是要促进中华民族精神独立和精神自主。因此，新时代文化建设的主题就是文化主体性的建设，就是通过文化建设实现文化自信。另一方面，习近平总书记特别强调精神文明与物质文明协调发展，精神和物质的共同富裕。文化建设是促进精神与物质协调发展，体现中国式现代化宗旨的关键领域，是体现中国式现代化作为社会主义现代化优越性的关键领域。

习近平总书记对于文化建设重要性的认识，蕴含着一个深刻的理论突破。这一突破在哲学高度上深化了我们关于经济基础和上层建筑关系的认识，对于我们在实践中深刻把握经济与文化的关系，摆正"以经济建设为中心"与"把文化建设摆在治国理政的突出位

置"的关系，提供了科学指南。

根据马克思主义文化理论，经济基础具有归根结底的决定性作用，上层建筑对于经济基础具有反作用。一般而言，文化、精神文明都被作为上层建筑的内容，特别是上层建筑中意识形态的内容。上层建筑对于经济基础的反作用力主要是通过文化，通过意识形态发挥作用的。这种反作用最主要的表现就是通过对经济基础中生产关系的再生产实现的。生产关系是人的关系，通过对现实的人的关系的再生产，维持了经济基础的决定性作用。因此，经济基础的决定性作用在一定意义上也依靠文化或意识形态对社会现实、对社会关系的再生产来实现。经济基础归根结底所具有的决定性作用是长时段、根本性的作用，在具体历史社会条件下，其必须依赖更为复杂和多元的上层建筑因素。马克思主义文化理论在一定意义上就是关于文化或意识形态再生产经济社会现实的理论。文化或意识形态对于经济、社会、政治现实的再生产作用，表明文化或意识形态实质上也具有物质性，具有实践的物质力量。习近平总书记把"文化建设摆在治国理政的突出位置"，充分认识到了文化或意识形态对于经济建设的作用，充分认识到"以经济建设为中心"取得的伟大成就，是在文化或意识形态的保障下实现的。两者是一种正相关关系。这是习近平文化思想的一个重要原理性贡献。

坚定文化自信是习近平文化思想的主题和主线。习近平总书记说，"有了文化主体性，就有了文化意义上坚定的自我，文化自信就有了根本依托"[1]。文化建设的宗旨就是树立文化主体性。根据西方的

---

[1] 习近平：《在文化传承发展座谈会上的讲话》，人民出版社，2023，第9页。

现代化理论，现代化是一个社会诸领域分化发展的进程，其中经济发挥着统合社会的作用，这种统合作用的实质是资本驾驭政治，其对社会的统合则不过是通过商品拜物教实现的。因此社会分化是资本主义现代化的必然。中国式现代化之所以取得经济快速发展和社会长期稳定的奇迹，关键在于有中国共产党的领导。作为中国式现代化的本质特征，党的领导从根本上超越了经济统合社会的资本主义现代化模式。在中国共产党领导下实现的政治对社会的统合，也需要通过文化领导权来实现。文化建设在一定意义上也是实现中国共产党文化领导权的文化建设。如果没有中国共产党的领导，没有中国共产党通过文化建设树立起的文化主体性，没有强大的文化自我，经济、社会等领域就不会统合为一个实践的总体，诸领域发展取得的成就必定会发生某种反噬，带来社会的分化。坚定的文化自我，是捍卫经济、政治、社会、生态等领域伟大成就的根本保证。正是在此意义上，文化建设保障了经济社会建设，文化领导权也成为政治领导权的根基。

作为"五位一体"之一的文化建设，发挥着统括政治、经济、社会、生态诸领域建设的基础性或中介性的作用。文化建设使得"五位"真正成为"一体"，并使这个"一体"可以继续再生产下去。这正是"把文化建设摆在治国理政的突出位置"的道理根据，也是习近平文化思想把习近平新时代中国特色社会主义思想统合为一个体系的关键。把文化建设摆在治国理政的突出位置与以经济建设为中心，并不矛盾。对文化建设与经济建设关系的全面认识，充分体现了习近平总书记的辩证思维和系统思维，充分体现了习近平新时代中国特色社会主义思想的世界观和方法论，是对马克思主义文化理论的丰富和发展,是习近平文化思想的原理性贡献之一。

二 习近平总书记把文化建设摆在治国理政的突出位置,重新焕发了中华文化中治理与教化相融合的悠久传统

党的二十大报告提出,要把马克思主义思想精髓同中华优秀传统文化精华贯通起来、同人民群众日用而不觉的共同价值观念融通起来,不断赋予科学理论鲜明的中国特色,不断夯实马克思主义中国化时代化的历史基础和群众基础,让马克思主义在中国牢牢扎根。作为宣传思想文化工作的首要政治任务,就是聚焦用党的创新理论武装全党、教育人民。实现教育人民的政治任务,就要让主流价值观成为人民群众日用不觉的共同价值观念,成为构造人民群众日常生活的价值力量。日用不觉意义上的共同价值观念,就是已经成为良知良能的价值本能。习近平总书记指出,中华优秀传统文化充实了马克思主义的文化生命,中国化马克思主义成为中华文化和中国精神的时代精华,这表明作为中华文化和中国精神的时代精华,习近平新时代中国特色社会主义思想已经是具有中华文化生命的马克思主义,已经是与中华优秀传统文化精华相贯通、与人民群众日用不觉的共同价值观念相融通的马克思主义,已经成为创造人民群众新的生活世界的价值力量。用创新理论教育人民,就是要让创新理论成为日用不觉的共同价值观念。这是文化建设的目标,也只有文化建设能够达成这一目标。

习近平总书记深刻认识到文化具有的遍布性和弥散性的特征,

具有的日用不觉的特点，认识到了文化作为表意实践在个人与其现实之间发挥的象征纽带作用。因此，把文化作为巩固社会主义意识形态的重要手段，用文化来教育人民、凝聚认同，是深刻认识到了文化的教化功能。中华文明中的"治教"关系，是政治与文化在共同目标之下形成的相互支撑、相互成就、相互融合、共属一体的关系，两者虽有功能分工但在共同目标之下统合为一，共同打造出了天下文明的伟大格局。习近平文化思想将文化建设摆在治国理政突出位置，是对中华文明发展规律的深刻把握，是对中华优秀传统文化的创造性转化和创新性发展。这是习近平文化思想的另一个原理性贡献。

（本文原载于《中国社会科学》2024年第7期）

习近平文化思想的精髓和创新

郝立新[*]

习近平文化思想博大精深，其精髓是文化自信、开放包容、守正创新。习近平总书记多次强调，在推进中华民族现代文明建设中，要"坚定文化自信""秉持开放包容""坚持守正创新"。文化自信、开放包容、守正创新是贯穿于习近平文化思想的根本的立场观点方法，是习近平新时代中国特色社会主义思想的世界观和方法论在文化思想中的集中体现。这些观点具有根本性、统摄性和指导性等特点，在习近平文化思想中占据核心地位。

文化自信彰显了中华文化立场和中华文明发展中自强不息、独立自主的精神。文化自信是文化发展的精神前提。坚持对中华优秀传统文化、革命文化和社会主义先进文化的充分肯定并坚定信心，坚持文化发展的自强自立特别是实现精神上的独立自主，是推进文化强国、建设中华民族现代文明的根本立场和原则。对哲学社会科学工作者来说，要充分认识到加快构建中国特色哲学社会科学的学

---

[*] 郝立新，中国人民大学马克思主义学院、哲学院教授。

科体系、学术体系和话语体系，归根结底是要加快建构中国自主的知识体系。坚持走中国特色文化发展道路，讲好中国故事，用中国道理总结中国经验，把中国经验提升为中国理论。

开放包容展示了中华优秀传统文化的民族特质和建设中华民族现代文明的世界眼光。文化发展不应是封闭的、夜郎自大、唯我独尊的。历史和现实表明，开放包容既是中华文明的独特品质，又是文化或文明进一步发展的内在动力。开放性是文化的民族性与世界性相互影响的过程，也是现代化进程中文化发展的趋势。包容性是文化活力的又一重要体现，它反映了文化发展海纳百川、兼收并蓄的胸怀和品格。哲学社会科学发展要立足中国、放眼世界，要在中华民族伟大复兴的全局和世界百年未有之大变局中思考和推进当代中国文化的发展，应对世界之变、回答世界之问，加强文明交流互鉴，积极吸收和借鉴世界文明成果。

守正创新揭示了文化传承发展的基本规律和道路。"两个结合"是当代中国文化发展的必由之路，其中蕴含了守正创新之道。要守住马克思主义的魂脉和中华优秀传统文化的根脉，并在马克思主义基本原理和中华优秀传统文化的结合中实现三方面的创新，一是使马克思主义越来越本土化或中国化，即越来越成为中国的；二是使中华优秀传统文化实现现代转化，实现创造性转化和创新性发展，即使中华优秀传统文化越来越成为现代的；三是在"第二个结合"的方式上实现创新，即不断探索马克思主义基本原理同中华优秀传统文化相结合的有效方式。守正不是守旧或守成，创新不是"标新立异"。守正和创新互为前提、相辅相成。

上述思想是对马克思主义文化理论的重要创新，在分析文化的方法论、阐明文化发展的规律和揭示中华文化的民族性和世界性等方面都提出了原创性的思想，开辟了把马克思主义基本原理同中国文化发展实际情况相结合的新境界。

第一，习近平文化思想站在新时代的高度，立足中国特色社会主义建设的总体实践，第一次全面系统地回答了在新时代建设什么样的文化和如何建设文化的重大问题，进一步阐明了中国特色社会主义文化发展道路，深化了对中国特色社会主义文化建设规律的认识。

第二，习近平文化思想创造性地运用和发展了马克思主义世界观和方法论，创造性地坚持用"六个必须坚持"的立场观点方法分析文化发展，为我们观察和认识文化问题提供了科学的方法论。

第三，习近平文化思想从推进中国式现代化和实现中华民族伟大复兴的高度，第一次明确把坚定文化自信作为文化发展乃至整个中国特色社会主义事业发展的精神支撑。

第四，习近平文化思想立足马克思主义中国化时代化进程，第一次提出"第二个结合"的重大判断，深化了对马克思主义基本原理与中华优秀传统文化之间内在联系的认识，凸显了当代中国马克思主义的文化维度，拓展了文化主体性。

第五，习近平文化思想立足中国式现代化和中华民族伟大复兴的伟大进程，第一次揭示中华文明具有的连续性、创新性、统一性、包容性、和平性等突出特性，明确提出建设中华民族现代文明和人类文明新形态的伟大使命。

第六，习近平文化思想围绕建设社会主义核心价值体系的任务，创造性地提出并深入阐释中国特色社会主义文化发展的价值观念体系，即人民至上的最高价值理念、社会主义核心价值观和全人类共同价值，并指明了文化建设的方向和任务。

习近平文化思想的哲学意蕴

臧峰宇 *

作为习近平新时代中国特色社会主义思想的文化篇,习近平文化思想是新时代党领导文化建设实践经验的理论总结,丰富和发展了马克思主义文化理论,有力巩固了中华民族的文化主体性。哲学是时代精神的精华和文化的活的灵魂,加强习近平文化思想的体系化研究、学理化阐释,应运用"明体达用、体用贯通"的思想方法,从历史逻辑、理论逻辑和实践逻辑层面深刻理解其中体现的本体论、认识论和方法论辩证统一的哲学意蕴。

一 文化传承发展的历史逻辑与中国式现代化的文化形态

中华民族有百万年的人类史、一万年的文化史、五千多年的文明史。党的十八大以来,以习近平同志为核心的党中央立足文化传承发展的历史逻辑,推动中华优秀传统文化创造性转化、创新性发

---

* 臧峰宇,中国人民大学哲学院院长,教授。

展，巩固中华文化主体性，在党史、新中国史、改革开放史、社会主义发展史、中华民族发展史中汲取文化建设的实践经验并实现综合创新，彰显了中华民族的主体意识和文化生命，汇聚起铸就社会主义文化新辉煌的强大动力。从中华大地生长出来的现代化赓续古老文明，彰显了中华民族现代文明建设在社会主义发展史上的里程碑意义。

首先，习近平文化思想赓续中华文明的历史根脉，体现了中华文化和中国精神的时代精华，深化了对中华文明发展规律的认识。纵观人类文明史可见，很多原生或次生的文明在发展过程中都已中断或湮灭在历史的烟尘中，唯有中华文明绵延不绝。中华文明之所以文脉悠长，是因其具有突出的连续性、创新性、统一性、包容性、和平性，在历史长河中将中国人的宇宙观、天下观、社会观、道德观不断对象化并丰富发展。以世界文明发展历程为参照，深刻理解中华文明绵延永续的根由，把握中华文明讲仁爱、重民本、守诚信、崇正义、尚和合、求大同的精神特质，就会认识到巩固中华文化主体性的重要意义。

习近平总书记强调中华优秀传统文化是我们党创新理论的"根"，蕴藏着解决当代人类面临的难题的重要启示："只有立足波澜壮阔的中华五千多年文明史，才能真正理解中国道路的历史必然、文化内涵与独特优势。"[1] 文化主体性是一个国家和民族自我意识的核心，是文化自觉和文化自信之源，是一个不断建构的过程。中华优秀传统文化视通万里、融汇古今，积淀着丰厚的文化资源，具有

---

[1] 习近平：《在文化传承发展座谈会上的讲话》，人民出版社，2023，第5页。

充盈的文化创造力，其在日常生活中具体化，成为体现文化主体性的历史实在。近代以来，国家蒙辱、人民蒙难、文明蒙尘，中华儿女在奋力实现民族独立和解放的同时，书写了一部精神上自立自信自强的中华文化重焕荣光的历史，使中华文明实现了从传统到现代的跨越。继承珍贵的文化遗产并使之实现创造性转化、创新性发展，丰富中国人独特的精神世界，阐明人民群众日用而不觉的价值观具有的文明内涵，是以中国式现代化全面推进中华民族伟大复兴的文化前提。

作为改革开放以来我们取得一切成绩和进步的根本原因之一，中国特色社会主义文化繁荣发展是党团结带领人民接续奋斗的结果，体现了党对实现创造性转化和创新性发展的中华优秀传统文化的精神实质、道德规范、价值关怀及其生命力和创造力的自信，为中国特色社会主义道路确立了深远宏阔的文化根基。在中国特色社会主义道路上弘扬跨越时空、超越国度、富有永恒魅力、具有当代价值的优秀文化精神，体现了新的文化生命体的主体性自觉，使中华文明"贞下起元"，实践了中华民族的"旧邦新命"，汇聚起建设中华民族现代文明的强大精神力量。

其次，习近平文化思想在新时代新征程上彰显高度的文化自信，坚持党的文化领导权，深化了对党的创新理论的规律性认识。作为中国先进文化的积极引领者和践行者与中华优秀传统文化的忠实传承者和弘扬者，中国共产党自成立起，就提出建立中华民族新文化的纲领和主张，致力于建设民族的科学的大众的新文化。

新中国成立后，毛泽东同志提出"百花齐放、百家争鸣"的方针，提出"古为今用，洋为中用"的文化建设原则，秉持独立自主、实事求是的文化精神，顺应繁荣文化艺术、发展科学技术的时代要求，指明文艺为人民大众服务的发展方向，强调培养有社会主义觉悟的有文化的劳动者，倡导科学文化现代化。改革开放新时期，邓小平同志从战略高度强调要在建设高度物质文明的同时，提高全民族的科学文化水平，发展高尚的丰富多彩的文化生活，建设高度的社会主义精神文明；教育要面向现代化，面向世界，面向未来；提高中华民族的思想道德素质和科学文化素质。

进入新时代，习近平总书记将坚定文化自信作为事关国运兴衰、事关文化安全、事关民族精神独立性的重大问题，明确提出坚持党的文化领导权，强调坚持以人民为中心，深刻回答了"中国特色社会主义文化建设举什么旗、走什么路、坚持什么原则、实现什么目标"等根本问题。深刻揭示了中华文化的精神标识，保护承载中华民族基因和血脉的文化遗产，赓续历史文脉，更好实现文明薪火相传。明确为什么人进行文化生产和文化创造，坚持文化发展服务于改善人民群众的生活，尊重人民主体地位，保障人民文化权益，使人们平等享受文化资源，共同参与文化创造，满足人民日益增长的文化需要，社会主义文化建设取得历史性成就，书写了新时代光耀中华的文化篇章。

最后，习近平文化思想展现了开阔的世界历史视野，深化了对社会主义文化发展规律的认识。习近平总书记强调，"物质富足、精神富有是社会主义现代化的根本要求"[①]，"'第二个结合'让中国特色社会主义道路有了更加宏阔深远的历史纵深，拓展了中国特色社会主义道路

[①] 《习近平著作选读》第一卷，人民出版社，2023，第19页。

的文化根基"[①]。以马克思主义文化理论激发中华优秀传统文化的创新创造活力,弘扬革命文化的时代精神,发展社会主义先进文化,借鉴吸收人类一切优秀文明成果,创造了在五千多年中华文明基础上形成的体现社会主义本质要求的中华民族现代文明。

作为把马克思主义基本原理同中国具体实际相结合、同中华优秀传统文化相结合的实践场域,中国式现代化为实现古今文化相通和文明交流互鉴提供了现实可能性,在此过程中建设社会主义文化强国,是党团结带领人民长期奋斗追求的重要目标,是全面建设社会主义现代化国家的战略任务,是推动构建人类命运共同体的必然要求。中国式现代化的文化形态彰显了主体性自觉,使文化自信有了根本依托,呈现了中华文明从"过去之我""现在之我"走向"未来之我"的历史逻辑,是在社会主义现代化进程中努力实现民族复兴的文化结晶。

二 文化守正创新的理论逻辑与"两个结合"的科学方法

习近平总书记创造性地运用马克思主义文化理论科学回答了中国式现代化进程中的文化问题,在中国特色社会主义文化建设的实践探索中丰富和发展了马克思主义文化理论。习近平文化思想是不断展开的、开放式的思想体系,运用"两个结合"的科学方法,阐明中华优秀传统文化创造性转化、创新性发展的历史必然,呈现了文化守正创新的理论逻辑,对马克思主义文化理论作出了原创性

---

① 习近平:《在文化传承发展座谈会上的讲话》,人民出版社,2023,第7页。

贡献。

第一，习近平文化思想丰富和发展了马克思主义文化理论。在中国特色社会主义文化发展的实践探索中产生的习近平文化思想，系统归纳了新时代中国特色社会主义文化的发展规律，表明作为上层建筑的文化由经济基础决定并发挥现实的反作用，随着社会生产方式的变化而变化，亦有着超越时空的永恒魅力。习近平总书记指出："守正，守的是马克思主义在意识形态领域指导地位的根本制度，守的是'两个结合'的根本要求，守的是中国共产党的文化领导权和中华民族的文化主体性。"[①]确立和坚持马克思主义在意识形态领域指导地位的根本制度，促进马克思主义文化理论与中华优秀传统文化有机融合，呈现了马克思主义中国化的文化向度，实现了以守正为前提的文化创新发展。

马克思主义文化理论揭示了文化传承发展的内在逻辑及其与经济和政治的关系，表明文化的产生和发展归根结底是物质生产不断发展的结果，文化实践是人的本质力量的对象化活动。每个时代的文化都是历史的产物，作为观念形态的文化在实践中转化为文明，对经济社会发展产生现实的物质力量。文化发展是合规律性与合目的性的统一，文化实践的目的在于实现人的全面发展，达此目的要遵循文化发展规律。马克思主义在中国生根发芽、开花结果，从根本上体现为其基本原理同中国具体实际和中华优秀传统文化相结合，形成新的文化生命体。马克思主义由此获得中国文化性格，展现中国风格和中国气派，为中华优秀传统文化注入科学理性精神，在中

[①] 习近平：《在文化传承发展座谈会上的讲话》，人民出版社，2023，第11页。

国式现代化进程中推动中国特色社会主义文化繁荣发展。

党的十八大以来，习近平总书记提出坚定文化自信，揭示了文化建设在"五位一体"总体布局中的独特价值，表明了精神文明建设在社会发展过程中具有重要作用，实现了守正基础上的马克思主义文化理论创新。"创新，创的是新思路、新话语、新机制、新形式，要在马克思主义指导下真正做到古为今用、洋为中用、辩证取舍、推陈出新，实现传统与现代的有机衔接。"[①]这一重要理论创新彰显了中华民族文化意义上坚定的自我，表明中国将以更开放的姿态和更有活力的文明成就拥抱和贡献世界，展现了内化于中华文明并在社会主义现代化进程中凝结而成的现代文化形态，表明马克思主义文化理论发展达到了新高度。

第二，习近平文化思想深刻揭示了"两个结合"的科学方法。"两个结合"是党实现理论创新和文化繁荣的必由之路，是进一步实现中国特色社会主义文化发展的科学方法。马克思主义基本原理同中国具体实际相结合是其同中华优秀传统文化相结合的现实基础，马克思主义基本原理同中华优秀传统文化相结合是其同中国具体实际相结合的深层体现。中国特色的关键在于"两个结合"，"第二个结合"使"魂脉"和"根脉"相贯通，将马克思主义与中华优秀传统文化作为新的文化生命体的结构性主体，不仅充盈了马克思主义的中国文化生命，而且让我们能够在更广阔的文化空间中充分运用中华优秀传统文化的宝贵资源，探索面向未来的理论和制度创新，让马克思主义成为中国的，中华优秀传统文化成为现代的，使

---

① 习近平：《在文化传承发展座谈会上的讲话》，人民出版社，2023，第11页。

马克思主义激活中华优秀传统文化中富有生命力的元素并彰显时代内涵，使中华优秀传统文化的智慧结晶深层次融入马克思主义，成为"又一次的思想解放"。

马克思主义激活中华优秀传统文化的生命力并为其赋予科学理性精神，使马克思主义获得中国文化性格，使经由"结合"形成的新文化成为中国式现代化的文化形态。这种文化形态蕴含着马克思主义文化理论的要义和中华优秀传统文化的精华。作为"又一次的思想解放"，"第二个结合"不仅破除了传统和现代相对立的观念桎梏，而且在中西文明交融的基础上进一步实现了文化综合创新，推动了中华文明的生命更新和现代转型。在马克思主义"魂脉"和中华优秀传统文化"根脉"上培育有机统一的新的文化生命体，承担促进中华文化繁荣兴盛的历史使命，方能以熔铸古今、会通中西的思路创造人类文明新形态。

"第二个结合"破解了"古今中西之争"，夯实了中国式现代化的文化根基。一个国家和民族的文化传统是更深沉、更内在的具体实际，且作为具体实际的深层要素彰显其本质特征。中华优秀传统文化是融入中国人精神生命的历史实在，中国具体实际根本上是中华优秀传统文化对象化的结果。马克思主义在中国具体化，必然要同中华优秀传统文化相结合，并在中国式现代化进程中发挥现实的物质力量。只有坚持"两个结合"的科学方法，遵循文化守正创新的理论逻辑，发扬历史主动精神，才能推动中国式现代化行稳致远。

第三，习近平文化思想深刻阐明了中华优秀传统文化在现代化进程中实现创造性转化、创新性发展的历史必然。中华优秀传统文化是中华民族的精神命脉，是在一万年的文化史中持续培育发展的，绵延不绝、传承至今。其中蕴含的思想观念、人文精神、道德规范是中国人思想和精神的内核，包含着崇高的理想追求，对解决当今人类精神生活领域的复杂问题具有深远的启示意义。中华优秀传统文化有其独特的价值体系，潜移默化影响着中国人的思维方式和行为方式。彰显中华优秀传统文化的时代魅力，必须使之实现创造性转化、创新性发展，而转化和发展的前提是马克思主义基本原理同其相结合并在中国式现代化进程中获得实践确证。

中华优秀传统文化创造性转化、创新性发展不仅体现为文化观念与时俱进及其转化为文明实体的内在逻辑，而且体现为历史必然。任何反映时代精神的文化都是流动的活水，都随时代发展而确定流向，其间虽或九曲十八弯，但终将大河向东流，从中呈现一种历史辩证法。百余年来，马克思主义思想精髓同中华优秀传统文化精华相贯通，聚变为新的理论优势，这是我们党团结带领人民在实践探索中形成的思想结晶，基于马克思主义基本原理同中国具体实际相结合的历史经验，成为在中国式现代化进程中加强文化建设的重要思想方法。

三　文化体用贯通的实践逻辑与建设中华民族现代文明

习近平总书记立足党和国家事业发展全局，深刻回答了"新时代坚持和发展什么样的中国特色社会主义文化、怎样坚持和发展中国特色社会主义文化"这一重大课题，强调宣传思想文化工作事关党的前途命运，事关国家长治久安，事关民族凝聚力和向心力，是一项极端重要的工作，不仅指明了新时代文化建设的方向，而且明确了新时代文化建设的路线图和任务书，呈现了新时代文化体用贯通的实践逻辑，为建设中华民族现代文明提供了根本遵循。

以习近平文化思想为指导，建设中华民族现代文明，要进一步推进实践基础上的理论创新。深刻理解这一内涵丰富、思想深邃、逻辑严密、博大精深的思想体系，领悟其中的本体论、认识论和方法论原则，并作出原理性阐释。习近平文化思想明体达用、体用贯通，系统阐明马克思主义文化理论中国化时代化的核心要义，明确指出新时代中国特色社会主义文化建设的实践方略，表明我们党在领导新时代文化建设中积累了丰富经验，并经体系化、学理化而升华为科学理论。用以体立，体在用中，要坚持问题导向，把握新时代中国特色社会主义文化发展过程中存在的本质的必然的联系，切实承担起新的文化使命。

以习近平文化思想为指导，建设中华民族现代文明，就要激活中华优秀传统文化的时代活力，使马克思主义基本原理同其相结合并发挥作用于中国式现代化实践。这不仅在理论创新过程中"明体"，而且在实践创造过程中"达用"，从而体用贯通，体现了中国特色社会主义文化实践的原则高度，成为做好宣传思想文化工作必须运用好的思想方法和工作方法。要按照"九个坚持""十四个强调""七个着力"的要求，举旗帜、聚民心、育新人、兴文化、展形象，建设具有强大凝聚力和引领力的社会主义意识形态，实现物质文明和精神文明协调发展，推动文化领域供给侧结构性改革，推动文化事业和文化产业繁荣发展，建构中国自主的知识体系，铸牢中华民族共同体意识，使全体人民精神生活共同富裕。

以习近平文化思想为指导，建设中华民族现代文明，就要将提升全民族文化素养作为价值指向。现代化的实质是人的现代化，不断实现中国人的思维方式、价值观念、生活方式的现代转型，中华民族现代文明才能彰显实体性内容。为此，要更加注重以文化人、以文育人，以更高远的历史站位、更宽广的国际视野、更深邃的战略眼光推进教育现代化，把文化自信融入全民族的精神气质与文化品格中。

以习近平文化思想为指导，建设中华民族现代文明，就要坚持胸怀天下，秉持开放包容，实现文化传承发展的民族性和世界性的统一，夯实构建人类命运共同体的文明基础。丝绸之路闻名遐迩，万里驼铃万里波的丝路长歌流传至今。习近平总书记阐明了人类文明的相处之道，尊重世界文明多样性，弘扬全人类共同价值，重视文明传承和创新，加强国际人文交流合作，以文明交流互鉴的主张超越中西文化体用之辩的近代观念束缚，使文明交融会通并不断吸纳时代精华。今天，我们要拓展世界眼光，深刻洞察人类发展进步潮流，加快构建中国话语和中国叙事体系，展示中华文明的精神标识和文化精髓，以求同存异、开放包容的精神促进文明交流互鉴，创造人类文明新形态，构建人类命运共同体，面向未来书写世界文明史的多彩图景。

（本文原载于《光明日报》2024年3月4日第15版）

习近平文化思想的辩证法

吴向东[*]

马克思在创立唯物史观时,强调唯物主义,反对观念论。在唯物史观的框架内来理解文化,一方面,强调物质生活制约着精神生活、文化生活,另一方面,又强调文化观念、意识形态的相对独立性。但由于主要任务和历史实践的特点,马克思恩格斯关于文化思想的辩证法还只是处在原则性的高度和一般性的说明上,文化理论的丰富内容还没有充分展开。习近平总书记继承和发展马克思主义文化理论,立足于新时代中国特色社会主义实践,系统思考和深入回答"为什么要加强中国特色社会主义文化建设,建设什么样的中国特色社会主义文化,怎样建设中国特色社会主义文化"等一系列社会主义文化建设的核心问题,凸显了文化辩证法思想。习近平文化思想的辩证法主要体现在以下三个方面。

第一,文化与主体。在文化与主体关系上,习近平总书记提出了两个核心命题。一是文化自信是更基础、更广泛、更深厚的自信,

---

[*] 吴向东,北京师范大学哲学学院院长,教授。

是一个国家、一个民族发展中最基本、最深沉、最持久的力量。坚定文化自信，被视为是一个事关国运兴衰、事关文化安全、事关民族精神独立性的大问题。二是文化自信来自文化主体性。有了文化主体性，就有了文化意义上坚定的自我，文化自信就有了根本依托。这里，实际上讲的文化与主体之间的关系，突出了文化与主体的辩证法。

近代哲学确立了主体性原则，后来从康德到黑格尔，主体性原则一直得到强化。马克思通过实践的观点、现实个人的观点，确立的是实践主体性原则。在马克思看来，人从根本上讲是一种实践存在物。人的实践活动是有目的有意识的感性物质活动，实践过程内含着人与自然、人与社会和人与意识的三重关系与矛盾，因此实践活动本身就是文化活动，是创造文化的活动，也是文化创造的活动。人与文化存在着本然的和始源的关系，人通过实践创造文化，文化通过实践塑造人。当马克思说，"任何一个存在物只有当它用自己的双脚站立的时候，才认为自己是独立的，而且只有当它依靠自己而存在的时候，它才是用自己的双脚站立的"[1]，则意味着人通过实践，因而也通过文化，使自己成为自觉、自主、自为的存在，成为一种主体性存在物。

实践的内在关系对象化广义的文化结构——器物、制度与观念文化，观念文化处在这个结构的最深层次。毫无疑问，器物文化是基础，制度文化是器物文化与观念文化发生联系的主要中介。在文化结构的三个层次中，器物文化处在最外层，是外显的，往往随着

---

[1]《马克思恩格斯文集》第一卷，人民出版社，2009，第195页。

生产力这一最为活跃的因素的变革而迅速变革，它的外在的物质实体比较容易产生变化。制度文化处于中间层，随着社会革命和社会变革或快或慢地发生变革。而精神观念文化则内化于人类文化发展的各个层面，它长久地积淀于各民族文化深层，构成各民族的独特心理结构和观念系统，是最难发生变化的。正是基于这一结构，我们可以理解为什么说文化自信是更基础、更广泛、更深厚的自信，是一个国家、一个民族发展中最基本、最深沉、最持久的力量。

第二，文化的守正与创新。价值文化处在社会结构的最深层次，社会变革的最根底处是价值文化的变革。正如罗素在其《中国问题》一文所说，无论对于中国，还是对于世界，文化问题都是最为重要的，也是最难解的。为了解决价值文化问题，一大批先进分子苦苦求索，掀起了新文化运动和五四运动。20世纪20年代到40年代，出现了关于"东西方文化"的论战，关于"中国现代化出路"的讨论，关于"中国本位文化"的讨论等论争。正是在文化问题的求解过程中，中国社会里自由主义、保守主义等各种思潮粉墨登场，文化上的中西古今之争由此跳脱出来，而且影响至今。其中，"中国本位论""中体西用论""全盘西化论（西体西用）"等比较典型。20世纪80年代后，出现了"西体中用"说（李泽厚）、"中西互为体用"说（傅伟勋）。文化上的中西古今之争，聚焦到中西体用的论争，造成最深层的问题是"道—器""体—用"的二元分割乃至对立，从而陷入中国文化史上的空前困局。

中国共产党是怎么解决的？毛泽东说："十月革命一声炮响，给我们送来了马克思列宁主义。"①中国共产党正是在新文化运动和五四运动这样的文化背景下登上历史的舞台，并始终保持着强烈的价值自觉和文化担当，把创造一种新的文明形态作为自己的追求。毛泽东在《新民主主义论》中指出："建立中华民族的新文化，这就是我们在文化领域中的目的。"②中国共产党对价值文化与文明的百年探索，以马克思主义为指导，以价值重建为核心，推动着文化的变革，文明形态的创新，经历了从新民主主义文化到中国特色社会主义文化，从文化革命、文化建设到文化自信的发展历程。今天习近平文化思想给出的答案是：中华民族现代文明、人类文明新形态、社会主义核心价值观与全人类共同价值、"两个结合"特别是"第二个结合"与文明交流互鉴，这些构成中国特色社会主义文化的核心内容。

中国特色社会主义文化的这些核心内容，处理的是文化的中西古今关系。其坚持实践辩证法，终结了中西体用之争，既不是中体西用，也不是西体中用、西体西用，而是新体新用，是经由"两个结合"，造就一个有机统一的新的文化生命体，体现出的是文化的守正创新的辩证法，是守正与创新的辩证统一。守的是马克思主义的"魂脉"、中华优秀传统文化的"根脉"，创造的是新的文化生命体——中华民族现代文明。正如习近平总书记指出，马克思主义与中华优秀传统文化相结合，一方面，马克思主义以真理之光激活了中华文明的基因，推动了中华文明的生命更新和现代转型；另一方面，中华优秀传统文化充实了马克思主义的文化生命，推动马克思

---

① 《毛泽东选集》第四卷，人民出版社，1991，第 1471 页。
② 《毛泽东选集》第二卷，人民出版社，1991，第 663 页。

主义不断实现中国化时代化的新飞跃，"'第二个结合'让马克思主义成为中国的，中华优秀传统文化成为现代的，让经由'结合'而形成的新文化成为中国式现代化的文化形态"①。

第三，文化的理论与实践。文化的理论与实践的辩证法，包含着两个层次。一是文化理论与文化实践。习近平文化思想既有文化理论观点上的创新和突破，又有文化工作布局上的部署要求。党的十八大以来，习近平总书记对宣传思想文化工作进行了谋划和部署，包括深刻领会坚持党的文化领导权，掌握信息化条件下舆论主导权、广泛凝聚社会共识，深刻领会保护历史文化遗产，构建中国话语和中国叙事体系，把社会主义核心价值观融入法治建设、融入社会发展、融入日常生活，等等。这里，文化思想中的理论观点是"体"，文化工作布局上的部署要求即具体的文化实践是"用"，明体达用、体用贯通。二是文化思想与社会实践。唯物史观不同于唯心史观，它始终站在现实历史的基础上，不是从观念出发来解释实践，而是从物质实践出发来解释各种观念形态，强调意识在任何时候都只能是被意识到了的存在，而人们的存在就是他们的现实生活过程。由此，文化思想归根到底是对社会实践的概括和总结。在这个意义上，社会实践是体，文化思想是用。习近平文化思想正是在新时代中国特色社会主义实践中形成的，是对新时代中国特色社会主义实践，特别是新时代所开展的社会主义文化建设实践经验的理论凝结和升华。因此，习近平文化思想是一个不断展开的、开放式的思想体系，必将随着中国式现代化实践的深入不断丰富发展。

---

① 习近平：《在文化传承发展座谈会上的讲话》，人民出版社，2023，第6页。

通过文化与主体、文化的守正与创新、文化的理论与实践三个方面的理论关系，习近平文化思想深刻回答了"为什么要加强中国特色社会主义文化建设、建设什么样的中国特色社会主义文化、怎样建设中国特色社会主义文化"等一系列社会主义文化建设的核心问题，凸显了习近平文化思想中的辩证法。

从"问题意识"谈习近平文化思想的意义

赵金刚[*]

一 习近平文化思想具有鲜明的"问题意识"

当前中国处于世界百年未有之大变局的关键时期,中国的发展面临着诸多挑战,这些挑战可以概括为"卡脖子、卡嗓子、卡脑子"三个方面。在现今的公共舆论中,"卡脖子"尤其引人注意。但是,"卡脑子"的急迫性需要被特别强调,"脑子"的问题不解决,"脖子""嗓子"就可能一直被"卡"下去。我们谈文化,就是解决人的"脑子"问题,只有从文化入手,才能从根本上解决发展中的各项问题。习近平总书记特别强调,"第二个结合"是又一次思想解放。何以能将"第二个结合"称为"思想解放"?就在于要从思想深处解决"路径依赖"问题,打破过去形成的一系列思维惯性,这些思维惯性既包括将传统与现代对立起来的现象,也包括将西方现代化道路当

---

[*] 赵金刚,清华大学人文学院党委副书记,副教授。

成唯一现代化路径的错误认识。习近平文化思想的提出，直面当今思想的深层次问题，力图在原理层面解决"脑子"问题。

二 中华优秀传统文化的"老根"需要马克思主义的激活才能发出新芽

马克思主义是"魂脉"，中华优秀传统文化是"根脉"。"根脉"意味着植根于中国的文化传统，能够在不同的时代重现生机。

在一般的叙事中，会认为中华优秀传统文化诞生于农业文明，但要特别指出，诞生于农业文明的中华优秀传统文化有被"抽象继承"的可能——我们要传承中华优秀传统文化，绝不是简单地"具体继承"，而是要从原理层面"抽象继承"。如何"抽象继承"中华优秀传统文化？如何使得中华优秀传统文化的"老根"生出新芽？这就需要用马克思主义的基本原理激活中华优秀传统文化，特别是使用唯物辩证法看待、分析传统文化，对中华文明的原理进行归纳、提炼，推动建设中华民族现代文明。

三 中华文明五个突出特性，是对中华文明的原理性概括，也具有丰富的"问题意识"

习近平总书记说，"泱泱中华，历史何其悠久，文明何其博大"[1]。中华文明五个突出特性就是中华文明悠久、博大的原理性展

---

[1] 《国家主席习近平发表二〇二四年新年贺词》，《人民日报》2024年1月1日，第1版。

现——连续性、创新性对应悠久，统一性、包容性、和平性对应博大。悠久故可成物，博大可以载物，中华文明的历史发展就是以这五个突出特性为基本原理和历史支撑，既久且大。

强调"问题意识"，可以发现中华文明五个突出特性的提出同样具有鲜明的问题导向。如连续性可以回应海外新清史等研究对中华文明的历史叙事；创新性可以回应费正清学派等以"冲击—回应"模式对中国历史的解读；统一性可以回应西方民族国家理论，特别阐发出"中国之为中国"的基本原理；包容性是中华文明的精神特质，可以回应西方文明"非此即彼"的二元文化态度；和平性是中华文明待人接物的基本态度，可以回应西方对于文明发展道路的理解。在这些"问题意识"的指引下，可以看到，中华文明的五个突出特性，构成一个理论整体，既是对自身文明特征的描述，也是可以回应他者对中华文明的不合理"想象"。

正是在这样悠久、博大的原理指引下，中华文明也因之高明。高明可以覆物，这也意味着中华文明原理的光大，不仅具有国内意义，也具有世界意义。我们今天在中华文明的这些原理的指引下，建设中华民族现代文明，也可以为其他国家的现代化建设提供借鉴。

四 充分注意中华文明基本原理与马克思主义基本原理内在契合的"哲学气质"

马克思主义基本原理能与中华优秀传统文化结合，关键在于内在契合，这种契合绝非简单的"具体"法则的契合，而是更深层次的哲学气质的契合。这同样可以从"问题意识"的角度切入，即在问题上，无论是中国哲学的基本原理还是马克思主义的基本原理，都不是虚无主义、个人主义、目的论、本质主义、两个世界的哲学，而是立足当下历史创造意义的哲学，这既是双方一致的精神气质，也是马克思主义基本原理同中华优秀传统文化相结合的展开方向。

马克思主义中国化时代化的文化根基

韩 震[*]

中国共产党人在坚持和发展马克思主义的过程中,将马克思主义基本原理植根于中华民族历史文化传统的沃土之中,让马克思主义这棵大树有了中国深厚的历史文化根基。一方面,马克思主义深刻地改变了中国,拓展了中国人民的文化视野,提升了中国人民的思想境界;另一方面,中国也给予马克思主义基本原理得以落地实践的广阔社会空间,从而给马克思主义理论发展提供了不竭的思想文化动力。

首先,中华优秀传统文化同辩证唯物主义和历史唯物主义在世界观、方法论上有共通点,从而能够让中国人民接受并且信仰马克思主义。中国自古以来主张一种整体性、连续性的宇宙观,讲究整体思维、天人合一。这是一种将天地宇宙、人类万物统一起来的强调普遍联系的整体性宇宙观,并且发展出尊重自然、顺应自然、阴阳互补、对立统一、变动不居的辩证思维。中华文明主流文化主

---

[*] 韩震,北京师范大学学术委员会主任,教授。

张"敬鬼神而远之",强调经世致用和实用理性,这与马克思主义无神论观点,以及强调以人民群众的实践活动改造世界、在现实社会追求美好社会的理想有共同之处。

其次,中华优秀传统文化同科学社会主义在价值取向上高度契合,从而能够让中国人民真切地理解并且认同马克思主义的理论观念和价值观。中国主张天下为公、大同世界,在处理国际关系时倡导求同存异、和而不同,以讲信修睦、亲仁善邻为价值原则,所有这些都与马克思主义在价值观上非常契合。近代中国有两大历史任务:一方面,中国要进行现代性启蒙,走出封建主义的落后境地,在这方面马克思主义能够符合中国人民的期望,因为马克思主义承认资本主义相较于封建主义的先进性(因为资本主义大大地发展了生产力,创造了比以往历史上任何时期都更多的财富);另一方面,中国要救亡图存,维护民族独立,而批判资本主义剥削本质和揭露殖民主义残酷掠夺的马克思主义,也能够给予中国人民一面反对帝国主义侵略和压迫的旗帜,马克思主义主张一切受压迫民族都应该得到解放,这让中国人民得到了极大的精神鼓舞。例如,李大钊指出:"应该细细的研考马克思的唯物史观,怎样应用于中国今日的政治经济情形。详细一点说,就是依马克思的唯物史观以研究怎样成了中国今日政治经济的情状,我们应该怎样去作民族独立的运动,把中国从列强压迫之下救济出来","倘能循此途辙,以达于民族独立的境界,那么马克思的学说真是拯救中国的导星"[①]。陈独秀在《十月革命与中国民族解放运动》一文中,不仅将十月革命视为"工农

[①] 《李大钊全集》第四卷,人民出版社,2013,第516~517页。

解放民族解放""双管齐下"的革命,而且认为十月革命"在民族解放运动上比工农解放运动上更为成功"[①]。

最后,中华优秀传统文化中的思想文化术语同唯物辩证法话语体系语言风格近似,从而能够让中国人民容易领会马克思主义的精神实质,推动马克思主义在中国的传播。当许多从欧美舶来的哲学体系在语言上显得佶屈聱牙、晦涩难懂的时候,马克思主义却在中国马克思主义者那里获得了生动的中国语言表达,特别是诸如"实事求是""一分为二""矛盾""知行合一""天下为公""世界大同""人民至上""底线思维""江山就是人民,人民就是江山"等一系列丰富多彩、脍炙人口的中国话语,把马克思主义思想精髓表达得淋漓尽致,并且很快为中国人民所理解、所赞同、所运用。

在马克思主义基本原理同中华优秀传统文化相结合的过程中,我们应注意以下几个问题。

第一,"第二个结合"的提出是基于马克思主义与中华优秀传统文化在价值观上"有高度契合性",但不能因此就认为马克思主义在中国的传播没有意义。中国传统文化产生于自然经济时代,是在传统社会中孕育的;马克思主义产生于工业革命之后的资本主义社会,是在社会经历现代转型中的理论成果。马克思主义传入中国,让中国以更加快捷的方式理解了现代性启蒙的重要性,加快了中国社会的现代转型。如果没有马克思主义的引入,中国传统文化的现代转型会非常漫长而曲折。

第二,"第二个结合"是新时代提出的,但这种结合早就开始

[①]《陈独秀文集》第三卷,人民出版社,2013,第328页。

了。自马克思主义传入中国，在马克思主义中国化时代化过程中就一直在进行这种结合：党的创始人和领袖都在基于中国历史传统、用中国话语阐释马克思主义，以使其转化为推动中国社会发展的真实的精神力量；一大批学者也都在用中国的话语传播着马克思主义理论真谛，从而让马克思主义成为最为中国大众熟知的理论。

第三，"第二个结合"的提出是马克思主义中国化时代化的更高程度的自觉，体现了理论创新的新境界，完成了马克思主义同中华优秀传统相结合从实践到理论的表达。新时代以来，我们党对弘扬中华优秀传统文化的重要性越来越明确，对马克思主义同中华优秀传统文化相结合的认识越来越自觉。

第四，在新时代，"第二个结合"的提出并不是马克思主义同中华优秀传统相结合的完成时，而是进一步创造性结合的新起点。在马克思主义中国化时代化过程中，我们应该让具有丰富内涵和创造力的中华优秀传统文化继续发挥建设性力量，应该把有深厚历史根基的中华优秀传统文化与马克思主义进一步融通起来，使二者在结合之中交相辉映。我们要立足世界百年未有之大变局和中国发展实际，以当下正在进行的以中国式现代化全面推进中华民族伟大复兴的事业为中心，聆听人民的心声，回应现实的需要，深入总结中国特色社会主义实践经验，更好地实现马克思主义基本原理同中国具体实际相结合、同中华优秀传统文化相结合。同时也要进一步扩大视野，吸收历史上人类文明的一切有益成果，不断坚持和发展马克思主义。

"两个结合"与文化主体性

郭建宁[*]

习近平文化思想是习近平新时代中国特色社会主义思想的文化篇，文化主体性是习近平文化思想的精髓和底色，彰显了习近平文化思想的显著特征和鲜明标识。深入研究"两个结合"的深刻学理和其对文化主体性的有力巩固，对于深化习近平文化思想研究，建设中华民族现代文明具有重要意义。

一 习近平文化思想的理论主题

文化主体性关乎一个国家或民族的文化自主、文化自觉、文化自信。当代中国的文化主体性是与源远流长的中华文化、博大精深的中华文明密不可分的，也是与弘扬全人类共同价值、构建人类命运共同体密切相连的，更是突出体现为马克思主义中国化时代化、中国特色社会主义、中国式现代化和人类文明新形态。创立习近平

---

[*] 郭建宁，清华大学马克思主义学院特聘教授。

新时代中国特色社会主义思想就是这一文化主体性的最有力体现。

"两个结合"是习近平新时代中国特色社会主义思想的原创性贡献、原理性成果，"第二个结合"是习近平文化思想的主轴主线。习近平文化思想是"两个结合"的成果，也是"两个结合"的典范，"两个结合"巩固和彰显了文化主体性。

首先，"两个结合"是一个整体。如何理解"两个结合"之间的关系？一方面，"两个结合"的侧重点不同，马克思主义基本原理同中国具体实际相结合，主要内涵是理论与实际相结合，理论与实践相统一，主要指向是反对主观主义，关键词是实事求是、有的放矢。"第二个结合"主要内容是马克思主义基本原理同中华优秀传统文化相结合，是马克思主义思想精髓同中华优秀传统文化精华的融会贯通，主要指向是反对历史虚无主义和西方中心论，关键词是历史自信、文化自信。另一方面，"两个结合"相互联系，实现"第一个结合"不能没有中华优秀传统文化的根基，推进"第二个结合"不能离开革命、建设、改革、新时代的伟大实践。"两个结合"共同的指向和目标是用马克思主义之"矢"射中国实践之"的"，科学回答中国之问、世界之问、人民之问、时代之问。让马克思主义成为中国的，中华优秀传统文化成为现代的，传承发展中华文化，建设中华民族现代文明。"两个结合"既各有侧重，又相互联系，是一个整体。

其次，坚守好"魂脉"和"根脉"。"魂脉"表明马克思主义是我们立党立国、兴党兴国的根本指导思想，"根脉"表明中华优秀传统文化是党的创新理论的"根"。马克思主义和中华优秀传统文化来源不同，但彼此存在高度契合性，并且互相成就。"魂脉"和

"根脉"不是截然分开的两个东西，而是统一于"两个结合"特别是"第二个结合"中的，其结果是一个，即有机统一的新的文化生命体。这个新的文化生命体既体现马克思主义之"魂"，也体现中华文化之"根"，是"魂脉"和"根脉"的融为一体。"第二个结合"说到底就是"根脉"和"魂脉"的结合和融通，坚守好"魂脉"和"根脉"，充分体现了以马克思主义为指导和坚守中华文化立场的统一，立足中国实践和植根中华文化的统一，以马克思主义真理力量激活中华文明和中华优秀传统文化是党的创新理论的"根"的统一。

再次，破解古今中西之争。如何认识传统与当代、中国与世界即"古今中西"，是一百多年来关于文化选择争论不休的一个基本问题。新文化运动提倡"科学民主""个性解放"的积极意义是应当肯定的，但是正如毛泽东在《反对党八股》中所批评的"所谓坏就是绝对的坏，一切皆坏；所谓好就是绝对的好，一切皆好"[①]的片面性则是应当否定的。"古今中西之争"说到底是文化主体性之争。今天我们正确对待"古今中西"的基本态度应当是：对传统文化既不自卑也不自大，而是自信自立；对西方文化既不俯视也不仰视，而是平视，平等交流对话。这样一种主体意识、自主立场，对于摆脱和超越一百多年来如何面对"古今中西"的纠结和困惑，具有重要的思想解放意义。

最后，实现精神上的独立自主。文化的自信自立离不开精神的独立自主，只有实现精神上的独立自主，才能摆脱"思想上的奴隶""理论上的搬运工"和"学徒状态"。不论是提出"马克思主义

[①]《毛泽东选集》第三卷，人民出版社，1991，第832页。

中国化""中国特色社会主义""中国式现代化""中国自主的知识体系",还是强调用中国道理总结好中国经验,把中国经验提升为中国理论,其精髓要义都是和实现精神上的独立自主这个内在要求密切相关的。实现精神上的独立自主,是体现中华民族文化主体性的标志,也是检验中华民族文化主体性的标尺。

二 习近平文化思想的精神内核

主体性是人的根本属性,是主体通过对象性实践活动把握客体的特性。文化主体性是人的文化活动自觉意识和自主立场的集中表达,是一个国家和民族的文化特质和精神标识。有了文化主体性,才能维护民族文化特质,坚守中华文化立场,坚定文化自信,建设中华民族现代文明;才能不忘本来,吸收外来,开辟未来。

文化主体性包括文化自觉性、文化自主性、文化创新性、文化生命性。文化自觉性,即对自己的文化和外来的文化都有一种清醒的认识,在理性的理解中取长补短。文化自主性,即坚持文化的自主立场,而不是人云亦云,随波逐流,"失语"甚至"他者化"。中华文明之所以具有突出的连续性、创新性、统一性、包容性、和平性,就在于其自主性。文化创新性,即创新是一个民族进步的灵魂,是一个国家兴旺发达的不竭动力,也是一种文化生生不息的源头活水。譬如树木,非岁岁有新芽苗长,则其枯槁可立待。譬如井然,非时时有新泉喷涌,则其干枯有时也。只有永远保持创新的精神,才能谱写新时代中国文化新篇章,建设中华民族现代文明。文化生命性,即在文化创造和"文明更新"中激活文化的"生命更新",使之充满新的生命活力。推动中华文明的生命更新和现代转型，造就新的文化生命体，创造属于我们这个时代的新文化。

有了文化主体性，就有了文化意义上坚定的自我。"欲要亡其国，必先灭其史，欲灭其族，必先灭其文化。"文化是民族的血脉，是人民的精神家园，失去了文化主体性，没有了自主立场，就如同浮萍没有了根，如同流浪者没有了家，没有安身立命之地，成为"文化的流浪者"，无所依托，无"家"可归。没有文化主体性的人在文化意义上迷失了自我，有了文化主体性就有了文化意义上坚定的自我。文化认同与文化传承既是民族赖以生存的基础和继续发展的前提，也是增强做中国人的志气、骨气、底气的思想前提和精神基础。

有了文化主体性，文化自信就有了根本依托。文化主体性与文化自信是密切联系、内在关联的。文化主体性是文化自信的前提和依托，文化自信是文化主体性的展开和提升。没有文化主体性，文化自信就没有基础，不可能持久。没有文化自信，文化主体性也无法体现，不可能深入。国家之魂，文以化之，文以铸之。一个国家、一个民族的兴盛，总是以文化兴盛为支撑的。文化自信是更基础、更广泛、更深厚的自信，是一个国家、一个民族发展中最基本、最深沉、最持久的力量。坚定中国特色社会主义道路自信、理论自信、制度自信，说到底是要坚定文化自信。文化自信来自文化主体性，文化主体性的巩固厚实了文化自信自强。有了文化主体性这个根本依托，文化自信才能更坚定，中华文化和中华文明就更有引领力、凝聚力、塑造力、辐射力。

有了文化主体性，中国共产党就有了引领时代的强大文化力量。中国共产党历来重视文化建设，在新民主主义文化、社会主义文化、中国特色社会主义文化和新时代中国特色社会主义文化建设中一以贯之坚持和巩固文化主体性。从民族的科学的大众的新民主主义文化，到社会主义文化"百花齐放、百家争鸣"的方针和"为人民服务、为社会主义服务"的方向，再到党的十一届三中全会之后，中国共产党关于社会主义精神文明、中国特色社会主义文化建设的深刻阐释，充分体现了文化主体性。党的十八大以来，习近平总书记关于文化主体性、文化自信、文化强国一系列重要论述和"两个结合"的整体性学理化阐发，推进了重大理论创新，凝聚起强大的文化力量。中国共产党对中国特色社会主义文化规律的认识达到了新高度，中国共产党的历史自信、文化自信达到了新高度。

有了文化主体性，中华民族和中国人民就有了国家认同的坚实文化基础。"万物有所生，而独知守其根。"文化是民族的血脉，文化认同是文化主体性的集中体现，是国家认同的前提和基础。加强中华民族大团结，长远和根本的是增强文化认同，建设各民族共有精神家园，积极培养中华民族共同体意识。中华民族有百万年人类史，一万年文化史，五千多年文明史，在长期的社会实践中形成了具有民族特色的文化认知、价值观念和伦理规范，这样一种集体记忆和文化基因，是中华民族文化主体性的活力之源和内生动因，筑牢了中华民族和中国人民国家认同的坚实文化基础。建立在文化认同基础上的国家认同，促进凝聚共识、凝聚人心，汇聚起强国建设、民族复兴的强大力量。

有了文化主体性，中华文明就有了和世界其他文明交流互鉴的鲜明文化特性。中华文明是世界上唯一绵延不断且以国家形态发展至今的伟大文明，中华文明突出的连续性、创新性、统一性、包容性、和平性，决定了必须"巩固文化主体性""坚定文化自信"，同时必须"尊重文化多样性""推进文明交流互鉴"，真正做到融通中外、贯通古今。在中华文明和世界其他文明交流互鉴中体现鲜明的文化特质，就要增强中华文明传播力、影响力，实现软实力和硬实力相得益彰。要加快构建中华文明话语体系，展现中华文明的独特价值，讲好中国故事，传播好中国声音。在文明交流互鉴中阐明中国立场，提供中国方案。习近平总书记提出的全球发展倡议、全球安全倡议、全球文明倡议等一系列重大主张，为推动不同文化交流对话、不同文明包容共存贡献了中国智慧，为新时代人类文明观作出了原创性贡献。

三 习近平文化思想的文明意涵

文化何来，以人化文。文化何用，以文化人。文化是人的本质活动，哲学始终关注人的生活世界。没有文化的哲学史是没有根基的，离开哲学的文化史是没有灵魂的。文化给哲学提供了更广阔的视域，哲学使文化具有了更深邃的思维。文化与哲学的相通性、互动性构成了文化哲学的总体样态，助推了文化哲学的学术进展，展现了文化哲学的时代意义。

以"文明更新"建设中华民族现代文明。习近平总书记在文化传承发展座谈会上的讲话内容极为丰富，其中有三个表述尤为令人瞩目，即"新的文化生命体""中国式现代化的文化形态""中华民族现代文明"，这是关于中国式现代化所创造的人类文明新形态不同侧面的表达和进一步展开。中国式现代化所创造的人类文明新形态，体现了中华民族现代文明，是中华文明的现代形态、中国式现代化的文化形态，也是人类现代文明的新形态。中国式现代化是文明更新的结果，内在生成和创造了人类文明新形态，形成了新时代的"中华文明"。这一人类文明新形态坚持普遍性和特殊性相结合，全球化和本土化相结合，合规律性和合目的性相结合，守正和创新相结合，科学精神和人文精神相结合，民族精神和时代精神相结合。既体现人类社会发展一般规律，又深深植根于五千年中华文明；既坚持社会主义基本原则，又充分体现中国特色社会主义发展创新；既学习吸收借鉴人类文明成果，又超越西方资本主义发展模式。如此，从"文明蒙尘"走到"文明新形态"。

以"旧邦新命"贯通古今。"周虽旧邦，其命维新。""阐旧邦以辅新命。""旧邦"是源远流长的中国文化传统，"新命"是中国式现代化和中国特色社会主义。一方面，中国式现代化赋予中华文明以现代力量，中国式现代化的推进与拓展，中国式现代化理论体系的构建与阐发，使中国式现代化可感可知可行，推动中华文明重焕荣光。另一方面，中华文明赋予中国式现代化以深厚底蕴，大道之行、天下为公，自强不息、厚德载物，民为邦本、本固邦宁，"苟日新，日日新，又日新"，是中国式现代化的文化根基、历史底蕴、精神力量。"如果没有中华五千年文明，哪里有什么中国特色？如果不是中国特色，哪有我们今天这么成功的中国特色社会主义道路？"[1] 习近平总书记的重要论述清晰地展现了中华文明、中国特色、中国道路这一贯通古今的链条，中国式现代化是中华民族的旧邦新命。

---

[1] 习近平：《在文化传承发展座谈会上的讲话》，人民出版社，2023，第5页。

以"文明互鉴"融通中外。中国文化主张"和而不同",在中国哲学和中国文化中"同"与"和"是两个概念。"同"是单一性,没有差异。"和"是多样性,必须包含差异和不同。如果全世界只有一种生活方式、发展模式,只有一种语言、一种文字,那是难以想象的。"同则不继""和实生物"。世界形势越是复杂多变,就越需要尊重文化的差异性和文明的独特性,越需要不同文化文明间的交流和对话。我们要弘扬全人类共同价值,坚持平等、互鉴、对话、包容的文明观,以世界的眼光、开放的胸怀、包容的精神、平和的心态,海纳百川,有容乃大,美美与共,融通中外。借鉴吸收人类一切优秀文明成果,以文明交流超越文明隔阂、文明互鉴超越文明冲突、文明包容超越文明优越,让人类创造的各种文明和谐共生、相得益彰,促进文明交流互鉴,构建人类命运共同体。

中华民族现代文明的内涵与意义

郑 飞[*]

作为马克思主义文明观中国化时代化的最新成果,中华民族现代文明蕴含着严密完整的自主知识体系,赋予马克思主义更深厚的历史根基、更丰富的文明底蕴。这一重大命题的提出,深化了我们对中国特色社会主义文化建设规律、中华文明发展规律、人类文明发展规律的认识。

一 中华民族现代文明的理论内涵

2022年10月,习近平总书记在考察河南安阳殷墟遗址时明确提出"建设中华民族现代文明"这一重大命题。2023年6月,习近平总书记在文化传承发展座谈会上深刻阐发了"在新的起点上继续推动文化繁荣、建设文化强国、建设中华民族现代文明"的新时代新的文化使命。从理论内涵上讲,中华民族现代文明是中国共产党领

---

[*] 郑飞,中国社会科学院习近平新时代中国特色社会主义思想研究中心研究员。

导的社会主义文明，是植根中华优秀传统文化、具有中华文化主体性的文明，是借鉴吸收人类一切优秀文明成果的文明。推进中华民族现代文明体系化学理化研究阐释，必须坚持不忘本来、吸收外来、面向未来，以马克思主义文明观为本质规定性，以中华优秀传统文化为底色，以文明交流互鉴为发展路径。

中华民族现代文明是中国共产党领导全国人民共同创造的具有鲜明中国特色的社会主义文明，以马克思主义文明观为本质规定性。在文明研究的学术史上，马克思是一座绕不开的思想丰碑。尽管他没有进行过专门的文明研究，但对文明问题的思考贯穿其一生。如果说在西方文明发展过程中起支配作用的是资本逻辑，那么建设中华民族现代文明遵循的内在逻辑就是马克思主义中国化时代化。如同马克思所指出的那样，"历史从哪里开始，思想进程也应当从哪里开始"[①]。中华民族现代文明在马克思主义基本原理同中国具体实际相结合、同中华优秀传统文化相结合的进程中实现了历史与逻辑的统一。中华民族现代文明的本质是中国共产党领导的社会主义文明，扬弃了西方文明及其资本逻辑。对中华民族现代文明的研究阐释，最重要的是坚持守正创新，守好"魂脉"，既不走封闭僵化的老路，也不走改旗易帜的邪路。马克思主义之所以能够在中国落地生根、开花结果，归根结底是因为中国共产党人把马克思主义的立场观点方法与中国历史、中国文化、中国实践结合起来，形成了中国化时代化的马克思主义，并运用其科学的世界观和方法论解决中国问题，不断"让马克思主义说中国话"，开辟了马克思主义文明观发

[①] 《马克思恩格斯文集》第二卷，人民出版社，2009，第603页。

展新境界。

中华民族现代文明是植根中华优秀传统文化、具有中华文化主体性的文明，以中华优秀传统文化为底色。中华文明是人类各大文明中唯一未曾中断、绵延至今的文明，近年来中华文明探源工程等若干重大项目进一步确证了中华民族百万年的人类史、一万年的文化史、五千多年的文明史。近代以来，创造了灿烂文明的中华民族遭遇国家蒙辱、人民蒙难、文明蒙尘的深重危机，马克思主义一经传入中国，便以其彻底的科学性、人民性、实践性、开放性激活了中华文明的优秀基因，引领着中华文明的生命更新与现代转型，完成了从传统到现代的跨越。中华民族现代文明植根本国、本民族历史文化沃土，赋予马克思主义文明观以中华民族的形式，实现文明的新陈代谢。中华民族现代文明的研究阐释，必须坚定文化自信，守好"根脉"，高扬文化主体性。有了文化主体性，就有了文化意义上坚定的自我，文化自信才有了根本依托。只有坚持守正不守旧、尊古不复古，通过对中华优秀传统文化的创造性转化、创新性发展，方能古为今用、推陈出新，为中华文明新的未来开辟光明前景。

中华民族现代文明是借鉴吸收人类一切优秀文明成果的文明，以文明交流互鉴为发展路径。文明因包容而更加丰富多彩，开放的姿态、包容的胸怀是文明发展的活力来源，文化的繁荣、文明的进步离不开求同存异、兼容并包。中华民族现代文明对人类一切优秀文明成果的吸纳具有深厚的思想根基。马克思主义不是一个封闭的理论体系，而是一个不断发展的开放的理论体系。中华文明始终对外来文明保持着开放包容的态度，各种人类优秀文明成果丰富了中华民族的精神世界。马克思主义和中华优秀传统文化虽然来源不同，但彼此存在高度的契合性，这也从根本上决定了马克思主义"魂脉"与中华优秀传统文化"根脉"在中国社会历史实践中孕育出的中华民族现代文明，以开放包容的姿态同世界其他文明交流互鉴，坚持美人之美、美美与共，共同繁荣世界文明百花园。研究阐释中华民族现代文明，必须秉持开放包容的态度。只有积极吸收借鉴人类历史上创造的一切优秀文明成果，实现以我为主、为我所用，才能在"人类知识的总和"中汲取优秀思想文化资源。

中华民族现代文明蕴含着严密完整的自主知识体系。马克思主义文明观的本质规定性、中华优秀传统文化的底色、"两个结合"的内在逻辑、文明交流互鉴的发展路径等，建构起中华民族现代文明的自主知识体系大厦。中华民族现代文明本质上是面向现代化、面向世界、面向未来的，民族的科学的大众的社会主义文明，实现了与中国式现代化的中国特色、本质要求、重大原则相贯通，与中国式现代化的核心理念、价值追求、发展目标相一致，是马克思主义文明观中国化时代化的最新成果。

二 中华民族现代文明赋予马克思主义更深厚的历史根基

中华民族现代文明坚持和发展历史唯物主义。历史唯物主义作为马克思主义哲学的重要组成部分，从人类发展的历史长河中，透视出历史运动的本质和规律。中华民族现代文明坚持马克思主义的世界观和方法论，在历史观上从大势着眼、从大局入手，抓本质、把方向、看主流，坚持社会基本矛盾分析法，坚持物质生产是社会生活的基础，坚持人民群众是历史创造者的立场，是中华文明的现代形态。

中华民族现代文明赋予马克思主义更深厚的历史根基。习近平总书记指出:"树立大历史观,从历史长河、时代大潮、全球风云中分析演变机理、探究历史规律,提出因应的战略策略,增强工作的系统性、预见性、创造性。"① 中华民族现代文明贯通历史、现实、未来,从新时代10多年伟大变革中走来,从改革开放40多年的伟大实践中走来,从中华人民共和国成立70多年的砥砺奋进中走来,从中国共产党成立100多年的不懈奋斗中走来,从近代以来180多年的中华民族奋起反抗中走来,从世界社会主义500多年的艰辛探索中走来,从中华民族5000多年悠久文明的传承发展中走来,融中华优秀传统文化、革命文化、社会主义先进文化为一体,为我们洞悉历史规律、把握历史大势、抓住历史机遇、跟上时代潮流指明了方向。中华民族现代文明在历史观上立足波澜壮阔的中华5000多年文明史,深刻阐明中国道路的历史必然、文化内涵与独特优势,让中国特色社会主义道路有了更加宏阔深远的历史纵深,让我们知其所来、识其所在、明其所往,不被纷繁复杂的历史表象乱花迷眼、浮云遮眼,是运用大历史观科学分析和看待问题的集中体现,为我们增强历史自觉、坚定文化自信提供了思想指南和精神动力。

三 中华民族现代文明赋予马克思主义更丰富的文明底蕴

中华民族现代文明坚持和发展马克思主义文明观。恩格斯曾说:

---

① 《习近平著作选读》第二卷,人民出版社,2023,第420页。

"文明是实践的事情,是社会的素质。"[①] 马克思主义文明观从人类社会历史发展的高度,深入思索了文明演进的内在逻辑、文明系统的结构层次、文明发展的历史形态及其必然趋势。马克思晚年更是提出,落后的国家和民族可以跨越资本主义制度的"卡夫丁峡谷",占有资本主义制度所创造的一切文明成果,得出了东方文明完全可以走上不同于西方文明发展道路的重要结论。中国共产党带领中国人民开辟一条中国特色社会主义道路,把马克思主义对文明发展必然趋势的判断从理论转化为现实,证明了马克思主义文明观的科学真理性。中华民族现代文明建设植根中华文明和新时代文明建设实践沃土,取得了一系列理论创新和实践创造成果。

中华民族现代文明赋予马克思主义更丰富的文明底蕴。习近平总书记指出:"只有全面深入了解中华文明的历史,才能更有效地推动中华优秀传统文化创造性转化、创新性发展,更有力地推进中国特色社会主义文化建设,建设中华民族现代文明。"[②] 中国特色社会主义事业的"五位一体"总体布局,要求物质文明建设和精神文明建设相协调,以新质生产力推进中国式现代化,这迫切要求我们加快构建中国式现代化的文化形态,建设中华民族现代文明。中华民族现代文明是新时代党领导人民推进"两个结合"的伟大创造,打破了对传统文化不加鉴别全盘继承的文化复古主义、文化保守主义文明观,打破了对中华民族历史文化不自信、盲目崇拜西方文明的全盘西化论文明观,驳斥了"历史终结论""文明冲突论"等形形色色的西方中心主义文明观,以文明交流超越文明隔阂、文明互鉴超

---

① 《马克思恩格斯文集》第一卷,人民出版社,2009,第97页。
② 习近平:《在文化传承发展座谈会上的讲话》,人民出版社,2023,第1页。

越文明冲突、文明包容超越文明优越，科学地回答了"不同文明如何相处""人类文明向何处去"等一系列重大课题，进一步丰富和发展了马克思主义文明观。中华民族现代文明在文明观上把中华文明、社会主义文明、人类文明相贯通，形成大格局大视野大气象，彰显了中华文化对世界文明兼收并蓄的博大胸怀，在继承历史中创造新的历史，在推进中国式现代化中创造人类文明新形态，为人类开辟出更美好的前景和未来。

（本文原载于《光明日报》2024年6月17日第15版）

中华民族现代文明的历史意蕴再审视

何中华[*]

建设中华民族现代文明,是实现中华民族伟大复兴这一历史目标的内在要求,是中国式现代化道路的历史旨归,是新时代中国特色社会主义事业的重大使命,也是构建人类文明新形态的创造性探索。建设中华民族现代文明,是现在进行时的,同时又是朝向未来的开放过程,但必须以其深邃的历史意蕴为根据,以便为其能动建构提供坚实基础和昭示新的前景。

一 中华民族现代文明为人类文明新形态的构建开辟新的可能性

中华民族现代文明具有文明类型学意义。其深刻启示价值在于:一种基于民族性特质的文明,在当代人类历史语境中,实现自身的现代性转型,既有其历史的必要性,也有其现实的可能性。这不仅

---

[*] 何中华,山东大学哲学与社会发展学院教授。

为一切非西方国家和民族的文明走向现代化提供了信心，而且为现代人类文明的多样性路径和方案彰显了全新的维度。建设中华民族现代文明的成功实践，其本身就意味着为人类文明新形态的当代建构开辟了新的可能性。

从历史上看，人类文明的现代转型最初是从西方开始的。以现代科学和工业革命为标志的技术经济基础，为现代文明的兴起提供了重要前提。马克思和恩格斯在《共产党宣言》中指出："资产阶级在它的不到一百年的阶级统治中所创造的生产力，比过去一切世代创造的全部生产力还要多，还要大。"[1] 这在一定意义上正是"资本的文明作用"所带来的巨大历史进步。但资本主义在创造了物质财富、促成了文明转型的同时，也造成了人与自然之间、人与人之间关系的紧张甚至对立。恩格斯在《自然辩证法》中警告说："我们不要过分陶醉于我们人类对自然界的胜利。对于每一次这样的胜利，自然界都对我们进行报复。每一次胜利，起初确实取得了我们预期的结果，但是往后和再往后却发生完全不同的、出乎预料的影响，常常把最初的结果又消除了。"[2] 可以说，20世纪的历史被恩格斯言中了——生态环境危机所导致的人类生存困境印证了这一预警的睿智。马克思和恩格斯引用了黑格尔的话，认为资产阶级社会所固有的竞争就是"一切人反对一切人的战争"[3]。正因此，马克思和恩格斯所追求的理想社会目标是人与自然之间、人与人之间矛盾的彻底解决，亦即达成人与自然之间、人与人之间矛盾的真

---

[1]《马克思恩格斯选集》第一卷，人民出版社，2012，第405页。
[2]《马克思恩格斯选集》第三卷，人民出版社，2012，第998页。
[3]《马克思恩格斯全集》第三卷，人民出版社，2002，第54页。

正和解。

因此，从人与自然的关系维度上说，只有实现人类文明的大转型，亦即完成从工业文明到生态文明的转变，才能为构建人类文明新形态开辟新的道路。在这一转型的理念创新和实践探索过程中，中华民族现代文明的建设无疑贡献了独特的历史经验，开辟出一条新的路径。中华民族现代文明一方面浓缩了中华优秀传统文化的精华，另一方面体现了现代文明的积极成果，毋宁说是扬弃传统与现代之紧张的产物。这就决定了在应对现代性危机方面，它具有特定的免疫力，能够防范工业文明的某些固有弊端和局限，为应对现代性危机提供先行有效的方案，以便最大限度地避免现代化的历史代价。

走向现代文明，西方国家曾经走过的道路绝不是唯一可能的路径。无论是非西方国家现代化的历史实践，还是马克思唯物史观基于不同民族独特"历史环境"所揭示的走向现代文明的不同可能性，都证明了一个道理：虽然现代性本身是一元的，但其历史表征方式却带有多样性的特点。一个民族究竟采取怎样的方式成功建设现代文明，取决于不同地域、不同文化、不同历史等等这些不可剔除的变量所决定的独特"路径依赖"。中华民族现代文明的成功建设，无疑为人类文明新形态的建构提供了一种异质于西方现代文明的新的可能性，其深刻的启示意义不可低估。它充分显示出中华优秀传统文化经由马克思主义的激活所焕发出来的优长之处，为人类文明新形态的构建，提供中国方案、中国经验和中国道路。这不仅意味着中华民族在当代语境中的自我成就，而且意味着中华民族为人类文明新形态构建作出的独特贡献。

二　中华民族现代文明构成实现中华民族伟大复兴的客观标志

中华民族伟大复兴的历史目标，有其深邃的历史内涵。思接千载，中华民族在历史上曾经达到过巅峰状态，所谓"汉唐盛世"。后来由于西欧资本主义文明的崛起，我们逐渐被边缘化了。晚清以降，西方列强凭借其坚船利炮打开了中国的国门，使我们遭遇"三千年未有之大变局"，沦为半殖民地半封建社会，蒙受了历史的屈辱。从那时起，实现中华民族伟大复兴，就成为近代以来中国志士仁人孜孜以求的愿景，由此开始了不屈不挠的抗争和艰苦卓绝的奋斗。可以说，一部中国近现代史，就是一部跌宕起伏、波澜壮阔的奋斗史。一代又一代中国人不懈追求的目标，就是实现中华民族的历史崛起。但是，只有在中国共产党的领导下，才开创了中华民族历史演进的新局面，这标志着历史转折点的来临，从而使民族复兴的伟业出现了根本转机，中华民族从此走上了胜利之路。特别是新中国的成立，改革开放的实行，新时代的开启，使我们迎来了全新的发展机遇，真正延续了中华民族之慧命，实现了从"站起来"到"富起来"再到"强起来"的历史性跨越。今天，中华民族伟大复兴已成为不可逆转的大趋势。

值得注意和借鉴的是，西方的现代化并不是通过"告别"传统实现的，而是在新的历史基础上"复归"传统实现的。作为西方现代化的肇始，兴起于 14 世纪的文艺复兴运动，意味着西方文明跨越漫长的"黑暗中世纪"，回归于古希腊罗马的古典传统。正如恩格斯所说："在希腊哲学的多种多样的形式中，差不多可以找到以后各种观点的胚胎、萌芽。因此，如果理论自然科学想要追溯自己今天的一般原理发生和发展的历史，它也不得不回到希腊人那里去。"[1]这启示人们，一个民族走向现代文明，并不意味着抛弃自己古老的文化传统，而是在更高的意义上接续这一传统，使其在新的历史语境中实现一次凤凰涅槃式的重生。对于中华民族来说，走向现代文明的过程本身，也正是本土文化传统得以复兴的过程。这两者是无法剥离开来的，它们内在地统一于中华民族实现复兴的伟业之中。

中华民族伟大复兴不仅意味着中华民族的自我拯救，而且具有深邃的"世界历史"意义。整个中国近现代史，构成马克思主义意义上的"世界历史"的一个不可或缺的有机组成部分。因此，唯独着眼于"世界历史"视野，才有可能看清中国革命、建设、改革背后的历史含义及其实质；反过来也一样，只有读懂中国近现代史背后的含义，才能够更完整、更深刻地领会并把握"世界历史"的丰富内涵。中国近现代史既是"世界历史"的一部分，同时又能动地建构着"世界历史"本身。中华民族伟大复兴只能在马克思所谓"历史向世界历史的转变"这一特定语境中得以实现。从人类普遍交往的角度看，"世界历史"构成中华民族伟大复兴赖以实现的深邃历史背景。马克思晚年在给俄国革命家查苏利奇的回信中，提出跨越资本主义制度"卡夫丁峡谷"的设想，强调俄国同西欧各国的"同时并存"，揭示了移植资本主义"一切肯定成果"的可能性。按照唯物史观的这一逻辑，在"世界历史"语境中，中华民族伟大复兴

---

[1]《马克思恩格斯全集》第二十卷，人民出版社，1971，第386页。

得以实现的根本标志和判断标准,只能是中华民族现代文明的成功建构。

三 中国式现代化和中国特色社会主义道路是建设中华民族现代文明的唯一路径

中华民族现代文明所固有的民族性和时代性双重维度,注定了其既不是西方式的现代文明,也不是资本主义式的现代文明,只能是通过中国式现代化和中国特色社会主义道路得以建构并表达的全新的文明类型。这一路径鲜明地体现了中华民族现代文明的民族性和时代性特征,也为我们把握它的实质提供了特定坐标。从某种意义上说,中国式现代化同中国特色社会主义不过是同一历史过程的不同的表征,它的所指和历史内涵完全是重合的,一个是就现代化史观而言的,一个是就革命史观而言的。

作为植根于中华优秀传统文化基因而生成的文明类型,中华民族现代文明必然带有中华优秀传统文化在后现代性语境中所显示出来的特有优势,对于矫正现代性的某种偏颇、弥补其局限具有积极的启示价值。西方启蒙现代性的吊诡,本质上在于从"人的发现"到"人的丧失"源自同一个东西,即作为启蒙精神内核的理性精神本身,这正是启蒙的辩证法。在西方,从文艺复兴、宗教改革、启蒙运动,到工业革命,标志着理性精神的复活和独断。但它对人的自我追问所采取的方式只能是"人是什么"而不是"人是谁"。如此一来,"人"便被问成了宾格的存在,而不是主格的存在。这正是西方现代化过程中人何以陷入物化命运的学理原因。中华文明在批判地借鉴西方以理性精神为内核的科学技术成果的同时，有其先行有效的免疫力。用中国古代的话来说，就是所谓"物物而不物于物"。在与自然打交道的过程中，中华文明拒绝那种以征服、占有、支配和驾驭为姿态的取向，而是主张"道法自然"，恪守"因其固然""依乎天理"的原则。这对于现代技术的那种戡天役物的取向，无疑有着某种矫正作用。中华文明对"人"的追问和把握，所采取的不是外在式的旁观者姿态，而是内省式的体认者姿态，从而有可能避免"人"的客体化命运，避免向物的沉沦。孔子所谓的"从心所欲不逾矩"，就是这种姿态的典型表达。中国式现代化之"中国式"，中国特色社会主义之"中国特色"，归根到底是由中华优秀传统文化的精华浓缩并积淀而成的。就此而言，离开了中华优秀传统文化的浓缩和积淀，就谈不上"中国式"或"中国特色"。

中国式现代化是社会主义的现代化，是中国特色社会主义的历史过程，因而必须以马克思主义为指导。马克思唯物史观在看待历史现象时，体现着理性和价值的双重视野，例如对资本主义原始积累的评价，对资本本身的历史评估，以及对西欧资本主义殖民体系对东方统治所作的评论，无不隐含着历史与道德、理性与价值、合规律性与合目的性的双重视野及其统一。其一方面承认社会经济形态是一个"自然历史过程"[①]，另一方面又承认有可能最大限度地减轻

[①]《马克思恩格斯全集》第二十三卷，人民出版社，1972，第12页。

"分娩的痛苦"①；一方面承认资本具有"伟大的文明作用"②，另一方面又认为"资本来到世间，从头到脚，每个毛孔都滴着血和肮脏的东西"③；一方面承认英国对东方的统治对于打破东方社会田园牧歌式的封闭"充当了历史的不自觉的工具"④，另一方面又认为这给东方国家和人民带来了血与火的痛苦，是一种"海盗式的侵略"⑤，如此等等。之所以如此，并不是因为主观上的纠结所致，而是因为历史的真实，这是由历史本身的辩证法决定的。

中国式现代化或中国特色社会主义的历史实践，绝不是在封闭和孤立的状态下进行的，只能通过文明互鉴和普遍交往这一"世界历史"语境而实现，因此不能离开对于人类文明成果包括资本主义文明成果批判的借鉴和吸收。例如，马克思和恩格斯揭示了西方近现代历史上隐含的一条清晰的因果链条：科学革命→技术革命→产业革命→社会革命。从一定意义上说，现代文明是以现代科学技术为基础才被真正建构起来的。科学技术是第一生产力。马克思说："只有资本主义生产才第一次把物质生产过程变成科学在生产中的应用。"⑥两次工业革命的发生，证明了马克思的论断。科学在生产上的应用只有通过技术形态才能实现，因为技术在本质上不过是科学外化或物化的形态。按照唯物史观的立场和要求，建设中华民族现代文明，需要充分借鉴和吸收人类文明成果包括科学技术成果，但必须在自觉发挥自身所特

---

① 《马克思恩格斯全集》第四十二卷，人民出版社，2016，第 16 页。
② 《马克思恩格斯全集》第三十卷，人民出版社，1995，第 390 页。
③ 《马克思恩格斯全集》第四十二卷，人民出版社，2016，第 777 页。
④ 《马克思恩格斯全集》第十二卷，人民出版社，1998，第 143 页。
⑤ 《马克思恩格斯全集》第十九卷，人民出版社，2006，第 20 页。
⑥ 《马克思恩格斯全集》第四十七卷，人民出版社，1979，第 576 页。

有的历史文化优势的前提下,在历史与道德、理性与价值、合规律性与合目的性的两极之间保持必要张力。唯其如此,中国式现代化和中国特色社会主义事业才能达到健全和完备,建设中华民族现代文明的目标才能实现。这是中国道路的特点和优点。

谈谈中华文化主体性的内涵

赵剑英[*]

中华文化主体性是中国人的文化主体性、中华民族的文化主体性，即中华民族对自身文化的主体意识。中华文化主体性是中华民族区别于其他民族的鲜明文化标识和文化特质。深刻理解中华文化主体性的内涵，除了从上述文化主体性的一般特性去把握，还要从以下几个方面来把握。

第一，中华文化主体性体现为中华民族在生产生活实践基础上形成的文化原创性。中华文化是中华民族、中国人民在中华大地上创造的具有民族特色的世界观、人生观、价值观、宇宙观、历史观、道德观等一系列思想观念或文化系统，它反映的是中华民族的思维方式和行为方式。习近平总书记在敦煌研究院座谈时指出："中华文明五千多年绵延不断、经久不衰，在长期演进过程中，形成了中国人看待世界、看待社会、看待人生的独特价值体系、文化内涵和精神品质，这是我们区别于其他国家和民族的根本特征，也铸就了中华民族博采众

---

[*] 赵剑英，中国社会科学出版社党委书记、社长，教授。

长的文化自信。"①中华文化是动态发展的，其内容也是随着时代的发展而不断更新的，旧的文化要素不断被新创造出来的文化要素扬弃。虽然古代中国文化经历了先秦子学、秦汉经学、魏晋玄学、隋唐儒释道融合、宋明理学、清代朴学，但中华民族的文化基因贯穿始终。

第二，中华文化主体性体现为中华民族在多元文化交往、交流、交融中形成的文化主导性。中华文化是多元文化汇聚而成的共同文化，它不是以一种单一文化取代多元文化。万山磅礴，必有主峰。多元一体的中华民族在各民族交往交流交融中，在多种文化竞相发展的同时始终葆有对其中主导性文化的认同。古代中国自秦汉以来，虽经多次改朝换代及统一和分裂循环的政治局面，多种民族文化独自发展又不断交融，但以儒家思想为主体的文化始终发挥着主导作用。当今，多民族文化融合发展，以马克思主义为指导的社会主义文化发挥着主导性、引领性作用。

第三，中华文化主体性体现为中华民族在与世界其他文明交流互鉴中表现出来的自主性和辐射力。中华文化以我为主，兼收并蓄，在开放中吸收借鉴外来文化，发展本民族文化，在开放包容中彰显了深厚的文化自主性和影响力。例如，隋唐时期，佛教对中国的哲学、文学、艺术影响深远。但正如汤一介所言，"唐朝民间佛经数十倍于儒经，但中国文化并未变成印度文化，因为我们有那么强有力的文化根基"②。以儒家思想为主体的中华文化非但没有被印度传来的

---

① 习近平：《论党的宣传思想工作》，中央文献出版社，2020，第406~407页。
② 转引自陈越光《一个有思想的行动者：陈越光NGO讲演集》，三辰影库音像出版社，2014，第123页。

佛教取缔，反而在宋代，通过整合佛教、道教后再次焕发生机，形成了"新儒学"——理学；而佛教也在扎根中国的历程中，打上了中华文化的烙印，产生了如本土化的禅宗等众多宗派，且流传至今，极大丰富了中国的思想、文学、艺术等领域，成为中华文化的重要组成部分。同时，高度发达的隋唐文化包括政治制度、文学艺术等广泛传播到东亚、东南亚等地，形成了地域广阔的中华文化圈，其影响绵延至今。

第四，中华文化主体性体现为中华民族推动文化发展的自觉性与主动性。中华民族历来重视文化建设，主张用文化塑造人。"古往今来，中华民族之所以在世界有地位、有影响，不是靠穷兵黩武，不是靠对外扩张，而是靠中华文化的强大感召力和吸引力。我们的先人早就认识到'远人不服，则修文德以来之'的道理。阐释中华民族禀赋、中华民族特点、中华民族精神，以德服人、以文化人是其中很重要的一个方面。"[①]中华民族历来注重文治教化，修文德、重教化是中华民族鲜明的内在文化特性，这是中华民族能够实现民族大融合，中华文明能够延续五千多年不中断的根本所在。

中华文化是一个宏大的概念，随着历史和时代的发展，其思想内涵也在不断发展变化。当代中华文化的主体性，就是中国共产党人带领中国人民建立的并不断发展的，以马克思主义为指导的中国特色社会主义文化的主体性。正确认识并巩固发展这一文化主体性，是我们重要的历史任务和文化使命。

[①]《十八大以来重要文献选编》(中)，中央文献出版社，2016，第119~120页。

主体再造：党百年文化建设的历史逻辑

曹润青[*]

历史上，中华民族在先秦时期创造了高度发达的礼乐文明，这一礼乐文明适应并推进了当时的社会发展，是当时世界上最先进的文明系统之一。以礼乐文明为内核，中华民族构建了自身的文化身份，形成了最初的文化主体性，并进一步产生了文化自信、文化自豪的思想认同。此后，中华文明虽然多次遇到重大考验，但是中华文明总是能够在坚守文化主体性的前提下进行自我更新，从而实现罕见的延续发展。然而近代以来，中国沦为半殖民地半封建社会，被纳入西方主导的资本主义全球体系，中华文明的文化主体性遭受严重创伤。文化主体性遭受深刻挫败、处于压抑地位是中华民族历史上从未发生过的事情，是中华文明伤及筋骨、无法自立的问题表征，是近代中华文明危机最集中的体现。

具体而言，这种文化主体性的挫败表现为三个方面。

---

[*] 曹润青，中共中央党校（国家行政学院）哲学教研部中国哲学教研室主任，副教授。

第一，中国传统以大一统、郡县制、夷夏之辨为内容的华夏中心国家观崩溃，开始认识到近代世界是由民族国家构成、万国林立的全球体系，中国的政治传统遭受严重冲击。第二，在中国沦为半殖民地半封建社会，被纳入西方主导的资本主义全球体系过程中，中国被迫放弃了历史上"以天下为归宿"的普遍主义立场，逐渐退缩成为地方性的、落后的文明知识体系，无论是器物、制度，还是科学、文化，中华文明的正当性都受到了严重的质疑。这意味着在西方文明的强压之下，中华文明传统的价值系统和知识系统遭受严重冲击。第三，中国与西方的近代交往，主要是以西方主导世界、西方殖民掠夺中国的方式展开的，中国作为后发展国家，在遭受西方侵略剥削的同时，长期受到西方思想、观念和制度的影响，西强东弱、西风东渐成为中西在近代实质性接触后形成的中西格局与交往模式，对近代以来的中西关系以及世界秩序产生了框架性的影响。中华文明传统的世界秩序、天下秩序遭受严重冲击。

近代中华文化主体性的退缩与压抑，反映的是在西方强势冲击下，中国传统政治、经济、社会、思想、观念、制度等不适应于现实要求从而可能面临解体的危机。因此，重塑中华文化主体性的任务不仅仅是与文化建设这一局部领域的工作关联在一起，从根本上来说，更是与近代近乎解体的传统中国能否重新整合、完成现代转型、建立现代中国并实现中华民族伟大复兴的整体任务相伴随的。只有中华民族彻底走出解体危机，完成国家转型，实现伟大复兴的历史任务，中华文化主体性的重塑才有与之对应的现实基础，才有不断生成的实践动力。

将中华文化主体性的重塑放在中国从传统解体走向现代整合的

历史大背景中来理解，百年来文化主体性的历史过程可以概括为三个阶段。

第一阶段，新民主主义革命和社会主义革命、建设时期，这是中华文化主体性的奠基阶段。国家政权的建立、独立自主的社会主义主体精神的形成以及"人民"作为社会主义实践主体的构建，为中华文化主体性的重塑提供了符合现代性要求的历史载体、精神基础与实践主体，这三者是中国走出文化解体危机、实现主体整合的主要途径，为重塑中国特色社会主义文化主体性的前提与基础。在其总体规定下，具体到文化领域，党领导中国人民提出了马克思主义中国化的根本方向，并根据实践要求相继确定了"二为""双百""古今中外"等具体方针，实现了在文化形态层面从新文化向社会主义文化的过渡，并站在社会主义立场上对古今中外的文化资源做出了全盘的战略定位，为文化建设确立了最根本的指导原则，历史性地完成了文化主体性的奠基工作。

第二阶段，改革开放时期，这是文化主体性的全面发展阶段，关键词为"扩展中华文化的普遍性内涵"。这一时期，党带领中国人民在开放环境中坚守了中国文化的社会主义性质，捍卫了中国文化的主体性。以此为前提，这一时期中国更加强调鉴别吸收现代化建设的普遍经验，中国的文化建设开始以现代社会普遍遵循的方式来进行，就是集中在精神文明建设与文化产业建设两大维度，推动了中国特色社会主义文化的现代转型，这样就使得中国特色社会主义文化不仅反映着中国文化的特点，体现出社会主义的立场，而且同时表现出现代性格。中国文化的普遍性内涵得到极大提升，中国文化的主体性进一步深化。

第三阶段，新时代以来，这是中华文化主体性的守正创新阶段，关键词为"在新一轮全球化实践中提出中国文化的引领性"。党的十八大以来，以习近平同志为核心的党中央从统筹中华民族伟大复兴的战略全局与世界百年未有之大变局出发提出中国文化的引领性，使中国文化在完成主体性奠基、融入世界扩展现代化内涵的基础上，开始引领带动整个世界的发展。

这种引领性可以从三个方面展开具体分析。

第一，坚持从历史走向未来，从延续民族文化血脉中开拓前进，这是对历史虚无主义的根本超越。对于广大非西方国家而言，实现现代化曾经面临着普遍的困境，那就是西方化被等同于现代化的处境，这意味着这些国家如果想要实现现代化就必须舍弃自身传统与特色。在西方现代化与自身历史传统之间做出唯一选择的两难困境，这在文化上造成了非西方国家普遍存在着的历史与现代的断裂，导致了历史虚无主义的产生。人们把历史传统视作现代化的障碍与负担，否定历史的价值，从而破坏了历史的连续性。

中国式现代化道路的突出特色就是其深深植根于中华优秀传统文化，展现了不同于西方现代化模式的新图景。这表明中国式现代化是赓续古老文明的现代化，而不是消灭古老文明的现代化；是从中华大地长出来的现代化，不是照搬照抄其他国家的现代化；是文明更新的结果，而不是文明断裂的产物。中国式现代化的开创不仅破解了非西方国家进行现代化面临的两难困境，同时为在思想上取消传统与现代对立、贯通历史与现代、构建历史延续性、传承历史文脉做出了探索。坚持守正创新，坚持在自身历史与传统之内进行现代化，创造历史的连续性，一方面是党在现代条件下带领中国人民实现中华文明连续发展、旧邦新命的鲜明写照；另一方面对世界广大非西方国家实现现代化与自身传统文化的内在统一提供了启发。

第二，坚持守正创新就是坚守马克思主义的"魂脉"和中华优秀传统文化的"根脉"，既不走封闭僵化的老路，也不走改旗易帜的邪路，这是对文化霸权主义的根本超越。中华优秀传统文化是中华文明的智慧结晶和精华所在，是中华民族的根和魂，是我们在世界文化激荡中站稳脚跟的根基。习近平总书记多次强调，文化是一个国家、一个民族的灵魂。无论哪一个国家、哪一个民族，如果不珍惜自己的思想文化，丢掉了思想文化这个灵魂，这个国家、这个民族是立不起来的。不能丢了老祖宗，数典忘祖就等于割断了"魂脉"和"根脉"，最终会犯失去"魂脉"和"根脉"的颠覆性错误。这些重要论述都深刻表明，中华优秀传统文化不仅仅是中华民族在历史中形成的知识系统、文化积淀、生活方式，它更是中华民族赖以生存的精神命脉，是支撑中华民族生生不息的精神力量，是我们需要薪火相传、代代守护的文明传统。

坚守马克思主义的"魂脉"和中华优秀传统文化的"根脉"就是守正，就是守住了文化的主体性。这在文化多元化、意识形态交锋的世界文化背景中具有极强的现实针对性。当今时代，人类交往的世界性比过去任何时候都更深入更广泛，各国相互联系和彼此依存比过去任何时候都更频繁更紧密。世界退不回彼此封闭孤立的状态，全球化不是选择，是现实更是未来。在这样的背景下，文化多元并存、交流互鉴是文化发展的大势所趋。但同时我们必须意识到，当今世界上个别西方国家仍然存在着西方中心主义的霸权思想，将西方文化视作文化的唯一标准和最高代表，非西方文化则被视作低级的文明形态。西方国家以此为基础打压否定非西方文化，取消其文化的主体性，使其沦落为西方文化的附庸。坚守马克思主义的"魂脉"和中华优秀传统文化的"根脉"就是要在与这种文化霸权的斗争中捍卫中华文化的主体性，就是要将马克思主义基本原理同中华优秀传统文化相结合，创造出一种不同于文化霸权形态的、人类共存共享的文明新形态。

第三，坚持守正不守旧、尊古不复古，通过将马克思主义基本原理同中华优秀传统文化相结合，通过创造新的历史实现对历史的继承，这是对近代古今中西之局的根本超越。

中华文明在近代遇到的严重危机既是无力抵御西方强势文明冲击的现实结果，同时也是自身缺陷导致的历史结果，内外原因的重叠交织使中华文明深陷古今中西之争。面对生死存亡的巨大压力，更新传统、实现现代化成为近代中国的必然选择，因此，近代古今中西之争也就主要表现为古今之争即传统与现代之争。康梁代表的维新派和孙中山代表的革命派都未能找到适合中国的现代化道路，只有在中国共产党的领导下，中国才成功开创了一条中国式现代化道路，从根本上重塑了古今中西之局。

"两个结合"通过充分调动中华文明本有的思想资源和价值观念，打通马克思主义与中华文明的内在关联，从而使中国式现代化道路承载的社会主义现代文明在古老文明的历史视野下，最大程度地克服现代性的种种弊端，最大程度地体现人类的普遍追求，使中国走上一条有别于单纯追求现代化的文明之路。

需要进一步指出的是，"两个结合"的提出使古今问题得到根本解决，同时也重新塑造了中西问题。在"两个结合"的要求下，中华传统文明实现了现代性连续，中国式现代化道路也因此继承并发扬中华文明中蕴含的中国性，从而最大程度地体现其有别于西方的现代化特征。但是，这一中国性的高度彰显并不以彻底否定西方为前提。事实上，中国式现代化道路吸收并借鉴了西方的先进成果。因此，中国式现代化道路所承载的人类文明新形态，是在现代视野下对古今中西的融汇。与世界其他文明相比，中国式现代化道路承载的文明形态既最大规模地容纳了西方文明中的先进成分，又容纳着超越西方等级性文明的马克思主义与中华文明。在这个意义上，中国式现代化道路承载的文明形态体现了人类文明精华的集大成，引领着人类超越西方现代文明、寻求更能反映人类普遍福祉的全新未来。

中国式现代化的文化形态

——基于唯物史观的考察

周 丹[*]

唯物史观认为,文化是经济社会发展的产物,受政治条件的制约。物质资料的生产方式决定文化的产生和发展,文化的实质体现社会实践的发展程度。党的二十大报告明确提出"以中国式现代化全面推进中华民族伟大复兴"[①]。中国式现代化是当代中国的最大实践,是当今社会物质资料的生产方式的最集中体现。中国式现代化的文化形态是中国式现代化实践经验在思想观念上的凝练和升华。系统阐释中国式现代化的文化形态,必然要求回答以下问题:首先,从时代背景来说,为什么提出中国式现代化的文化形态;其次,从基本内涵来说,中国式现代化的文化形态是什么;再次,从原则来说,如何建设中国式现代化的文化形态;最后,从未来发展来说,中国式现代化的文化形态具有何种突出意义。本文尝试就此作出初步理解和解答。

---

[*] 周丹,中国社会科学院哲学研究所副所长,研究员。
[①] 习近平:《高举中国特色社会主义伟大旗帜 为全面建设社会主义现代化国家而团结奋斗——在中国共产党第二十次全国代表大会上的报告》,人民出版社,2022,第21页。

一　中国式现代化的文化形态的时代背景

中国式现代化不仅是中国共产党团结带领中国人民奋力实现民族复兴的伟大实践，而且也是不断推进文化繁荣发展、丰富现代化文明形态的伟大创造。习近平总书记指出："'第二个结合'让马克思主义成为中国的，中华优秀传统文化成为现代的，让经由'结合'而形成的新文化成为中国式现代化的文化形态。"[①]这表明，塑造经由"结合"而形成的新文化，不仅是中国式现代化建设的题中之义，而且也是实现文化再造、文明重生的必然要求。因此，我们在回答为什么提出中国式现代化的文化形态时，必须基于事实和价值的双重逻辑。一方面，长期以来特别是新时代以来，中国经济社会发展和中国式现代化不断向前推进，客观地催生和形成中国式现代化的文化形态；另一方面，面对世界百年未有之大变局，中华民族顺势而为，从来没有像今天这样接近实现民族复兴的目标，需要中国式现代化的文化形态不断提供更为强劲的精神动力。

（一）中国式现代化进程中经济与文化协调发展的必然要求

读懂中国，关键是读懂中国式现代化。读懂中国式现代化，需要科学的思维方法。由马克思恩格斯创立的唯物史观不仅构成了中国式现代化能够取得一系列重大历史性成就的理论基础，同时也构成了科学理解和把握中国式现代化的思想前提。通过对德国古典哲学乃至全部近代哲学的批判性反省，马克思认识到："物质生活的生

[①] 习近平：《在文化传承发展座谈会上的讲话》，人民出版社，2023，第6页。

产方式制约着整个社会生活、政治生活和精神生活的过程。不是人们的意识决定人们的存在，相反，是人们的社会存在决定人们的意识。"[1] 正是由于忽视了物质生活的生产方式这一人类现实历史的不可回避的基本前提，因而尽管黑格尔已经通过辩证法赋予其理论体系以厚重的"历史感"，但归根到底"辩证法在黑格尔手中神秘化了"[2]，"在'现实'中作为'本质'或'必然性'起作用的东西，却被归结为理念"[3]。在唯物史观看来，文化归根到底是经济和政治在观念上的反映。中国式现代化的发展始终强调物的现代化和人的现代化相协调，即物质文明与精神文明之间实现相互协调、共同发展。从中国式现代化的内在结构看，文化形态内嵌于中国式现代化的经济形态、政治形态、社会形态、生态文明形态之中，"五位一体"的中国式现代化建设总体布局要求实现政治、经济、文化、社会、生态"五大文明"协调发展，但归根结底中国式现代化的经济形态决定着文化形态的范围、程度和发展速度。经济与文化辩证运动的发展规律决定，在实现物质富足的同时，也需要实现精神的富有，不断满足人民日益增长的美好生活需要，从而也就需要从文化的角度总结中国式现代化发展的实践经验，把握中国式现代化的文化形态。

在唯物史观看来，文化归根到底是经济和政治在观念上的反映。中国式现代化的发展始终强调物的现代化和人的现代化相协调，即物质文明与精神文明之间实现相互协调、共同发展。从中国式现代

---

[1] 《马克思恩格斯选集》第二卷，人民出版社，2012，第2页。
[2] 《马克思恩格斯选集》第二卷，人民出版社，2012，第94页。
[3] 吴晓明:《唯物史观的具体化定向与历史科学》，《马克思主义与现实》2022年第5期。

化的内在结构看,文化形态内嵌于中国式现代化的经济形态、政治形态、社会形态、生态文明形态之中,"五位一体"的中国式现代化建设总体布局要求实现政治、经济、文化、社会、生态"五大文明"协调发展,但归根结底中国式现代化的经济形态决定着文化形态的范围、程度和发展速度。经济与文化辩证运动的发展规律决定,在实现物质富足的同时,也需要实现精神的富有,不断满足人民日益增长的美好生活需要,从而也就需要从文化的角度总结中国式现代化发展的实践经验,把握中国式现代化的文化形态。

(二)建设人类文明新形态和中华民族现代文明的需要

建设中国式现代化的文化形态的目标是提高全社会文明程度,释放文化优势,增强现代化发展的精神动力。虽然人类的政治生活和社会生活等方面归根到底受物质生活的生产方式的制约,但正如毛泽东所指出的,"一定的文化(当作观念形态的文化)是一定社会的政治和经济的反映,又给予伟大影响和作用于一定社会的政治和经济"[1],各种社会意识也具有相对独立性,能够以自己的方式对社会发展起到独特作用。中国式现代化作为"五位一体"协调发展的现代化,不仅文化形态的发展本身就是中国式现代化不断推进的一个重要方面,而且文化形态的发展也是促进包括政治、经济在内的全部其他方面协调发展、不断进步的重要推动力。一个国家、一个民族的文化体现了该国家、该民族在价值观念、信仰追求、思维方式、心理习惯等方面的共性,因而能够在本国家、本民族当中产生强烈

---

[1] 《毛泽东选集》第二卷,人民出版社,1991,第663~664页。

的共鸣和认同，进而形成强大合力。文化塑造了人类的精神家园。一方面，构建人类文明新形态和中华民族现代文明，是中国式现代化的文化形态的标志性文化使命和建设工程；另一方面，提炼、总结和把握中国式现代化的文化形态，也构成探索人类文明新形态和建设中华民族现代文明的内在需要。

（三）推进文化自信自强的需要

中国式现代化的文化形态反映了中国式现代化的文化底蕴，为摆脱文化自卑、增强文化自信、促进文化自强提供了精神支撑。回顾历史我们就会看到，中国的现代化首先是在由西方文明所主导的现代化浪潮中被裹挟前行的，正如马克思所指出的那样，"它使未开化和半开化的国家从属于文明的国家，使农民的民族从属于资产阶级的民族，使东方从属于西方"[1]。在中国共产党领导下，中国人民实现了从站起来、富起来到强起来的历史性飞跃，根本性地改变了"东方从属于西方"的历史境遇，这不仅为人民的幸福生活奠定了坚实的物质基础，同时也极大增强了中华民族的文化自信。

事实上，文化自信是对中国式现代化作为"现代化的另一幅图景"的自信，代表着一种社会意义上的群体性文化自觉，即自觉意识到自身文化的科学性、先进性，并积极将自身文化的优势转化为对自身文化的信心。文化自强则要求在文化自信的基础上，进一步增强文化的影响力、传播力、感召力，发挥先进文化对社会发展的引领作用。因此，在中国式现代化所取得的实践成就的基础上，不

---

[1]《马克思恩格斯选集》第一卷，人民出版社，2012，第405页。

断推进文化自信自强，必然要求发挥中国式现代化的文化形态的功能和作用。

二 中国式现代化的文化形态的基本内涵

从概念组成结构看，"中国式现代化的文化形态"包括"中国式现代化"和"文化形态"两部分。作为一个总体性概念，"中国式现代化"我们可以通约化理解为"五位一体"的现代化，即包括经济现代化、政治现代化、文化现代化、社会现代化和生态现代化。那么，如何理解"文化形态"？这里有必要澄清"文化"与"文化形态"的关系，进而把握中国式现代化的文化形态的具体内容。

（一）文化与文化形态的关系

在唯物史观视域中，文化与文化形态作为社会生活的组成部分，在本质上都是社会实践的产物。马克思指出："全部社会生活在本质上是实践的。"[①]文化是经济和政治在观念上的反映，文化形态也由经济形态和政治形态所规定，二者都与生产力和生产方式的发展有关，一定的生产力和生产方式决定一定的文化和文化形态。但就二者的区别来说，文化形态是作为文化在不同时空条件下的社会历史体现，是作为整体的文化的具体组成部分，二者是整体与部分、普遍与具体、内容与形式的关系。换言之，文化作为人化的结果，有人类社会就有文化，然而不一定具有明确的文化形态，就更不用说具有明

---

① 《马克思恩格斯文集》第一卷，人民出版社，2009，第501页。

确的关于某种现代化的文化形态了。

提出文化形态，意味着文化自觉。从文化到文化形态的概念划分，表明我们对自身文化的认识从自在走向自为。不同的文化的内在机理和演进脉络形成了不同的文化形态，不同的文化形态影响了不同的现代化道路选择。中国式现代化的文化形态是在马克思主义中国化时代化、中华文明现代化的基础上形成的文化形态。因此，中国式现代化的文化形态具有突出的"中国属性"和"现代属性"。

（二）中国式现代化的文化形态的根本目标

文化的"尽头"是文明，任何一种文化形态的使命都是凝练、锻造一种文明，正如社会主义核心价值观在国家层面用文明来标注社会主义文化建设的目标一样。作为概念化、体系化的中国式现代化的文化形态，始终围绕着一个根本目标，即建设中华民族现代文明。一方面，中华民族现代文明囊括经济、政治、文化、社会、生态等各方面各领域的文明，是以中国式现代化为具体实践方式向前推进的文明；另一方面，作为文化形态的中国式现代化、作为文明体系的中华民族现代文明，则是中国特色社会主义文化建设的主要内容，成为我们在新时代新的文化使命之必然。换言之，中华民族现代文明在中国式现代化的文化形态的理论体系中居于核心位置。

（三）中国式现代化的文化形态的本质要求

具体来说，文化是人类的精神生产活动及其产物，文化建设是正在发展的文明，中国式现代化的文化形态是中国特色社会主义文化建设的必然结晶。因此，中国式现代化的文化形态的基本内涵必然包括对中国特色社会主义文化建设的规律性认识和本质性规定，这集中体现为习近平总书记对宣传思想文化工作作出的"七个着力"重要指示。"七个着力"是一个有机整体，明体达用、体用贯通，构成了中国式现代化的文化形态的本质要求。

首先，着力加强党对宣传思想文化工作的领导是中国式现代化的文化形态的根本前提。

中国共产党是中国特色社会主义事业的领导核心。中国共产党领导是中国特色社会主义的最本质特征，也是最显著优势。办好中国的事情，关键在党。习近平总书记强调："党中央是大脑和中枢，党中央必须有定于一尊、一锤定音的权威，这样才能'如身使臂，如臂使指，叱咤变化，无有留难，则天下之势一矣'。"[1] 宣传思想文化工作是一项极端重要的工作，事关大局和长远，事关国家和民族的治乱兴衰。文化是一个国家、一个民族的灵魂；在"五位一体"总体布局中，文化建设是灵魂。对于这样一项培根铸魂的工作来说，坚持和加强党的领导既是根本前提，也是根本保证，要在确保中国特色社会主义文化发展方向的基础上，铸就社会主义文化发展的新辉煌。

其次，着力建设具有强大凝聚力和引领力的社会主义意识形态是中国式现代化的文化形态的内在要求。

文化和文化形态具有鲜明的意识形态属性。意识形态表现为阶级的意识形态，一个社会的意识形态表现为统治阶级的意识形态。马克思恩格斯认为："一个阶级是社会上占统治地位的物质力量，同

---

[1] 《习近平谈治国理政》第三卷，外文出版社，2020，第86页。

时也是社会上占统治地位的精神力量。"①中国式现代化是中国共产党领导的社会主义现代化,中国式现代化的文化形态是中国共产党领导的社会主义性质的文化形态,具有鲜明的社会主义意识形态属性,表现为党性与人民性的统一。在宣传思想文化工作中,坚持和巩固马克思主义指导地位,传承中华优秀传统文化,弘扬革命文化,发展社会主义先进文化,丰富人民精神世界,满足人民精神需求,真正引领社会风尚和时代潮流。

最后,着力培育和践行社会主义核心价值观,着力提升新闻舆论传播力、引导力、影响力、公信力,着力赓续中华文脉、推动中华优秀传统文化创造性转化和创新性发展,着力推动文化事业和文化产业繁荣发展,着力加强国际传播能力建设、促进文明交流互鉴是中国式现代化的文化形态的实现路径。

从凝心聚力来说,要着力培育和践行社会主义核心价值观。中国特色社会主义进入新时代,这是我国经济社会发展的必然结果,也是社会主要矛盾运动、变化的必然结果,同时在社会意识和价值观念层面呼唤一种与新时代相契合的新的价值观,即社会主义核心价值观。习近平总书记指出:"社会主义核心价值观是当代中国精神的集中体现,凝结着全体人民共同的价值追求。"②国家层面"富强、民主、文明、和谐"的价值目标是社会和个人价值追求的总方向;社会层面"自由、平等、公正、法治"的价值取向是沟通国家价值目标和个人价值准则的必然环节;个人层面"爱国、敬业、诚信、

---

① 《马克思恩格斯文集》第一卷,人民出版社,2009,第550页。
② 习近平:《决胜全面建成小康社会 夺取新时代中国特色社会主义伟大胜利——在中国共产党第十九次全国代表大会上的报告》,人民出版社,2017,第42页。

友善"的价值准则是国家价值目标和社会价值取向得以实现的现实基础。个人的价值准则、社会的价值取向、国家的价值目标，三者虽各有侧重，但内在一致。在文化建设中，要始终做到以社会主义核心价值观为引领，团结全体人民意志，形成"最大公约数"，画出"最大同心圆"。

从新闻舆论工作来说，要着力提升传播力、引导力、影响力、公信力。新闻舆论工作是党的事业的重要组成部分，在党和国家事业发展中具有特殊的地位和作用。马克思认为，"真正的报刊即人民报刊"，"和谐地融合了人民精神的一切真正要素"[1]。强调人民立场、强调党性和人民性的统一是马克思主义新闻观的重要内涵。习近平总书记指出，"要坚持党性和人民性相统一，把党的理论和路线方针政策变成人民群众的自觉行动，及时把人民群众创造的经验和面临的实际情况反映出来，丰富人民精神世界，增强人民精神力量"[2]。面对世界媒体格局、舆论生态、传播形式的新变化，习近平总书记高度重视传播手段建设和创新，创造性提出"传播力、引导力、影响力、公信力"的新闻舆论"四力说"。可以说，"四力"是衡量新闻舆论传播效果的重要标准。

从传承发展中华文化来说，要着力赓续中华文脉、推动中华优秀传统文化创造性转化和创新性发展。习近平总书记指出："中华文明是世界上唯一绵延不断且以国家形态发展至今的伟大文明。"[3]我们展开中华学术思想史的长卷，三代王官之学、先秦子学、两汉经学、

---

[1] 《马克思恩格斯全集》第一卷，人民出版社，1995，第352、397页。
[2] 《习近平谈治国理政》第二卷，外文出版社，2017，第332页。
[3] 习近平：《在文化传承发展座谈会上的讲话》，人民出版社，2023，第2页。

魏晋玄学、隋唐佛学、宋明理学、清代朴学，始终守其元而开生面。不仅学术思想是这样，农耕生产、典章制度、文学艺术、工匠技艺等莫不如此。譬如就文学发展来说，诗经、楚辞、汉赋、唐诗、宋词、元曲、明清小说，始终载其道而合乎时。新时代文化建设的重要任务就是夯实文明根基、赓续中华文脉。推动中华优秀传统文化创造性转化和创新性发展，将中华文化所具有的永久魅力和时代风采都充分地展现出来，从而积极创造中华文明的现代形态。

从文化事业和文化产业来说，要着力推动两者协调发展、共同繁荣。党的十八大以来，习近平总书记将文化建设摆在治国理政的突出位置，着力推动文化事业和文化产业繁荣发展。坚持文化事业和文化产业协调发展，让人民享有更加充实、更为丰富、更高质量的精神文化生活；坚持社会效益第一、社会效益和经济效益相统一的原则，为新时代以来我国文化体制改革、公共文化服务、文化产业发展确立了遵循和标准。[1] 文化事业和文化产业各有侧重：文化事业具有公益性、公共性的特征，要促进基本公共文化服务标准化、均等化，同时要提高质量和水平，不断满足人民日益多样化的精神文化需要；文化产业具有经营性、市场性的特征，要推动文化产业结构优化升级，扩大和引导符合社会主义风尚的文化消费，加快发展现代文化产业。[2]

从对外传播交往来说，要着力加强国际传播能力建设、促进文明交流互鉴。"硬实力"使一个国家强大，"软实力"使一个国家伟

---

[1] 参见中国社会科学院课题组《新时代中国文化发展报告：走向全面繁荣的中华民族现代文明》，社会科学文献出版社，2024，第167页。
[2] 参见赵剑英《论习近平文化思想的基本内涵》，《世界社会科学》2023年第6期。

大。要加强国际传播能力建设,具体包括传播当代中国价值观念、展现中华文化独特魅力、塑造良好国家形象、提高国际话语权等内容,不断提高影响国际舆论、改变世界格局的文化能力。[①]文明因交流而多彩,文明因互鉴而丰富。要更加广泛深入地开展世界文明对话,落实全球文明倡议,弘扬全人类共同价值,为构建人类命运共同体提供充沛持久的文化力量。

(四)中国式现代化的文化形态的哲学理念

文化是人们在社会实践中所创造的、社会化的产物。文化的特殊属性和功能决定了中国式现代化的文化形态,既是对中国式现代化的文化建设内容的观念反映,也是对中国式现代化的"五位一体"建设内容的观念反映。中国式现代化的文化形态既是中国特色社会主义文化建设的结果,同时也蕴含在物质文明、政治文明、精神文明、社会文明、生态文明当中。

哲学是文化的活的灵魂。作为中国式现代化实践经验在思想观念上的凝练和升华,中国式现代化的文化形态与中国式现代化的中国特色、本质要求、重大原则相贯通,与中国式现代化的核心理念、价值追求、发展目标相贯通。更进一步说,中国式现代化的文化形态的哲学理念就集中体现为中国式现代化蕴含的独特世界观、价值观、历史观、文明观、民主观、生态观。这独特"六观"既是理论、思想,也是文化、哲学,从中国式现代化的伟大实践中来,既反映在"五位一体"建设的全部内容中,也是中国式现代化的文化形态

---

① 参见周丹《关于中华民族现代文明的答问》,国家行政学院出版社,2023,第108页。

的哲学理念的主要内容。

　　从世界观看，中国式现代化的文化形态集中表现为"六个必须坚持"。党的二十大报告指出："在新中国成立特别是改革开放以来长期探索和实践基础上，经过十八大以来在理论和实践上的创新突破，我们党成功推进和拓展了中国式现代化。"①从一般意义的现代化看，中国的现代化经历了一个较长时期；从既有各国现代化的共同特征、更有基于自己国情的中国特色的现代化看，中国式现代化在党的十八大以来得到极大推进和拓展。习近平总书记明确指出："概括提出并深入阐述中国式现代化理论，是党的二十大的一个重大理论创新，是科学社会主义的最新重大成果。"②这表明，正式确立和形成中国式现代化理论是从党的二十大开始的，也意味着对中国式现代化实践的高度理论自觉。同样，在党的二十大报告中明确提出以"六个必须坚持"为主要内容的习近平新时代中国特色社会主义思想的世界观和方法论。马克思主义哲学认为，世界观和方法论是一体的，世界观是对世界的根本看法，用以指导实践就是方法论。以"六个必须坚持"为主要内容的习近平新时代中国特色社会主义思想的世界观和方法论是指导中国式现代化的科学世界观和方法论，因此"六个必须坚持"是中国式现代化的文化形态在世界观方面的集中体现。

　　从价值观看，中国式现代化的文化形态集中表现为人民至上。

---

① 习近平：《高举中国特色社会主义伟大旗帜　为全面建设社会主义现代化国家而团结奋斗——在中国共产党第二十次全国代表大会上的报告》，人民出版社，2022，第22页。

② 《正确理解和大力推进中国式现代化》，《人民日报》2023年2月8日，第1版。

哲学意义上的真、善、美是内在统一的，人们持有何种对世界的根本看法，也就必然会形成与之相应的价值选择和行为准则，马克思主义的科学世界观内在蕴含着真理观与价值观的有机统一。从这一角度来说，中国式现代化的文化形态具有何种世界观，也就必然形成何种价值观。"六个必须坚持"的第一条"必须坚持人民至上"鲜明地体现了这一点。坚持人民至上是中国式现代化的根本价值立场。习近平总书记强调："我们要坚守人民至上理念，突出现代化方向的人民性。"[①] 这是中国式现代化价值观的明确表达，也是中国式现代化的根本价值遵循。从根本价值旨趣看，中国式现代化就是以人民为中心的现代化；从国内国际看，中国式现代化不仅为中国人民谋幸福，而且为世界人民谋进步。面对世界百年未有之大变局，我们要从全人类整体利益出发，秉持利益共生、权利共享、责任共担，推动构建人类命运共同体。

从历史观看，中国式现代化的文化形态集中表现为大历史观。习近平总书记指出："树立大历史观，从历史长河、时代大潮、全球风云中分析演变机理、探究历史规律，提出因应的战略策略，增强工作的系统性、预见性、创造性。"[②] 要立足40多年的改革开放实践史、70多年的中华人民共和国发展史、100多年的中国共产党奋斗史、180多年的中国人民近代抗争史、500多年的世界社会主义史、5000多年的中华文明史来看待我们的事业、实践和发展趋势。以中国式现代化全面推进中华民族伟大复兴，就是我们的伟大事业、伟大实

---

① 习近平：《携手同行现代化之路——在中国共产党与世界政党高层对话会上的主旨讲话》，《人民日报》2023年3月16日，第2版。

② 《习近平著作选读》第二卷，人民出版社，2023，第420页。

践和伟大发展趋势,这必然要求中国式现代化的文化形态具备这种大历史观。

从文明观看,中国式现代化的文化形态集中表现为"五大文明"相协调。所谓文明,是人类在历史发展过程中积累下来的,包括物质文明和精神文明成果在内的,一切人文精神和发明创造的总和,展现了人们逐渐认识和适应客观世界,探寻可被人接受和认可的精神追求的历史活动和历史过程。"中国式现代化是物质文明和精神文明相协调的现代化。"[①]更加具体地说,中国式现代化是物质文明、政治文明、精神文明、社会文明、生态文明协调发展的现代化。同时,在现代化和现代性语境中,我们秉持文明协调论,反对西方中心论、文化优越论、文明冲突论。

从民主观看,中国式现代化的文化形态集中表现为全过程人民民主。从政治建设看,中国式现代化的本质要求是发展全过程人民民主。坚持人民主体地位,维护人民民主权利。"全过程人民民主是社会主义民主政治的本质属性,是最广泛、最真实、最管用的民主。"[②]

从生态观看,中国式现代化的文化形态集中表现为人与自然和谐共生。从生态文明建设看,中国式现代化的本质要求是促进人与自然和谐共生。习近平总书记指出,"自然是生命之母,人与自然是

[①] 习近平:《高举中国特色社会主义伟大旗帜 为全面建设社会主义现代化国家而团结奋斗——在中国共产党第二十次全国代表大会上的报告》,人民出版社,2022,第22页。

[②] 习近平:《高举中国特色社会主义伟大旗帜 为全面建设社会主义现代化国家而团结奋斗——在中国共产党第二十次全国代表大会上的报告》,人民出版社,2022,第37页。

生命共同体"①。天人关系是中国传统哲学的一对核心范畴，天人合一意在解决人与宇宙的关系，"天"和"人"是内在统一的，皆以"仁"为性。我们要尊重自然规律，置自己于天地万物之中，进而达到"人与天地参"的境界。

三 中国式现代化的文化形态的建设原则

中国式现代化的文化形态的塑造与中国式现代化的发展内在契合，在文化形态塑造的全过程中都需要彰显中国式现代化的文化主体性。一方面要坚持以"两个结合"特别是"第二个结合"为根本路径，处理好"根脉"与"魂脉"的辩证关系；另一方面要坚持自主发展和开放发展的辩证统一，既保持精神上的独立自主，又在世界文明的交流互鉴中建设和发展文化形态，从而在保持中华民族特色与具备世界普遍原理的一致性中塑造中国式现代化的文化形态。

（一）"两个结合"为建设中国式现代化的文化形态提供了根本路径

习近平总书记在文化传承发展座谈会上的讲话中明确指出，"两个结合"是开辟和发展中国特色社会主义的"必由之路"和"最大法宝"。②事实上，建设中国式现代化的文化形态也是如此，"两个结合"特别是"第二个结合"为建设中国式现代化的文化形态提供了根本路径。马克思主义不是书斋里的学问，而是在与实践的持续

---

① 《习近平著作选读》第二卷，人民出版社，2023，第165页。
② 参见习近平《在文化传承发展座谈会上的讲话》，人民出版社，2023，第5页。

性关联中不断推进实践发展和实现自身理论创新的理论,把马克思主义基本原理同中国具体实际相结合既是马克思主义本身的特殊理论品性之所在,同时也是坚持和发展马克思主义,不断推进马克思主义中国化时代化的重要方面。与此同时,拥有5000多年优秀传统文化是中国的历史实际,是中国式现代化的文化根基,马克思主义的传入使中国人"在精神上就由被动转入主动",[①] 让我们逐渐摆脱了近代以来探索现代化过程中的迷茫,获得了精神上的主心骨。因此,马克思主义为中华民族提供了科学理论指导,马克思主义是中国式现代化的文化发展动力。

而且更进一步说,中华优秀传统文化和马克思主义虽然诞生在不同的历史时空,但中华优秀传统文化的精神实质与马克思主义的理论特质之间存在着高度的契合性,这种彼此契合是"结合"的前提,而"结合"的成果则实现了二者的相互成就。中华传统文化中的优秀因子被马克思主义激活,并形成了新的时代内涵,这促进了中华文明迸发出强大的精神力量。而中华优秀传统文化作为中国式现代化的文化根基,则具有涵养现代化的进步意义,从而充实了马克思主义的文化生命,为马克思主义中国化时代化提供了丰厚的历史文化滋养。建设中国式现代化的文化形态,要坚守马克思主义"魂脉"和中华优秀传统文化"根脉"。由"两个结合"特别是"第二个结合"所指明的在马克思主义与中华优秀传统文化的交互式接触中所创造出的新的文化传承发展路径,能够极大地提高文化的自我更新和引导能力,提供建设中国式现代化的文化形态的根本路径。

---

① 《毛泽东选集》第四卷,人民出版社,1991,第1516页。

（二）精神上的独立自主是建设中国式现代化的文化形态的根本前提

精神上的独立自主是一个政党、国家、民族自立自强的脊梁，是我们党坚定道路自信、理论自信、制度自信、文化自信的精神基础。事实上，中国式现代化道路的开辟就源于我们坚持走自己的路，中国式现代化的不断推进也源于我们坚持独立自主的发展方向，独立自主与走自己的路是内在统一的。

建设中国式现代化的文化形态，必须以精神上的独立自主为根本前提。在这里需要说明的是，坚持独立自主不是文化民族主义、文化保守主义，而是坚持建设具有民族特色的文明新样态。坚持解放思想、实事求是是实现精神上的独立自主的前提，坚持中国共产党的文化领导权则是实现精神上的独立自主的根本保证。只有坚持守正创新，立时代之潮头、通古今之变化、发思想之先声，用中国道路总结好中国经验，把中国经验提升为中国理论，既不盲从各种教条，也不照搬外国理论，而是在推进中国式现代化的过程中立足中华民族伟大历史实践和当代实践，始终掌握思想文化主动，实现精神上的独立自主，才能真正推动中国式现代化的文化形态的建设与发展。

（三）文明互鉴为丰富中国式现代化的文化形态提供有益补充

文化产生于主体与客体之间的对象性活动、人与人之间的交往活动，文化的交往属性和流动特性要求文化形态在动态塑造过程中保持世界文化实践场域内的交流对话。从大历史观看，"'现代化'的过程就是人类社会从传统的农业社会向现代的工业社会转变的过程，是'历史向世界历史的转变'过程"[1]。随着生产力的不断发展，过去以地理空间区隔为基础的旧的交往方式被打破，资产阶级通过开拓全球市场，创建了建立在资本逻辑基础上的普遍交往模式，将全世界都卷入了"历史转变为世界历史"这一不可逆的历史进程。正如马克思恩格斯意识到的那样，"人们的世界历史性的而不是地域性的存在同时已经是经验的存在了"[2]，这也就意味着，对任何一个国家和民族的理解，都不能脱离历史转变为世界历史和世界性的普遍交往已经形成这一经验事实。

在现代社会，人的世界历史属性规定了作为人类活动的文化的世界历史性，现代文化随着生产力和生产方式的发展早已超出了地域性的存在，成为经验事实意义上的世界性文化。在这一历史和时代背景下，秉持开放包容的基本态度，在世界文明交流互鉴中丰富和发展中国式现代化的文化形态，必然是肩负新的文化使命，促进中华文明与中华文化发展的重要方面。习近平总书记指出："交流互鉴是文明发展的本质要求。"[3] 丰富中国式现代化的文化形态，必然要求在文明共存的基础上积极推进文明互鉴。

四 中国式现代化的文化形态的突出意义

随着"第二个结合"让经由"结合"而形成的新文化成为中国式现代化的文化形态，"我们比以往任何一个时代都更有条件破解

---

[1] 孙正聿：《从大历史观看中国式现代化》，《哲学研究》2022年第1期。
[2] 《马克思恩格斯选集》第一卷，人民出版社，2012，第166页。
[3] 《习近平谈治国理政》第三卷，外文出版社，2020，第469页。

'古今中西之争'"，这也标志着中华民族进入"创造属于我们这个时代的新文化，建设中华民族现代文明"的新阶段。[①] 建设中国式现代化的文化形态的突出意义不仅在于能够彰显中国式现代化的文化主体性、能够引领中华优秀传统文化的不断发展，同时也与建构中华民族现代文明的文明体系相互贯通。总的来说，中国式现代化的文化形态是中国式现代化走得更宽、走得更久、走得更坚定的精神力量。

（一）彰显中国式现代化的文化主体性

文化主体性一方面是文化生命体自我意识的觉醒，是文化生命体成就自身的前提；另一方面又是文化生命体自我意识觉醒的结果，是文化生命体继续成长壮大的动力。[②] 有了文化主体性，就有了文化意义上的坚定自我。随着中国式现代化的不断推进，我们在经济社会发展方面取得了举世瞩目的历史性成就，确立了国家的独立自主地位和精神上的独立自主，进而能够确立中国式现代化的文化主体性。

"中国"和"中华"不仅是一个地理指称，更是一个历史文化概念，随着"第二个结合"的深入推进，中国式现代化的文化主体性不再表现为遭遇外来文化主体性时的被动应对，而是表现为逐渐摆脱其长期所处的"学徒状态"，主动走向世界，在世界舞台上自信展现中国理论与实践的自我主张，并在世界文化的交流激荡中不断巩

[①] 习近平：《在文化传承发展座谈会上的讲话》，人民出版社，2023，第11、12页。
[②] 参见张志强《深刻理解"第二个结合"的首创性意义》，《哲学研究》2023年第8期。

固文化主体性。因此，建设中国式现代化的文化形态，充分彰显了中国式现代化的文化主体性。

（二）引领中华优秀传统文化的创造性转化和创新性发展

中华民族之所以在5000多年间历经磨难仍能生生不息、返本开新、蓬勃发展，离不开中华优秀传统文化的涵养和支撑。新时代推进中国特色社会主义文化建设，也离不开对中华文明之历史的全面了解，离不开对中华优秀传统文化的创造性转化和创新性发展。"创造性转化"重在"古为今用"的重新语境化，使之与时代语境相契合，展现时代风采。"创新性发展"重在创新，旨在把传统文化和美学精神融入新的文化创造活动中，塑造出一种新的文化样态、文化形象、审美旨趣和文化追求。

所以我们可以看到，建设中国式现代化的文化形态，能够引领中华优秀传统文化的创造性转化和创新性发展。"第二个结合"以马克思主义基本原理实现了对中华优秀传统文化的持续激活，既充分挖掘中华历史文化的时代价值，又在新起点上建设中华文明的现代形态。具体来说，中国共产党领导、人民至上、共同富裕等核心原则以及中国式现代化路径的持续推进，实现了对中华文明中"大一统"的政治传统、天地之德与天道理想、"大群一体""家国天下"的集体主义人格等文化要素的创造性转化和创新性发展。中国式现代化的文化形态作为新的文化生命体，意味着中华文明"再度青春化"。

（三）建构中华民族现代文明的文明体系

中华民族现代文明是物质文明、政治文明、精神文明、社会文明、生态文明相协调，促进人的全面发展和社会全面进步的文明。建设中华民族现代文明是一个系统工程，涉及"五位一体"建设的全部内容，必须坚持系统观念，抓住事物普遍联系、发展变化的规律，把握社会有机体矛盾及其转化的内在机理，从而形成一种内在关联的文明体系，即中华民族现代文明的文明体系。一方面，文化以观念的形式表征了现实的社会发展。另一方面，中国式现代化的文化形态作为文化形态，而非某种特殊的文化现象或文化表现，其关键就在于文化形态实现了从自在到自为的跃迁，它不再是对现实存在的单个具体文化现象的简单反映或抽象表达，而是在自为的层面上对诸文化现象、其内在关联及其所构成的文化生命体形成清晰的理论自觉，从而在"全体的自由性"与"环节的必然性"相统一的理论高度形成对中国式现代化的概念性、总体性把握。

中国式现代化的文化形态作为社会文化领域状况的理论化、系统化表达，所表征的实际上就是整个社会在经济、政治等诸领域的基本特征及其内在关系，文化形态以文化生命体的方式表征着社会有机体。更进一步说，建设中国式现代化的文化形态，实际上就是在不断建设和完善中国式现代化进程中所生成的文化生命体，并以建设文化生命体的方式建设社会有机体，从而建构中华民族现代文明的文明体系。这一文明体系，既为中国式现代化建设赋能，又为人类文明进步提供中国智慧。

（本文原载于《中国社会科学》2024年第5期）

多时态的中国式现代化文化形态

安德明[*]

习近平总书记在文化传承发展座谈会上的讲话，围绕中国文化与中华文明的基本属性提出了一系列重要概念和重要论断。其中，中国式现代化的文化形态的概念，对于我们全面认识中华优秀传统文化因应现代化大背景实现创造性转化与创新性发展的基本路径，对于深入推进新时代社会主义文化的繁荣发展、推进中华民族现代文明建设，具有根本性的指导意义。

习近平总书记指出："文化关乎国本、国运。"[①]这一论断从广阔的视角揭示和阐明了文化的本质和功能，也让我们看到，文化建设尤其是新时代社会主义文化建设事业，不单单是为了文化自身，更主要的是为了保障和促进同这种文化传统休戚与共的民族和国家的全面建设与发展。中国式现代化的文化形态这一论断，鲜明地体现了在上述开阔视角下对文化与时代背景、与国家和民族丰富实践之

---

[*] 安德明，中国社会科学院民族文学研究所副所长，研究员。
[①] 习近平：《在文化传承发展座谈会上的讲话》，人民出版社，2023，第1页。

间密切互动关系的把握。历史地看，作为与中国式现代化进程相伴共生的一种文化形态，中国式现代化的文化形态，一方面适应着中国式现代化的进程而不断发展，另一方面不断充实、丰富着中国式现代化的理论与实践体系，体现出了多阶段、多时态的动态属性，既有完成式，又有进行式，还有将来式。

一 中国式现代化的文化形态的完成式

中国式现代化的文化形态的完成式，是中国共产党带领中国人民在中国革命与社会主义建设时期已经取得的文化建设成就。习近平总书记在论述马克思主义基本原理同中华优秀传统文化相结合（"第二个结合"）的意义时指出："'第二个结合'让马克思主义成为中国的，中华优秀传统文化成为现代的，让经由'结合'而形成的新文化成为中国式现代化的文化形态。"[①] 这一论断确立了中国式现代化的文化形态的基本属性和理论框架。就基本属性而言，中国式现代化的文化形态是两种核心要素有机结合的结果。这两种核心要素，一是源远流长的中华优秀传统文化，二是马克思主义基本原理。二者都是构成中国式现代化的文化形态的必要成分，但在促成这种文化形态的过程中，作用又有所不同：马克思主义基本原理发挥着"触媒"的作用，正是由于它对中华优秀传统文化基因的因势利导和及时"激活"，才促成了中国式现代化的文化形态。

中华文明在数千年的历史长河中，通过不断吸收多元的外来文化，最终形成了海纳百川、广阔博大的文化气象，这就是习近平总

---

① 习近平：《在文化传承发展座谈会上的讲话》，人民出版社，2023，第6页。

书记揭示的中华文明的"包容性"。这种包容性为传统的中国顺利接受马克思主义基本原理奠定了坚实的基础。习近平总书记指出，马克思主义基本原理同中华优秀传统文化"'结合'的前提是彼此契合"①。中华文明这种突出的包容性特性，可以看作是中华优秀传统文化与马克思主义之间高度契合性的一种表现，因为它同马克思主义始终坚持和倡导的国际主义高度相符。

与此同时，这种包容性只有经过马克思主义的激发，才能真正转化为适应现代化潮流并且富有生机的创造力。近现代以来，中国共产党人在领导中国革命和社会主义国家建设的过程中，在文化建设领域，一方面坚持对古今中外的优秀文化兼收并蓄，另一方面又始终倡导和践行"取其精华，去其糟粕"的理念，成功引领了中国社会的快速现代化及社会主义文化建设，就是这方面的明证。它同时也促成了作为完成式的中国式现代化的文化形态的具体内容。数千年中华优秀传统文化的核心要素，诸如天人合一、厚德载物、民为邦本、天下为公等，在生生不息的传承中，经过马克思主义的"激活"，适应时代与国际、国内的实际语境，并得到了进一步发展。例如，五四新文化运动以来，中国先进知识分子在马克思主义引领下，在坚持批判和反抗封建暴政与阶级压迫思想的同时，又注重发掘和彰显民族传统文化的优秀成分，同时始终保持"睁眼看世界"的天下胸怀，力图以民间的、大众的文化传统为基础，在与世界文明的积极交流互动中建设民族新文化，有效推动了中华文化的现代转型，也奠定了中国式现代化的文化形态的基本格局。

---

① 习近平:《在文化传承发展座谈会上的讲话》，人民出版社，2023，第5页。

中国式现代化的文化形态的完成式中，还有一个更为重要的核心要素，那就是中国共产党人为民族传统文化的现代化所确立的重要方法论基础，也就是把马克思主义基本原理同中华优秀传统文化相结合。具体来说，它可以概括为从唯物辩证法和历史唯物主义出发，对中华优秀传统文化自身传承发展规律的高度尊重，以及在文化传承与建设过程中对历史主动性和主体能动性的充分发挥。这是形成、建设和发展中国式现代化的文化形态的基础理论与基本框架，也是我们之所以认为存在一种完成式的中国式现代化的文化形态的基本依据。

二 中国式现代化的文化形态的进行式

中国式现代化的文化形态的进行式，对应的是方兴未艾的新时代文化建设。习近平总书记指出："在新的起点上继续推动文化繁荣、建设文化强国、建设中华民族现代文明，是我们在新时代新的文化使命。"[①] 就全面建设社会主义现代化国家的宏伟蓝图和建设中华民族现代文明的伟大目标而言，中国式现代化的文化形态，还存在诸多需要进一步完善和发展的地方。当代文化工作者，必须适应新的时代召唤，齐心协力，为推进这一事业发挥更加切实积极的作用。

习近平总书记指出："'结合'不是'拼盘'，不是简单的'物理反应'，而是深刻的'化学反应'，造就了一个有机统一的新的文化

---

① 习近平：《在文化传承发展座谈会上的讲话》，人民出版社，2023，第10页。

生命体。"[①]这要求我们在新时代文化建设过程中,一定要注意避免对文化传统作均质化的、机械式(形而上学)的理解和处理,而应该以历史唯物主义和唯物辩证法为指导,立足于丰厚的中华优秀传统文化和社会主义文化建设成就,通过提炼优秀传统文化基因及其内在逻辑,探寻这些文化基因与马克思主义的内在契合点,同时结合人民现实的文化实践与需要,以扬弃的态度认识传统,建设符合新时代要求的文化形态。

在实践中,具体路径有三:一是要通过不断提升文化工作者及广大民众的自身素养,加强和保障中华优秀传统文化知识传承、传播的准确性,引导大众树立对于传统文化的正确态度和立场,并强化在世界文化多样性格局中对中国文化传统的信心;二是要积极面向当代鲜活多姿、富于创造力的人民文化实践——例如,在铸牢中华民族共同体意识框架下的多元一体的民族文化传承,以及在世界文化多样性理念影响下蓬勃开展的非物质文化遗产实践——通过积极观察其表现与功能,归纳总结规律和特征,同时精心呵护和保障广大人民在这些领域的主体性与创造力,以引领当代文化实践健康发展,进一步推动当代文化事业的全面繁荣;三是要积极面向世界,为推动国际文化领域的和平交流、共同发展,为构建人类命运共同体贡献中国智慧与中国方案。

概而言之,中国式现代化的文化形态的现在式,就是以"第二个结合"为引领,在全面深入了解中华文明历史规律的基础上,以积极朝向当下的态度,全面推动中华优秀传统文化的创造性转化和

[①] 习近平:《在文化传承发展座谈会上的讲话》,人民出版社,2023,第6页。

创新性发展。其中既体现着对中华文明创新性特性的充分尊重和全面调动，又包含着当代文化工作者能动性的积极发挥。

三 中国式现代化的文化形态的将来式

中国式现代化的文化形态的将来式，强调的是新时代文化构建的目标与意义。建设好中国式现代化的文化形态，既是建设中华民族现代文明的必由之路，也是建设人类文明新形态的重要前提。其最终的目标，既朝向自我，又朝向世界，但归根结底是朝向未来。

习近平总书记指出："文化兴国运兴，文化强民族强。"[①] 在朝向自我的层面，推进建设中国式现代化的文化形态，是为了促进中国文化的全面繁荣，为了引领广大人民在世界文化多样性格局中增强对中国文化的信心，为了以文化的繁荣丰富中国式现代化的意义，进而助力全面建设社会主义现代化国家的宏图伟业。

在朝向世界的层面，推进建设中国式现代化的文化形态，是要为应对当前世界纷繁复杂的局势，探索与贡献和平解决世界难题的方案。中国共产党自成立以来，始终保持胸怀天下的气度，新时代以来有关人类命运共同体、人类文明新形态等一系列新理念的提出和不断普及，更是把这种气度推向了新的高度。习近平总书记指出："包括儒家思想在内的中国优秀传统文化中蕴藏着解决当代人类面临的难题的重要启示。"[②] 这些启示极大地增强了我们以中国智慧因应世界难题、面向未来的底气。可以肯定的是，以对中华文明"五个突

[①] 《习近平著作选读》第二卷，人民出版社，2023，第33页。
[②] 《习近平著作选读》第一卷，人民出版社，2023，第277页。

出特性"的提炼为前提，在积极传承和发展这些特性的基础上，探讨世界文化与文明间对话沟通、和谐发展的有效路径，将不仅能切实推动中国式现代化的文化形态的进一步完善，而且必然会"以中国的新发展为世界提供新机遇"，为建设人类更加光辉的未来发挥积极作用。

这种多时态的中国式现代化的文化形态，既属于中国式现代化的成果，又是中国式现代化进程的有机组成要素。对中国式现代化的文化形态的强调，让我们进一步看到，中国式现代化是全面的现代化，不仅包括科学技术和物质层面的现代化，还必然包括文化和精神层面的现代化。对中国式现代化的文化形态的强调，既丰富了现代化的含义，也增加了中国式现代化的厚度。

（本文原载于《中国社会科学报》2024年7月9日第A01版）

中华文明"五个突出特性"的历史学阐释

中华文明的突出特性夯实建设中华民族现代文明基础

李国强[*]

2023年6月2日，习近平总书记在文化传承发展座谈会上的重要讲话中，首次系统概括、科学阐明中华文明的五个突出特性，全面系统深刻揭示出中华文明具有突出的连续性、突出的创新性、突出的统一性、突出的包容性、突出的和平性，清晰地标注出中华文明在人类文明史上独特的历史地位，彰显了中华民族5000多年文明史的当代价值，为建设中华民族现代文明奠定了思想基础、理论基础和实践基础，具有重大现实意义和深远历史意义。

一是中华文明的突出特性深刻阐明了建设中华民族现代文明的核心要义。"在漫长的历史进程中，中华民族以自强不息的决心和意志，筚路蓝缕，跋山涉水，走过了不同于世界其他文明体的发展历程。"[①]源远流长、博大精深的中华文明，以深厚的积淀、丰富的内涵、延绵不绝的传承，涵养了中华民族的文化自信，塑造出中华民

---

[*] 李国强，中国社会科学院学部委员、研究员，中国社会科学院中国历史研究院党委常委、副院长。

[①] 习近平：《把中国文明历史研究引向深入　增强历史自觉坚定文化自信》，《求是》2022年第14期。

族特有的精神追求、道德准则、价值理念。中华优秀传统文化蕴含的天下为公、民为邦本、为政以德、革故鼎新、任人唯贤、天人合一、自强不息、厚德载物、讲信修睦、亲仁善邻，凝聚成中华民族特有的宇宙观、天下观、社会观、道德观，展现了中华文明的悠久历史和人文底蕴，造就出中华民族鲜明的特色、特质，标识出何以中国、何以中华民族、何以中华民族共同体。

中华民族以海纳百川的胸襟，不断吸收外来文化精华，促进世界文明交流。中华文明正是在与外来文明交往交流交融的动态过程中，以海纳百川、开放包容的广阔胸襟，兼收并蓄各国、各民族优秀文明成果，不断发展、不断壮大。[①] 长期的文明交融锻造出中华民族更基础、更广泛、更深厚的文化自信，汇聚成中华民族最基本、最深沉、最持久的力量，这是建设中华民族现代文明的源头活水，也是建设中华民族现代文明的有力支点。

面对世界百年未有之大变局，我们面临复杂的国际国内形势和不少风险挑战，世界之变、时代之变、历史之变正以前所未有的方式展开，世界进入新的动荡变革期，我国发展外部环境的复杂性、严峻性、不确定性上升。中华民族伟大复兴进入关键时期，我国改革发展稳定还面临不少深层次矛盾，发展不平衡不充分问题仍然突出，重点领域改革还有不少硬骨头要啃。但世界格局"东升西降"的趋势仍在持续发展，"中国之治"与"西方之乱"的生动对比就在眼前。我们书写了经济快速发展和社会长期稳定"两大奇迹"新篇章，走出了中国式现代化道路，创造了人类文明新形态。

---

① 参见李国强《中华文明生命力传播力及其与世界其他文明的交流互鉴》，《世界历史》2022年第4期。

二是中华文明的突出特性深刻阐明了建设中华民族现代文明的内在要求。中华文明是在中华大地上独立形成的，但从来不是封闭保守的，相反始终保持着与外部世界的相互联系、彼此互动和深度交融。大约1万年前，华北地区出现粟和黍，长江中下游地区开始种植稻。粟、黍和稻成为在中华大地上最早出现的原始农作物，并在日后成为中国传统农业的代表作物，不仅为中华文明的发展起到关键性作用，而且为人类社会的进步作出重要的基础性贡献，对我国周边地区的农业发展产生深远影响。张骞出使西域，带来中原与西域各民族的友好交流；甘英出使古罗马，带来东西方文明的相互贯通；郑和七下西洋，足迹遍及印度洋、阿拉伯海、红海和非洲东海岸30多个国家和地区，使中华文明远播四海。中华文明的突出特性涵养着中国历史发展持久绵长的文脉，不仅使中华民族始终站在历史正确的一边，而且始终站在人类进步的一边。

当今世界，人们的联系交往日益广泛紧密，人类社会越来越成为一个地球村。尽管以美国为代表的一些西方国家，为了维系自身霸权，大肆推行所谓"单边主义""保护主义""逆全球化"，但世界大势浩浩荡荡不可逆转，经济全球化、政治多极化、文化多样化、社会信息化的趋势没有改变，中华民族秉持开放包容的态度没有改变。中华文明的博大气象，得益于自古以来就具有的开放姿态、包容的胸怀。我们能够在推进中国式现代化中创造人类文明新形态，也得益于对人类创造的一切优秀文明成果的主动学习和借鉴。"我们要铸就中华文化新辉煌，就要以更加博大的胸怀，更加广泛地开展同各国的文化交流，更加积极主动地学习借鉴世界一切优秀文明成果。"[①]

[①] 习近平：《在敦煌研究院座谈时的讲话》，《求是》2020年第3期。

无数事实表明，文化繁荣、文明进步，离不开求同存异，离不开交流互鉴。"在各国前途命运紧密相连的今天，不同文明包容共存、交流互鉴，在推动人类社会现代化进程、繁荣世界文明百花园中具有不可替代的作用。"[1]因此，建设中华民族现代文明必须汲取中华优秀传统文化的精髓，必须以更加宽广的心态善待不同文明，弘扬以平等、互鉴、对话、包容为特征的文明观，倡导以和平、发展、公平、正义、民主、自由为主旨的全人类共同价值。通过不同文明之间的互学互鉴，打破西方中心论主导的文化霸权话语体系，全方位展现不同于西方现代化的新图景，更深入地拓展人类文明进步的广阔空间，为解决人类面临的共同问题贡献更多中国智慧。

三是中华文明的突出特性深刻阐明建设中华民族现代文明的必由之路。中华民族现代文明是古老中华文明的延续，更是我们这个时代中华民族思想观念和价值理念的集中反映。中华优秀传统文化为中华民族现代文明建设注入了活力，为中国特色社会主义实践提供了滋养，为马克思主义中国化时代化培育了沃土。

习近平总书记指出，"中国优秀传统文化的丰富哲学思想、人文精神、教化思想、道德理念等，可以为人们认识和改造世界提供有益启迪，可以为治国理政提供有益启示"[2]。从"民惟邦本"到"人民至上"，从"民贵君轻"到"全过程人民民主"，从"小康之家"到"全面小康"，从中华民族交往交流交融到铸牢中华民族共同体意识，

---

[1] 《习近平出席中国共产党与世界政党高层对话会并发表主旨讲话》，《人民日报》2023年3月16日，第1版。

[2] 《从延续民族文化血脉中开拓前进 推进各种文明交流交融互学互鉴》，《人民日报》2014年9月25日，第1版。

从"怀柔远人""和谐万邦"到共建"一带一路"倡议和打造人类命运共同体，中华优秀传统文化在跨越时空、联通古今、展望未来中，展现出卓越价值、发挥出非凡作用。

建设中华民族现代文明必须坚定文化自信、秉持开放包容、坚持守正创新，必须更加自觉、更加主动地推动中华优秀传统文化同当代社会相适应、同现代化进程相协调，更好地推动创造性转化、创新性发展。"传承中华文化，绝不是简单复古，也不是盲目排外，而是古为今用、洋为中用，辩证取舍、推陈出新，摒弃消极因素，继承积极思想，'以古人之规矩，开自己之生面'，实现中华文化的创造性转化和创新性发展。"[①]因此，要按照时代特点和发展要求，对中华优秀传统文化的内涵和形式加以完善、拓展和升华，赋予新的时代精神、新的表达方式和新的传播渠道，更深入地激活其生命力，更持久地增强其影响力和感召力，进而实现5000多年中华文明的自我更新，实现中华优秀传统文化的现代转型，在赓续历史文脉中，谱写建设中华民族现代文明的时代华章。

习近平总书记关于中华文明突出特性的重要论述，是习近平文化思想的有机组成部分，它科学诠释了中华文明的丰富内涵，准确揭示了中华文明绵延永续的内在机理，具有深刻的哲理性、强大的思辨力和科学的指导性，为建设中华民族现代文明指明了前进方向，提供了根本遵循。它使建设中华民族现代文明的历史根基更加坚固，文化自信更加坚定，实践厚度更加坚实。我们要奋发有为，共同担负起新的文化使命，让古老的中华文明在建设中华民族现代文明的伟大实践中绽放出耀眼的时代之光。

（本文原载于《中国社会科学》2024年第7期）

---

① 习近平：《在文艺工作座谈会上的讲话》，人民出版社，2015，第26页。

从考古学看中华文明的突出特性

施劲松[*]

中华文明源远流长,灿烂辉煌。在世界文明的图景中,中华文明历经数千年的发展,形成了鲜明的特色。习近平总书记指出,"中华优秀传统文化有很多重要元素"[①],这些元素共同塑造出中华文明突出的连续性、创新性、统一性、包容性、和平性。这是对中华文明的深刻总结,揭示了中华文明深厚的历史底蕴和内涵。具有五个突出特性的中华文明,是建设中华民族现代文明的根基,是推动人类文明发展进步的重要源泉。

中国考古学以其丰富的成果实证了我国百万年的人类史、一万年的文化史、五千多年的文明史。

在距今1万年前后,我国形成了"北粟南稻"的农业格局,奠定了中华文明起源的基础。在距今8000年前后,各地区形成了特色鲜明的区域文化,文明因素相继萌生。在距今6000年以后,各区域

---

[*] 施劲松,中国社会科学院考古研究所纪委书记、副所长,研究员。
[①] 习近平:《在文化传承发展座谈会上的讲话》,人民出版社,2023,第6页。

的文化加速发展，社会分化加剧，核心聚落和原始信仰中心产生，各地文化和社会发展的共性增强。辽宁的牛河梁，甘肃的南佐，陕西的杨官寨，河南的北阳平、西坡、双槐树，江苏的崧泽，安徽的凌家滩，它们代表的区域文化如同"满天星斗"，中华文明多元一体的格局开始形成。

距今5000多年的良渚文化、屈家岭—石家河文化、大汶口文化等，表明长江、黄河中下游地区进入文明社会。在距今4000年左右，中原文明发展到新的高度。以陕西石峁为代表的北方石城、环嵩山地区的城址、山西陶寺，都表明王权国家的兴起。最终，以二里头文化为标志，中华文明进入中原王朝引领的新阶段。秦汉以后的历代都城等考古发现，无不体现出政治和文化的统一。

在中华文明悠久、连续的发展进程中，有无数伟大的发明创造。粟、黍、稻等农作物和动物的驯养，漆器、丝绸、瓷器、生铁与制钢技术，以及象形文字及其承载的知识体系和价值观等，这些丰厚成果丰富了人类文明。

自信、包容、交流、互鉴是推动中华文明连续发展的重要动力。据考古发现，外来文明的成果在中国经改造被内化为中华文明的自身文化。在秦汉以前，小麦、大麦、黄牛、绵羊、家马、金属器制造技术等的传入，对中国的经济和社会产生了重要影响。秦汉以后，佛教、粟特艺术等与中原文化融合；汉唐时期的文化在包容和交流中繁荣。

考古学对于中华文明的突出特性的例证还有很多，但更重要的是，透过考古现象去探究中华文明突出特性的形成机制。

在世界范围内，文明的形成和发展往往伴随着战争与冲突。而中华文明却具有鲜明的和平性，中国何以能够形成以和平性为突出特性的文明？有研究认为，中华文明形成时期的"满天星斗"格局，可能就是中华文明形成和平性特性的一个客观条件。在距今8000多年到距今5000多年这一时期，西辽河流域、黄河流域、长江流域都出现了区域文明中心，各区域文明拥有足够的发展空间和生存资源，拥有各自的文化和技术优势，各文明间的距离又使得技术的传播和文化的交往成为可能，正因如此，和平交往的理性选择代替了零和博弈。多元一体的文明格局带来的是多元的合作而非文明的冲突。

对一些区域性文明的考察，也可以进一步探究和平性的形成。比如考古发现揭示出成都平原存在过一个发达的三星堆文化，但在这个文化中并没有兵器等与战争、暴力相关的任何迹象。三星堆之所以在和平背景下成为一个区域文明中心，很可能是因为位于文化交流十字路口的三星堆是一个知识中心和神性中心。正是这样的区域文化，在赋予中华文明生命力的同时，也生成了中华文明的和平性。

透过考古材料呈现出的统一面貌，考古学同样可以对统一性的形成提出自己的阐释。中国各区域的史前文化具有多样性、发展不平衡性，又相互联系，最终中原文化区发展水平较高并起着联系各文化区的核心作用。考古学家由此将中国史前文化比喻为一个"重瓣花朵"。史前文化的这种分层次的向心结构，是中华文明多元一体格局形成的基础，也是中华文明统一性的根源。

探究历史时期文明统一性的重要视角是汉字。汉字增强了中华文明的凝聚力，使文明得以传承、发展。汉字及其书写的思想系统对于中华文明的统一性同样重要。有观点认为，汉字作为象形文字能够独立于语音存在，因而对于所有族群而言都天然地具有普遍的可分享性，用汉字构筑的精神世界或知识生产系统，也成为中原文明最具有特殊性的、无可替代的优势资源。秦汉统一后，汉字大量出现在中原以外的边疆地区。近些年，在云南晋宁的河泊所遗址出土了大批两汉的带字简牍、封泥、瓦当等。无论是简牍记载的丰富内容，还是汉字集中出现在王印、官印、高等级建筑等权力象征物上的现象，都表明汉字是中原王朝治理边疆的有效手段，并指示出汉字对于文明统一性的形成所具有的意义。

考古学通过地下出土的物质遗存来研究人类的文化和历史。"物的历史"远早于文字的出现，因此考古学有着更为广阔的研究空间。不同于文字记载的历史，考古出土的物质遗存没有经过观念的梳理，以实物为研究对象的考古学因此也更基础、更本原。就此而言，考古学不仅能够为中华文明的突出特性提供丰富的例证，更能够提供一条理解和阐释中华文明突出特性的有效路径。

中华文明具有突出的连续性：
从源远流长的历史连续性来认识中国

杨艳秋[*]

在文化传承发展座谈会上，习近平总书记指出："中华文明具有突出的连续性。……从根本上决定了中华民族必然走自己的路。如果不从源远流长的历史连续性来认识中国，就不可能理解古代中国，也不可能理解现代中国，更不可能理解未来中国。"[①] 理解中华文明连续性的突出特性，需要从源远流长的历史连续性来认识中国，在这里谈三点认识。

一 连续性的历史记载，造就了源远流长、延绵不断的历史文化传承意识

中国历史悠久，源远流长，与古代埃及、古代巴比伦、古代印度并称为四大文明古国。其他三个地方的古代文明后来都因为各种

---

[*] 杨艳秋，中国社会科学院古代史研究所党委书记，研究员。
[①] 习近平：《在文化传承发展座谈会上的讲话》，人民出版社，2023，第2~3页。

原因或中断、或消亡，唯有中华文明五千多年来一脉相承、从未中断，一直延续到今天。中华文明延续久远的标志之一就是其有完整的、连续性的历史记载。几千年来，我国流传下来的各种历史文化典籍浩如烟海，其丰富和完备的程度，世界上没有任何一个国家可以与之相比。浩繁的史籍是我们认识过去的重要载体，保存至今的先秦典籍有不少是历史方面的专门著述，有不少是我们先人观察历史、研究历史的思想结晶，为我们今天追溯中华文明起源、探索中华文明基因留下了宝贵资料。丰富生动的史籍是保存民族文化的重要载体，《春秋》记载了242年的历史，《史记》叙述了3000年的历史，《资治通鉴》时间跨度达1362年。我们今天熟知的"二十四史"更是中国古代几千年历史文明的连续记录，是中华文明连续性的重要载体。这些都是对我们民族繁衍发展历程的自觉记述，这些"过去"，通过历史记忆的传递，以这样或那样的方式延续存在于我们今天的生活中，在社会生活的各个领域对我们产生潜移默化的影响，从思想文化到行为模式，我们都无法抛开自己的历史。

二 传统思想的生成模式，成就了中华思想演进的承前启后特性

思想是文明的重要组成部分，思想的发展水平很大程度上决定着文明所能达到的深度。经过夏、商、西周的长期酝酿发展，到春秋战国时期，出现了以儒、墨、道、法、名、阴阳诸家为代表的"百家争鸣"局面，形成了中国古代思想史上第一个多元竞流、蓬勃发展的阶段。百家思想观念虽各不相同，但所争鸣的诸如天人关系、

伦理准则、政治秩序、社会规范等是在人类文明史上具有普遍价值的基本命题，并提出了诸如天、道、性、命、仁、礼、法等核心概念。这些命题和概念的形成，不仅为后世思想发展提供了资源，更为重要的是为后世思想发展奠定了基本的问题领域。随着秦汉政治大一统的实现，先秦诸子提出的命题概念、观点主张亦经整合而成为庞大的思想体系，加之从汉武帝"独尊儒术"政策的推行，一个以儒家思想为主轴，基本命题、核心概念相对稳定的中华思想体系逐渐生成。此后，历朝历代的思想家、政治家虽然也会根据各自时代背景、现实需求提出相应的思想学说乃至新的体系，但从整体上看，这些新思想、新学说的提出，主要是对既有命题、概念的再诠释、再发展。从先秦诸子学到两汉经学、魏晋玄学、宋代理学、阳明心学，无不包含着对前一时段文化的继承吸收、融合总结、深化发展和变革更化，这使得中华文化连绵不绝，高峰迭起。这种思想生成模式，一方面保证了中国古代思想在传承演变中的稳定性；另一方面也无碍于中国古代思想的发展更新，造就了中国古代思想的连续发展。

三　与时俱进的文化品格，使得中华文化在传承与创新中不断发展

一脉相承的中华文明，不仅为世界文明作出了杰出贡献，也塑造出独立自主、自强不息、不屈不挠，富有高度历史感、时代感的中华民族与中华文化。《易经》记载："观乎天文，以察时变；观乎人文，以化成天下。"人们在实践中创造和发展文化，文化本身就蕴含

着继承和创新的特质。中华文化是在一代代增损因益，更新变革中向前发展，表现出一种革故鼎新、不断转化和创造的内在动力。中华文化与时迁移、应物变化的与时俱进品格使其在数千年的历史长河中，既能够保持独特的传统和精髓，又能够不断地吸收和融合新的元素，从而实现传承与创新的共同发展。中华民族是富有创新精神的民族，提倡"生生不息"，倡导"革故鼎新"，主张"达变求新"，中华文明才具有自我更新的能力，在数千年的发展中生生不息、历久弥新。几千年来，中国历史在变革中不断前进，中华传统文化正因为内蕴着这种变革性而产生出无穷的创造力。

中华民族创造了具有五千多年悠久历史的辉煌文明。脱离了中国历史，脱离了中国的文化根基，就难以正确认识今天的中国。赓续传承中华文明，建设中华民族现代文明，必须在延续中华民族血脉中开拓前进。

中华文明连续发展的深层次原因分析

江林昌[*]

2023年6月2日，习近平总书记在文化传承发展座谈会上，总结概括了中华文明的五个突出特性。其中第一个就是"中华文明具有突出的连续性"[①]。习近平总书记讲话后，学者们从考古学、历史学、哲学等角度，对中华文明的连续性特点作了具体深入的阐释，取得了许多进展。本文想继续探讨的是，中华文明的连续性特点是如何形成的。也就是说，是什么造成了中华文明可以连续发展、从未中断？其中的原因应该是很多的，而且也是很复杂的。现试提出两例，供学界探讨。

原因之一：黄河、长江的东西走向是中华文明连续发展的地理经济基础

习近平总书记说："中华文明是世界上唯一绵延不断且以国家形

---

[*] 江林昌，山东大学历史文化学院特聘教授，中国先秦史学会副会长。
[①] 习近平：《在文化传承发展座谈会上的讲话》，人民出版社，2023，第2页。

态发展至今的伟大文明。"[①] 世界上，五千多年前独立起源的古文明，除了中国外，还有埃及古文明、两河流域古文明、印度古文明。为什么其他三个古文明都在发展过程中先后中断而没能绵延，这是首先值得探讨的问题。

我们认为，河流的走向可能是其中的一个重要原因。这四大文明古国同处于北纬30度左右，而且都是沿河而起的农业文明，这是其共同点。但中国古文明与其他三个古文明比较，还有一个巨大的不同。

尼罗河、底格里斯河、幼发拉底河与印度河，都是北南或南北走向。不同的河段处在不同的纬度上，不同的纬度有着不同的气候条件，不同的气候条件决定了不同的动植物生长环境。因此，不同河段上的先民就会有不同的生产方式与生活方式，进而有不同的文明形态与不同的文化传统。这样，就容易引发文明与文化的冲突与变化。

例如，两河流域的古文明最早产生在河流的最下段，即南部出海口，称为苏美尔文明。但后来，苏美尔文明却被它上游的阿卡德文明取代了。两河流域的古文明，由下游而上游（即由南往北），有四个古文明先后替代兴衰，即苏美尔文明、阿卡德文明、巴比伦文明、亚述文明。这四个文明，由早到晚，由南向北，由两河下游而上游，依次更替发展。而且，阿卡德文明与巴比伦文明之间还有年代缺环。

中华文明之源黄河、长江、西辽河，都是西东走向。每一条河

[①] 习近平：《在文化传承座谈会上的讲话》，人民出版社，2023，第2页。

流虽有不同河段，但都处在同一纬度上，有大致相同的气候条件，孕育了大致相同的动植物。只是长江上游与黄河上游已进入青藏高原地带，由于海拔高，气温低，农畜牧生产生活方式与长江、黄河中下游有区别。我们的讨论不包括长江、黄河的上游。百年考古所展示的各区域持续发展的聚落形态结构表明，我国先民在这三大河流周边，以定居乐业为主，迁徙流动为辅。农牧生产需要阳光雨露，需要肥沃土地，需要森林草泽，因而我国的先民很早就崇拜日月云雨等天体神灵、山川大地等社稷神灵。又因为东西走向的河流同一纬度造成的相同生产生活方式，决定了我国先民很早就聚族定居，日出而作，日落而息，因而有强烈的祖先崇拜、持续的血缘管理、严格的家族伦理等文化传统。

生产生活方式的长期稳定发展，便使得相应的历史文化积淀深厚，形成鲜明特色，进而保证了社会结构的持续稳定。在五千多年中华文明史上，虽不断有改朝换代，但其农牧生产方式、血缘管理社会结构却绵延持续。

原因之二：南北两大农耕生活方式在黄河中游、下游的交错融合，是中华文明"多元一体"格局形成的政治文化基础

百年考古表明，早在一万年前我国已由旧石器时代跨入新石器时代了。于是，食物的采集者发展为食物的生产者，动物的狩猎者发展为动物的畜养者。在此基础上逐渐形成了北方以黄河流域、西辽河流域为核心的旱地粟作农业区，南方以长江流域为核心的水田稻作农业区。尤其值得注意的是，从距今5800年至5300年开始，

这南北两大农业区的空间范围都各自扩大了一倍多，以至于出现了一个十分重要的现象：南方的水田稻作技术向北扩展，跨过了淮河与秦岭，延伸到了黄河中游与下游；而北方的旱地粟作农业向南扩展，跨过黄河中游、下游，再向南延伸到了秦岭以南的汉中地区与颍水淮河流域。

就这样，南北两大农业区在黄河中游的中原地区与黄河下游及淮河以北的海岱地区交错叠合发展了。这极大地促进了中原地区与海岱地区的农牧业生产发展和人口增长，进而促使这两大地区的文明率先发展。到了距今4500年至4300年左右，先出现了"夷夏东西"格局，进而出现了周边另外六个文明区向这两个文明区尤其是向中原文明区汇聚的趋势，为夏、商、西周早期文明"多元一体"格局的形成奠定了重要的物质经济基础。

这是中华农业生产的大融合、大促进，也是中华文明史上第一次大融合。融合的结果是出现了由"夷夏东西"而"夷融入夏"，再到周边多元文化汇聚于中原的"多元融夏"。

从创新性看建设中华民族现代文明的历史必然性

夏春涛[*]

"中华民族具有百万年的人类史、一万年的文化史、五千多年的文明史。"[①]博大精深的中华文明是历经漫长的人类生活进程,在源远流长的中华文化滋养和塑造下发展起来的。习近平总书记关于中华文明五个突出特性的重要论述,从大历史视角对中国历史、中华文化作了深刻总结,进而科学揭示了中华文明的发展规律,其一便是创新性。创新是中华文化的一个基调和特质,中华文明因而具有突出的创新性。这决定了今天建设中华民族现代文明具有历史必然性。

中华文化是推陈出新的文化,中华文明是革故鼎新的文明,正所谓"苟日新,日日新,又日新"。譬如,儒学自汉武帝时代被确立"独尊"地位后,仍顺应时势,不断发展创新,显现出强大生命力;以儒学为主体的文化认同成为维系中华民族生生不息、薪火相传的文化纽带,对铸造璀璨的中华文明起了推进作用。中国古代的发展

---

[*] 夏春涛,中国社会科学院近代史研究所所长、党委副书记,研究员。
[①] 习近平:《在文化传承发展座谈会上的讲话》,人民出版社,2023,第1页。

曲折起伏，有进有退，总的趋势是不断发展进步，为人类文明进步作出了巨大贡献。

到了近代，由于西方列强入侵和国内封建统治腐败，中华民族陷入前所未有的危机，文化蒙难，文明蒙尘。毛泽东在党的七大报告中一针见血指出："民族压迫和封建压迫所给予中国人民的灾难中，包括着民族文化的灾难。"[①] 他明确表示："一切奴化的、封建主义的和法西斯主义的文化和教育，应当采取适当的坚决的步骤，加以扫除。"[②] 党领导革命文化建设，创立人民大众的反帝反封建的新文化，真正促成了中国人民和中华民族的全面觉醒，为新民主主义革命的胜利、为中国历史开启新纪元提供了强大支撑和有力保证。

新中国成立后，中国共产党在改变文化落后面貌、提高人民文化水平的同时，继续推进文化创新，用社会主义新思想、新文化来取代旧思想、旧文化，实行百花齐放、推陈出新、古为今用、洋为中用的方针，致力于社会主义先进文化建设，努力发展民族的、科学的、大众的文化，不断创造出先进的健康的社会主义崭新文化，在破旧立新包括树立新的社会风气上取得巨大成就。进入改革开放历史新时期后，文化建设逐渐纳入中国特色社会主义事业总体布局，构成别具一格的中国特色社会主义文化建设。围绕探索、拓展中国特色社会主义文化发展新路，我们党与时俱进、乘势而上，不断提升国家文化软实力和中华文化影响力，不断增强实现民族复兴的精神力量。

党的十八大以来，中国特色社会主义进入新时代，文化建设继

---

① 《毛泽东选集》第三卷，人民出版社，1991，第1082页。
② 《毛泽东选集》第三卷，人民出版社，1991，第1083页。

续呈现新气象、取得新成就，为新时代开创党和国家事业新局面提供了强大精神力量。文化创新推进了文明更新。在新中国成立特别是改革开放以来长期探索和实践基础上，经过党的十八大以来在理论和实践上的创新突破，我们党成功推进和拓展了中国式现代化，在传承中华古老文明的同时，致力于革故鼎新、文明更新。习近平总书记在文化传承发展座谈会上的讲话就此郑重指出："中国式现代化赋予中华文明以现代力量，中华文明赋予中国式现代化以深厚底蕴。中国式现代化是赓续古老文明的现代化，而不是消灭古老文明的现代化；是从中华大地长出来的现代化，不是照搬照抄其他国家的现代化；是文明更新的结果，不是文明断裂的产物。中国式现代化是中华民族的旧邦新命，必将推动中华文明重焕荣光。"①

概括地说，党持之以恒领导文化建设，破旧立新、激浊扬清，以新文化育新人、树新风、走新路、建新功，其改造、建设之功惊天地泣鬼神：依托革命文化和社会主义先进文化，党带领人民分别走出中国革命和建设新路，开辟了中华民族伟大复兴的光明前景。中国特色社会主义文化作为中华文化的最新形态，是以中国式现代化全面推进中华民族伟大复兴的强大精神支撑。革命文化、社会主义先进文化、中国特色社会主义文化之所以能成为起精神支撑作用的新文化，助推我们独立自主走出革命和建设的新路，关键在于有党的创新理论的指导。换句话说，文化创新、文明更新的前提和根基是党的理论创新，在于我们党始终坚持用发展中的马克思主义指导新的实践。中国化马克思主义既是在政治层面居指导地位的意识

---

① 习近平：《在文化传承发展座谈会上的讲话》，人民出版社，2023，第7页。

形态，同时又具有文化属性，是中华文化和中国精神的时代精华；当代中华文化具有突出的主体性，党的理论创新就是这一文化主体性的最有力体现；有了文化主体性，文化自信就有了根本依托，进而独立自主走自己的路，创造出人类文明新形态。正如习近平总书记在庆祝中国共产党成立100周年大会上所说："我们坚持和发展中国特色社会主义，推动物质文明、政治文明、精神文明、社会文明、生态文明协调发展，创造了中国式现代化新道路，创造了人类文明新形态。"[1]

总之，坚持马克思主义在意识形态领域指导地位，坚持党的文化领导权，也就坚持了正确的文化前进方向和发展道路。回望五千多年中华文明发展史，特别是回首党领导文化创新、文明更新的光辉历程和辉煌成就，我们坚信，建设中华民族现代文明具有历史必然性，是大势所趋，前景美好而广阔。

---

[1] 《习近平著作选读》第二卷，人民出版社，2023，第483页。

深刻理解中华文明突出统一性的历史价值和时代意义

邢广程[*]

中华文明具有突出的统一性,它与其他四个突出特性一道构成了中华文明完整的特性。

第一,中华文明具有长期的大一统传统。习近平总书记强调:"多民族的大一统,各民族多元一体,是老祖宗留给我们的一笔重要财富,也是我们国家的一个重要优势。"[①]习近平总书记在文化传承发展座谈会上的讲话中多次阐述大一统思想:他将"九州共贯、多元一体的大一统传统"视为中华优秀传统文化重要元素之一;他强调,"深厚的家国情怀与深沉的历史意识,为中华民族打下了维护大一统的人心根基";他强调,"中华文明长期的大一统传统,形成了多元一体、团结集中的统一性";在谈到"结合"的结果是互相成就时,他举了"从九州共贯到中华民族共同体"的例子;在谈到"结

---

[*] 邢广程,中国社会科学院学部委员、一级研究员,中国社会科学院中国边疆研究所所长。
[①]《习近平谈治国理政》第二卷,外文出版社,2017,第299页。

合"打开了创新空间时,他强调要"承继九州共贯、六合同风、四海一家的中国文化大一统传统"。①由此可见,大一统传统是中华文明突出统一性中的重要理念和传统,是中华文明突出统一性历史逻辑的思想体现。在中华文明数千年的历史演化中,大一统理念对维护国家统一起到了重要的作用。秦汉时期以来大一统理念不断得到贯彻,成为中华文明的重要传统思想和历史共识。建设中华民族现代文明就必须延续大一统理念和传统。

第二,"'向内凝聚'的统一性追求,是文明连续的前提,也是文明连续的结果。"②中华文明不是通过向外扩张而发展起来的,恰恰相反,中华文明是通过向内凝聚而形成和发展起来的。中原和周边地区是中华文明的核心区。中华文明突出的连续性是与突出的统一性紧密结合在一起的,完美地构成了中华文明的时空架构。中华文明突出的统一性是突出的连续性的重要支撑;没有中华文明突出的统一性的支撑就保持不了中华文明突出的连续性,就没有中华文明的空间载体。从这个意义上看,国家统一和民族团结是至关重要的政治因素。"团结统一是福,分裂动荡是祸,是中国人用血的代价换来的宝贵经验教训。"③中华文明突出的统一性中还包含"国土不可分、国家不可乱、民族不可散、文明不可断的共同信念"④。该共同信念是从国土、国家、民族和文明四个维度凝练出来的:"国土不可分"指的是中华民族固有生存空间不可分割,也不容分割;"国家不可乱"

---

① 习近平:《在文化传承发展座谈会上的讲话》,人民出版社,2023,第8页。
② 习近平:《在文化传承发展座谈会上的讲话》,人民出版社,2023,第3页。
③ 习近平:《在文化传承发展座谈会上的讲话》,人民出版社,2023,第3页。
④ 习近平:《在文化传承发展座谈会上的讲话》,人民出版社,2023,第3页。

指的是国家安全、稳定、繁荣和统一是中华民族各民族必须加以追求、奋斗、维护和捍卫的，一个乱象丛生的国家不能维护中华民族的根本利益；"民族不可散"指的是中华民族团结和统一的极端必要性；"文明不可断"指的是中华民族建设现代文明的极端必要性。

第三，中华文明突出统一性的重要体现是中华民族各民族文化融为一体。从文明视角看，中华民族各民族文化融为一体表现为共同文化的汇聚。"中华文明从来不用单一文化代替多元文化，而是由多元文化汇聚成共同文化"[①]。在多元文化汇聚成共同文化的过程中也存在矛盾和冲突，但共同文化的汇聚是化解冲突和凝聚共识的重要方式，是从精神上塑造中华民族共有精神家园的重要标志。共同文化和文化认同是将内部差异极大的广土巨族整合成多元一体的中华民族的重要黏合剂，其超越地域乡土、血缘世系、宗教信仰，是实现中华民族各民族文化融为一体的重要体现。中华民族共同体从中华文明的高度展现了中华民族的统一性、不可分割性、包容性和共同性。中华民族共同体意识是伟大祖国统一的基石，是中华民族大团结的根本和灵魂，是国家层面最高的社会归属感。因此，铸牢中华民族共同体意识是进一步保持和推进中华民族各民族文化融为一体的基本途径。中华文明突出的包容性是维护中华文明突出统一性的重要条件，中华民族交往交流交融的历史取向保证和推动了中华文明突出统一性的历史取向。在铸牢中华民族共同体意识进程中需要树立正确的国家观、历史观、民族观、文化观、宗教观，夯实祖国统一和民族团结的思想基础。

[①] 习近平：《在文化传承发展座谈会上的讲话》，人民出版社，2023，第4页。

第四,"中华文明是世界上唯一绵延不断且以国家形态发展至今的伟大文明"[1]。这表明,"唯一绵延不断"和"以国家形态发展至今"是中华文明的重要特征。国家是文明社会的概括,中国是中华文明的概括,而国家统一则是中华文明绵延不断的极其重要的政治前提和基础,因此,"国家统一永远是中国核心利益的核心"[2]。一个坚强统一的国家是各族人民的命运所系。从哲学的观点看,国家统一命题属于重中之重范畴;从政治视角观察,国家统一处于国家重要政治议程中的置顶位置。"一国两制"是中国的伟大创举,也是香港、澳门回归祖国后保持长期繁荣稳定的最佳制度安排。从目前情况看,祖国完全统一尚未实现,富有智慧地解决台湾问题是中华民族伟大复兴的重要政治议题。解决台湾问题、实现祖国完全统一,是中国共产党的历史任务,是全体中华儿女和中华民族的共同心愿,也是实现中华民族伟大复兴的历史使命和必然要求。"和平统一、一国两制"方针是实现两岸统一的最佳方式,是对两岸同胞和中华民族最有利的统一方案。在一个中国原则下共同推动两岸关系和平发展、推进祖国和平统一进程是实现中华民族伟大复兴的重要路径。这就需要两岸同胞共同把握历史大势,共同弘扬中华文化,促进心灵契合,坚定反"独"促统。台湾问题属于中国内政,如何解决台湾问题是两岸同胞自己的事情,美西方试图插手两岸事务,属于干涉中国内政的行为,不符合联合国宗旨。

---

[1] 习近平:《在文化传承发展座谈会上的讲话》,人民出版社,2023,第2页。
[2] 习近平:《在文化传承发展座谈会上的讲话》,人民出版社,2023,第3页。

中华文明突出统一性形成的基础

——几点初步认识

张顺洪[*]

中华文明突出的统一性,是与中华民族的突出统一性,与大一统国家的逐步形成、不断发展和历经磨难后又得到巩固加强分不开的。中华文明突出统一性形成的基础是多方面的,笔者提出以下几点初步认识。

第一,中国是远古人类活动的一个重要中心。至少在两百万年前,中华大地上就有人类活动。在漫长的历史发展进程中,中华大地各地人群不断交流交往融合,逐渐形成了鲜明的统一性。

第二,中华大地地大物博,从一定意义上讲,自然环境具有相对的"独立性"和"自成一体性"。两大河流黄河和长江为中华大地上千百代人类提供了美好的生存和发展环境及广阔的交流与融合空间;黄河流域和长江流域的人群,与中华大地其他地区人群也早有交流与融合。我国地理环境的特殊性,客观上有利于中华大地上各

---

[*] 张顺洪,中国社会科学院历史理论研究所研究员。

地远古人群的互动和融合。

第三，中华文明在形成之初，就经历着从"满天星斗"到"多元一体"的演进过程。中国是世界四大文明古国之一。早在新石器时代，中华大地上诞生的各地区文化就经历着一个相互影响、相互交流和相互融合的过程。至少五千多年前，中华大地上就出现了国家，社会进入了文明阶段。当然，在中华大地上，进入文明阶段也是不平衡的：先进地区影响和推动着落后地区的发展，使中华大地向一体化的文明逐步演进。

第四，至少四千年前，中华大地上就形成了"文明中心"，这一文明中心位于黄河中下游地区，以夏王朝的诞生为重要标志。这一文明中心也长期是中华文明的"力量重心"，与中华民族和大一统国家的"力量重心"是一致的。在这个"力量重心"地区，人口多、人口同质性强，这在世界历史上是罕见的。当然，这一"力量重心"随着历史的演进处于不断扩大之中。这种"力量重心"的存在是非常重要的，有利于中华民族突出统一性的形成和发展，有利于统一性大国的巩固和加强。在中华民族发展演进历程中，这一"力量重心"在反侵略、反分裂中发挥了重大作用。

第五，中华文明突出的统一性存在于甲骨文的产生和发展演进之中。中国是世界"原初文明"地区之一，原初文明地区形成的文字一般为象形文字，不是拼音文字。中国的象形文字从商代的甲骨文直到今天，一脉相承，从未中断。三千多年前的甲骨卜辞，今天的人们也能辨认，有些字与我们今天使用的汉字几乎完全一样。象形文字是由原始社会人们创造的具有承载和传递信息功能的符号不断发展演进而来的。河南省的贾湖遗址出土的符号，形成于八九千年之前，是迄今发现的中华大地上最早的"文字符号"。象形文字相比于拼音文字，在促进大国的形成和巩固上具有极大的优势。象形文字有利于不同地区人们的交往，特别是统一性文字形成后，极大地便利了广大疆域内不同地区人们的交往，有利于信息传递和传承。这在漫长的奴隶社会和封建社会时期，特别有利于维护疆域辽阔的大国的统一。

第六，中华文明在早期发展阶段，就形成了鲜明的大一统思想观念。对此我国传世文献早有记述。《史记·五帝本纪》有："帝喾溉执中而遍天下，日月所照，风雨所至，莫不从服。"《尚书·尧典》有："九族既睦，平章百姓。百姓昭明，协和万邦。"《诗经·商颂·玄鸟》有："宅殷土芒芒""正域彼四方""肇域彼四海，四海来假，来假祁祁"。《诗经·小雅·北山》有："溥天之下，莫非王上；率土之滨，莫非王臣。"这些都是我国古人大一统思想观念的反映，也反映了古人对建立大一统国家的向往和追求。意识是存在的反映。在中华大地的辽阔疆域上，各地人们在不断交往、不断冲突、不断融合的历史进程中，也必然充分认识到构建和巩固统一性大国的必要性和合理性。

第七，中国在历史上很早就形成了中央集权的大国。在夏、商、周王朝发展的基础上，在2200多年前，中国就建立了统一性的中央集权的大国——秦王朝，实现了书同文、车同轨、量同衡、行同伦，海内为郡县，法令由一统。中央集权制度在封建社会时期，非常有利于维护封建大国的巩固和发展。统一性大国的巩固和发展是中华文明突出统一性得以发展和承续的重要基础。反观世界其他地区，曾经也出现过不少大国，但在很大程度上是由于没有建立起行之有效的中央集权制度，未能延续下来，如昙花一现，消失在了历史长河中。也由于缺乏有效的中央集权制度，有的地区长期形成不了统一性大国，而处于纷争不已的列国并立状态。

第八，中华民族在历史发展进程中，形成了不屈不挠的反抗侵犯、反对妥协投降、反对分裂、追求统一的斗争精神。中华文明突出的统一性是千百年来无数仁人志士不畏牺牲、不断奋斗的结晶。历史的发展不断证明：统一能促进社会的繁荣发展，分裂给国家带来战乱，给人民带来困苦。分裂不得人心，统一符合历史发展大势！

从吐鲁番文书看中华文明的统一性

刘安志[*]

2023年6月2日,习近平总书记在文化传承发展座谈会上发表的重要讲话,高度概括了中华文明所具有的五个突出特性,即连续性、创新性、统一性、包容性、和平性。这五个突出特性贯通历史、现在和未来,内涵丰富,视野宏阔,立意深远,是对中华文明的"精准画像"。作为史学工作者,我们要认真学习习近平总书记的重要讲话精神,担负起新的文化使命,做好史学阐释,讲好中国故事,为推动中华优秀传统文化实现创造性转化、创新性发展贡献智慧和力量。在此结合个人研究,谈谈吐鲁番文书所反映的中华文明统一性。

一 吐鲁番文书与政治大一统

吐鲁番文书所记州县制、乡里制、户籍制、府兵制、公文制等,

---

[*] 刘安志,武汉大学历史学院党委书记,教授。

无不体现了唐朝大一统在西域的政治实践。贞观十四年（公元640年），唐平高昌，随即在当地设置安西都护府与西州州府，实行军、民二元分治管理体制。其后，为应对复杂多变的西域形势，改二元分治为一元化管理，由安西都护府统辖盆地一切军政事务，对西州进行切实有效的治理与管辖。这种一元化军政管理体制，是中原内地与西域地区政治一体性的可靠保证。

户籍制与府兵制是确保政治一体性的重要支柱。吐鲁番所出唐贞观十四年李石住等户手实，表明唐平高昌之初，即要求西州民户申报手实，严格推行户籍管理制度。通过编制户籍，唐朝将社会性单位"家"转化为政治性单位"户"。西州民众虽职业不同、民族各异，但都拥有了统一的政治身份"百姓"，共同承担国家义务，参与边疆建设，为统一的多民族国家作出贡献。唐朝在西州设置军府，推行与中原内地一样的府兵制。唐开元六年（公元718年）以前，府兵简点每年一次，此后改为三年一次。这一政策调整，得到吐鲁番文书的证实，反映了唐代府兵制在西州的实施及演变历程。

文书行政是政治制度得以运行的关键环节。东汉王充在《论衡》中说："汉所以能制九州者，文书之力也。"这反映了文书行政在国家大一统政治运行中的重要作用。以唐代解文为例，其作为一种重要公文，明确载于唐代律令之中，并有相应的"解式"。从现有吐鲁番文书资料看，唐代解文有县申州解、折冲府申州解、州申尚书省解三种。解文与下行文书符文紧密对应，二者承载着政令传达、信息沟通的重要功能，是联系唐代中央与地方州府、州与县、州与折冲军府之间的桥梁与纽带。吐鲁番出土的二十余件唐代解文，是认识唐朝大一统制度实施与行政运作的珍贵文献。

二　吐鲁番文书与经济大一统

唐朝同样将中原的经济制度推行到西州，最典型的就是均田制和租庸调制。吐鲁番所出授田、退田、欠田诸文书，以及户籍文书中"合受田""应受田""已受田""未受田"等相关记载，表明了唐中央朝廷所颁均田令在西北边疆的切实推行。

唐租庸调制规定：丁男年纳粟（租）二石，调绫绢絁各二丈，绵三两。根据吐鲁番所出唐代户籍文书记载，西州百姓每丁纳租六斗，缣布一匹。租额少显然是因为授田不足所致，但这体现了王朝国家租调制度的统一性，也反映了地方州府在执行时的灵活性。

唐人张籍《凉州词》所记"无数铃声遥过碛，应驮白练到安西"，显示出内地与西域之间密切的经济联系。吐鲁番所出"仪凤三年度支奏抄"及来自陕西、河南、四川、湖北、江苏等地的唐代庸调布，表明唐朝通过中央主导的财政性物流，实现了对地方州县所收租调的统一再分配。西域与内地通过财政性物流联结在一起，形成统一的经济网络。吐鲁番所出唐天宝二年（公元 743 年）的物价文书中，所列商品有来自中原内地的梓州小练、河南府生絁、常州布、益州半臂等，深刻反映了西州与内地经济交往的密切，是唐朝经济一体化的重要体现。

三　吐鲁番文书与文化大一统

《梁书》记高昌"言语与中国略同，有五经、历代史、诸子集"。

吐鲁番出土了大量经史子集文献，如《尚书》《史记》《文选》《大唐西域记》等。这些文献均是用汉文书写而成，可以与传世典籍相互印证。"国之大事，在祀与戎"，礼是中国传统文化的核心。吐鲁番文书中发现有《大唐开元礼》残片，书法工整，严格遵循唐代"平阙式"，表明《开元礼》行用于西北边疆，反映了中华礼仪文化在西域的流传及影响。

教育是实现文化统一的关键环节。吐鲁番所出唐景龙四年（公元710年）学童卜天寿所抄《论语》郑玄注残本，使亡佚千年的郑注《论语》重见天日。有趣的是，卜天寿也在其中留下了自己的心声："写书今日了，先生莫咸（嫌）池（迟）。明朝是贾（假）日，早放学生归。"可见《论语》已成为唐代西州学生的必修课。此外，吐鲁番还出土了多件童蒙读物《太公家教》残片。依据这些残片可以确认，《太公家教》成书于七世纪下半叶，八世纪广泛传播于全国各地。可见，西州民众在文化认同上与中原地区达到了高度统一。

吐鲁番出土的数十件随葬衣物疏，反映了普通民众对死后世界的想象与建构。其中多有"若欲求海东头"之语，指明"东海"是逝者的魂归之所。这种"东海"信仰，源于南朝的江南地区，反映了南朝文化对高昌的影响。中古高昌民众去世之后，灵魂所系之处是东方万里之遥的东海，显示出吐鲁番与中原内地民众具有牢不可破的统一文化基因。

总之，政治大一统是经济、文化统一的强力保障，经济大一统是政治、文化统一的内在动力，文化大一统则将政治、经济的统一内化于各族人民的心中。吐鲁番文书是中华文明统一性的文物实证，对理解大一统中国的历史进程具有重要意义。文书所见唐代政治、经济、文化等多维度的大一统史事，是展现中华文明统一性的生动案例，是中华大一统格局在唐代的深化拓展，实证了西域与内地的密切联系，共同绘就出统一的中国历史图卷。

中华文明统一性的边疆阐释

罗 群[*]

2023年6月，习近平总书记在文化传承发展座谈会上，以整体性视野和全方位、立体化的认识方法概括了中华文明连续性、创新性、统一性、包容性、和平性五个突出特性。五个突出特性不仅深刻阐明了中国历史发展的特征，更揭示了中国历史的发展本质、发展动力与发展逻辑。在论述"统一性"时，习近平总书记指出，"中华文明的统一性，从根本上决定了中华民族各民族文化融为一体、即使遭遇重大挫折也牢固凝聚，决定了国土不可分、国家不可乱、民族不可散、文明不可断的共同信念，决定了国家统一永远是中国核心利益的核心"[①]。一部中华文明史，既是中华民族交流交往交融的厚重史诗，也是内地与边疆政治、经济、民族、文化结合统一的结果。中华文明突出统一性的历史阐释要求我们重视在边疆与内地交往交流交融层面的思考。

---

[*] 罗群，云南大学历史与档案学院院长，教授。
[①] 习近平：《在文化传承发展座谈会上的讲话》，人民出版社，2023，第3页。

一　制度的统一性：大一统是维系边疆—内地政治统一性的根基

中国边疆深厚的历史积淀决定了边疆发展的历史广度、深度与整个中国历史发展始终紧密一体。边疆的制度、政策具有与内地一脉相承的统一性。

从边疆—内地交往交流交融看中华文明突出的统一性，具有从"边疆视角"理解"中国性"以及统一多民族国家建构、中华民族共同体形成与发展的深刻内涵与意义。夏将中国分为"九州"，周已形成"普天之下，莫非王土"的整体性意识。秦统一六国，推行郡县制，确立了中央集权体制。汉武帝设立13州，行政区划史上出现"州—郡—县"三级。隋唐时，统一多民族国家发展迅速，行政区划实行道路制，在边疆设置都护府。宋设13路，建立治所。元代则设置辽阳、岭北、甘肃、云南、湖广等边疆行省。明代分立省级政权军政，布政使司管理民政。清代在少数民族区域和边疆地区建立驻防大臣和将军辖区，化边疆为内地，是中央集权发展的顶峰。边疆治理进程显示了制度发展的延续性与维护国家统一稳定的向心性。

在制度的统一与延续过程中，由"普天之下，莫非王土"整体性意识所孕育出的大一统思想在中国政治思想体系中取得支配性地位，并对国家疆域形成产生重要影响。大一统思想不仅成为历代开疆拓土、拓展华夏文明的主要原因与动力，同时也促进了边疆与内地的交往交流交融，为多元族群凝聚提供了理论指导。无论是边疆还是内地族群建立的政权，都对极具正统性的"中国"一词高度认同，这对多民族统一国家的形成与延续意义重大。而大一统思想中追求国家统一的观念更深入人心，成为反对边疆分裂、维护边疆稳定的民意基础，有效巩固了多民族统一国家的疆域版图。

二 经济的统一性：边疆—内地双向统一大市场是内引外联的经济纽带

边疆与内地的交往交流交融发生最早、作用最深远的是经济交往。王朝腹地与边地之间通过商业贸易、物资交换等经济活动，形成互相依赖的经济共同体。北方游牧经济、东北渔猎农耕经济、西北绿洲经济、西南林地河谷经济与中原农耕经济各具特色又高度互补，形成一个具有高度差异性与流通性的统一大市场。在边疆—内地双向循环的市场体系中，商品、技术、货币、人员等要素不断流动、交互，对传统中国的社会经济发展产生深刻影响。

一方面，持续的经济交流强化了边疆与内地相互依存的内在联系，从社会经济层面不断推动边疆与内地以交往为起点、以交流为过程、以交融为结果的经济贸易走向深化。另一方面，边疆与内地经济共同体的形成，构建起了复杂多样的统一双向市场网络、交通网络、信息传播网络，为中华民族政治共同体、文化共同体、社会共同体提供了经济基础。

此外，边疆市场还与域外经济市场联系密切，成为中国与世界经济交流的重要平台。统一大市场不断推动国内商品、技术与资本等要素协调整合，为国内经济向域外发展提供了必要准备，陆上、海上丝绸之路与茶马古道皆与统一大市场的孕育有着紧密的内在联系，对中华文明与域外文明的交流互鉴产生了深远影响。

三 民族的统一性：中国历史整体性是边疆—内地民族交往交流交融的理论动因

通过边疆与内地的交往交流交融，形成了各民族间分布交错杂居、文化兼收并蓄、经济相互依存、情感相互亲近，你中有我、我中有你的中华民族多元一体格局，并由此构成了中国历史发展整体性与多样性统一的特点。

前辈学者就此提出了中华各民族历史是一个有机整体的论断。方国瑜先生强调说，汉族的形成，是中国历史发展成为整体结构的重要因素，汉族与其他各族的联系，由点而线而面，成为中国整体的社会结构。这个"面"，就是中国的领域，也就是中国历史的范围；边疆与内地作为整体的社会结构共同发展历史，不会改变；在中国整体之内，历史发展过程存在着不平衡的情况，各民族间不以差别性而分离，而以一致性的共同要求结合成为一个整体。具体表现为边疆与内地是一个整体、少数民族与汉族是一个整体、历史中国与现代中国是一个整体。即"政治、经济、文化上的既矛盾又统一的消长过程，也就是中华民族历史整体发展的过程"[1]。

中国历史整体发展使各族间形成强大的凝聚力、内向力，并在事实上形成了你中有我、我中有你，谁也离不开谁的命运共同体。

---

[1] 木芹:《中华民族历史整体发展论》，民族出版社，1995，第1~2页。

这种对统一的共同追求，成为凝聚各族人民的精神纽带。

《诗经·大雅·江汉》云："式辟四方，彻我疆土"。这是由边疆的国家性和中华文明的统一性所决定的。边疆与内地从来就不是孤立存在，而是彼此关联互动的，双方互动关系发展的历史就是一部中华文明互动交融史。"中国边疆"与"边疆中国"则是共通、统一的双向历史视角与研究取径。从边疆与内地交往交流交融视角阐释中华文明统一性，充分认识边疆的"地方意义""国家意义"乃至"世界意义"，能为历史边疆、当代边疆的统一与稳定提供理论构想与支持。

从考古看中华文明融合特性的起源

陈胜前[*]

中华文明历史悠久、规模宏大，无疑要归因于不断融合的进程。海纳百川，有容乃大。中华文明的融合体现了包容性与和平性，也造就了统一性与连续性，融合本身也是人类社会发展的伟大创新，对中华文明乃至人类的未来具有重要而深远的意义。正是在五千多年的文明进程中不断融合，造就了中华文明的五个突出特性。

考古学以具有超长的时间尺度、扎实的实物遗存基础以及多学科方法见长。百年中国考古学的发现与研究以及相关学科的帮助，就中华文化、中华民族、中华国家的渊源，已形成较为明确且可靠的认识。从考古学的角度，能够帮助我们认识到中华文明的融合是如何开始的。

中华历史可以分为较为明显的六个阶段。第一阶段，距今四万年前后，也就是旧石器时代晚期，精神层面的文化开始出现，中华文化可以追溯到这里。第二阶段，距今一万八九千年开始，旧石

---

[*] 陈胜前，中国人民大学历史学院考古文博系教授。

器时代开始向新石器时代过渡，农业逐渐发展起来，中国南、北两大主体人群开始形成；距今一万年至八九千年，新石器时代的考古学文化如雨后春笋一般在中华大地出现，并发展成为若干文化中心区域。第三阶段，距今六千年左右，在这些文化中心区域中，复杂的社会组织开始出现，文明浪潮涌动，群星璀璨。第四阶段，距今四千—二百年，中华文明进入王朝阶段。第五阶段，距今两千多年前，中华文明进入帝国阶段，"大一统"局面形成。第六阶段，也就是今天，中华文明凤凰涅槃，进入新时代，中华民族在经历百年沉沦之后迎来全面复兴。

作为史前考古研究者，我更关注前三个阶段。融合的前提是多元化发展。

在第一个阶段，以华北地区为例，在旧石器时代晚期早段出现了4种不同的文化适应模式，呈现多元化发展的格局。当时人口增加，社群的边界日渐清晰，物质文化由此呈现出不同的面貌。随着区域文化特征形成，文化意义上的族群开始形成，中华民族的源头可以追溯到这个时期。

第二个阶段，经过旧新石器时代过渡期数千年的孕育，在距今一万年至八千五百年，面貌各异的新石器时代考古学文化涌现出来。值得注意的是，作为文明化进程核心的社会复杂化并不是从新石器时代晚期才开始的，最近二三十年考古学与人类学研究认识到，不平等的起源至少在旧新石器时代过渡阶段已经出现。

第三个阶段，也就是文明起源阶段，从既有的发现来看，中华文明起源的模式很可能是多样的。稍早的红山文化其社会整合很大程度上依赖祭祀以及相关社会活动的广泛参与，凌家滩文化与崧泽文化更多以玉石钺来体现社会财富的分化，以财富与武力为中心的社会权力的特征明显。稍晚的良渚文化以浩大的水管理工程、复杂的稻作农业（可能已有犁耕）、发达水运系统成为文明发展的重要基础与动力。石家河文化与良渚文化类似，都是稻作文明，但这里众城并立，社会整合的程度更接近联盟。近些年确认的石峁遗址及其周边的石城，有瓮城、马面甚至是地道系统，显示出非常强的军事防御色彩，战争成为石峁的突出特征。同样处于农业区边缘地带的南佐遗址，与红山文化遗址更类似，有夯土高台、大型建筑基址，更多呈现出祭祀的性质。海岱地区的龙山文化陶器精致，酒器发达，社会暴力色彩明显，但没有完成社会整合。总之，文明化进程呈现出多阶段、多地区、多模式的特征，不同地区各领风骚，可称之为"文明浪潮"。

相比而言，中原一带重视天文（如双槐树、青台、陶寺等文化遗址），不尚厚葬，率先制作铜礼器与兵器（以陶寺、二里头文化遗址为代表），在文明交流中形成了文明融合的漩涡，中原地区广泛吸收各个次级文明中心的文化成果，最终完成了软、硬社会权力的有效整合，中国历史进入王朝阶段。

融合特性在历史时期继续发扬光大，最终缔造了中华文明，成为人类历史上一个成功的发展模式。

中华民族共同体中"国家认同"与"民族认同"具有一体两面之关系

王震中[*]

2023年6月2日，习近平总书记在文化传承发展座谈会的重要讲话中概括了中华文明"五个突出特性"。在对这"五个突出特性"的历史学阐释中，我是从两个方面着手的。其一是对"五个突出特性"做统一的历史学阐述，2023年6月5日，我发表了《中华文化在新时代扬帆破浪》一文。其二是对"五个突出特性"分别加以阐释，2023年12月，我发表了《中华文明起源、形成、发展与"突出的连续性"特性》一文，对"中华文明具有突出的连续性"进行了历史学阐释；2024年2月，我发表了《中华文化多彩一体和兼收并蓄与中华民族的包容性》一文，是对"中华文明具有突出的包容性"的历史学阐释。在此，以《中华民族共同体中"国家认同"与"民族认同"具有一体两面之关系》为题，阐释"中华文明具有突出的统一性"。

---

[*] 王震中，中国社会科学院学部委员、一级研究员，中国殷商文化学会会长。

在民族史研究中，特别是中华民族史研究中，始终存在着国家与民族的关系问题。一般认为，民族具有共同的地域、共同的语言、共同的文化和共同的经济。中华民族共同的语言是国家通用的汉语语言文字，汉语和汉字就是民国时期和新中国成立之初所说的"国语""国文"。中华民族共同的文化就是中国境内包括汉族和少数民族在内的具有"多元一体"特征的中华文化。中华民族共同的经济就是全中国的国家经济。中华民族共同的地域就是全中国的国家领土。为此，我曾经论述说："中华民族是从秦汉开始的以郡县制为机制的统一的国家结构造就的；她以统一的国家为框架，是一个与统一的国家互为表里的全中国的民族共同体。"[①] 这里涉及的就是中国与中华民族的关系问题，因此，我认为在中华民族共同体研究中可以用"国家认同"来替换"共同地域"，或者说"国家认同"与"共同地域"具有同等性。

说到"国家认同"与"民族认同"的关系，我们还可以举出"中国人"一词。在抗日战争时期，抗击日本帝国主义侵略的亿万民众，有汉族，也有其他少数民族，如回族、满族、蒙古族、羌族、土家族、苗族、瑶族、傣族、黎族等。在面对日本侵略者时，他们不会强调自己是什么族，而只会强调自己是"中国人"。"中国人"一词紧紧地把"中国认同"与"中华民族认同"连接在了一起。现在，在海峡两岸交往中，凡是承认自己是"中国人"的，也就天然地把自己作为中华民族一员了。所以，在现实中"国家认同"与"民族认同"也具有一体两面的关系。

---

① 王震中、姚圣良：《论中华民族凝聚力的构成要素》，《民族研究》2022年第3期。

从历史上中华民族的形成过程来看,"国家认同"与"民族认同"原本就具有一体两面的关系。1989年,费孝通以《中华民族多元一体格局》为标题,在香港中文大学做了一个很好的学术演讲。[1]他说,中华民族是多元一体,"多元"是指中华民族由包括汉族在内的56个民族组成,"一体"是指整个中华民族是一体的。这个多元一体格局有一个凝聚的核心,就是华夏族团和后来的汉族。同时,他还提出,中华民族经历了由"自在民族"到"自觉民族"的发展过程,作为"自觉民族"的中华民族是指近代以来具有强烈民族自觉意识的中华民族,作为"自在民族"的中华民族是指几千年来的古代中华民族。三十多年来,费孝通这些真知灼见指导我国民族学学者和民族史学者取得了许多研究成果。但是,费孝通一直没有说作为"自在民族"的中华民族从什么时间算起。我在2016年发表的《国家认同与中华民族的凝聚》[2]和2022年发表的《论中华民族凝聚力的构成要素》[3]两篇论文中都论述了作为"自在民族"的中华民族是从秦汉开始形成的,其理由是考虑了国家与民族的关系。中华民族是指中国所包含的诸民族,而中国作为一个统一的多民族国家是从秦汉开始的。从秦汉到近代的历史可以看到,一个包含汉族和其他众多少数民族在内的中华民族的形成,其最基本的条件就在于以郡县制为机制的统一的多民族国家结构。对于这一国家结构,我们甚至可以称之为"大一统"的多民族国家结构。因为只有这样的结

---

[1] 参见费孝通主编《中华民族多元一体格局》,中央民族大学出版社,1999。
[2] 王震中:《国家认同与中华民族的凝聚》,《红旗文稿》2016年第1期。
[3] 王震中、姚圣良:《论中华民族凝聚力的构成要素》,《民族研究》2022年第3期。

构，才使得中华民族既是多源的又是统一的，是"多源合流"，其统一性是由国家的统一而决定的，离开了统一的多民族国家结构，离开了"大一统"的中国，中华民族共同体的一体性也就无从谈起。

以秦朝和汉朝为例，具体来看统一的多民族国家内所包含的众多民族及其多元一体的关系问题。公元前221年，秦王嬴政统一六国，结束了长期封建诸侯割据的局面，建立了中国历史上第一个中央集权的统一的多民族国家。《史记·秦本纪》说："秦王政立二十六年，初并天下为三十六郡，号为始皇帝。"秦朝初设三十六郡，后增为四十余郡。秦始皇三十三年（公元前214年），在东南和南方，闽越地设闽中郡（今福建），岭南越地设桂林郡（治今广西桂平）、南海郡（治番禺，今广州）、象郡（治林尘，今广西崇左）；"西北斥逐匈奴，自榆中（今陕西北部与河套地区）并河以东属之阴山，以为四十四县，城河上为塞"。这样，西至甘肃，北至内蒙古，东至海及辽河以东，南至岭南，都包括在统一的帝制王朝之中。在"大一统"的秦王朝内，其居民以华夏民族为主体，但也包括了南方的百越系统和苗瑶系统的民族、西方部分氐羌系统的民族、北方部分阿尔泰系统的民族以及东北部分少数民族，是一个统一的多民族国家。

到了汉朝，其所容纳的少数民族的幅度和广度，随着边疆的扩展而有所扩大。《汉书·武帝纪》说：汉武帝北击匈奴，"收河南地，置朔方、五原郡"，"募民徙朔方十万口"。汉元狩二年（公元前121年），匈奴昆邪王降，"以其地为武威、酒泉郡"。其后又"分武威酒泉地，置张掖、敦煌郡，徙民以实之"。元狩四年（公元前119年），"关东贫民徙陇西、北地、西河、上郡、会稽，凡七十二万五千口"。元鼎六年（公元前111年），平定南越，以其地为南海、苍梧、郁林、合浦、交趾、九真、日南、珠厓、儋耳郡。汉武帝还开发西南夷，设置犍为、牂柯、益州、越巂、沈黎、汶山、武都等郡。元封三年（公元前108年），征降朝鲜，"以其地为乐浪、临屯、玄菟、真番郡"，史称乐浪四郡。平帝年间，王莽让西羌献地归属，设置西海郡，"增法五十条，犯者徙之西海，徙者以千万数"。西汉王朝在扩展的过程中，边疆设郡，既包容当地少数民族，也移民充实边疆，这些做法不但被东汉所效仿，而且还有发展，而西汉和东汉国祚长久，达四百多年，从而使得两汉的民族融合深度和广度较秦朝又达到了一个新的高度。

历史上，中华民族形成的机制就是"中央—郡县"一元化的"大一统"的多民族国家结构。在这样的国家结构内，汉族是主体民族，也包含少数民族。全国境内的"多民族"被纳入郡县这样的行政管辖的范围之内，由行政管理所带来的政治上的统合可打散乃至融化族群上的差异；郡县控制了地方，郡县制有利于集权和统一。在郡县制行政区域之外的边疆地区，除了"夷汉相错而居"之外，两千多年的帝制王朝在边疆区域的行政体制上，经历了从"羁縻"政策到"土司"制，再到"改土归流"或移民实边或直接管辖，使边疆地区在逐步实现"封建化"的同时，也走向与内地"行政一体化"。[①] 边疆之所以能够逐步走向与内地一体化，就国家结构而言，内地郡县制的行政区域是主体力量，"中央—郡县"一元化的体制机制是至关重要的。

历史上，唐太宗被各族人民称为"天可汗"。此后，唐高宗、武则天、唐中宗、唐睿宗、唐玄宗、唐肃宗、唐代宗也曾被称为"天

---

① 参见陈季君《论中国古代边疆与中原一体化的历史进程：以清朝为中心》，《中国边疆史地研究》2021年第4期。

可汗"。这对之前所强调的"华夷之辨"是一个有力的冲击。到了元代，元朝打破了"华夷之辨"的禁忌，倡导"天下一家"的理念，不论华夷、不辨华夏，皆属元的臣民。故其统治全覆盖，内外设治，如《元史》称："盖岭北、辽阳与甘肃、四川、云南、湖广之边，唐所谓羁縻之州，往往在是，今皆赋役之，比于内地。"这属于历史的进步。清朝在行政上全面推进边疆与内地一体化。在思想文化方面，从皇太极开始，就提倡"满蒙汉一体"，顺治时多次宣布"满汉官民，俱为一家"①。"大一统"的国家机制（统一的多民族国家机制）本身就有推进边疆与内地一体化进程的机理逻辑；在民族共同体意识上，当然也得强调满蒙汉等多民族的一体性。

在中国，从古至今，凡是强调"大一统"的国家认同，就是在增强中华民族的凝聚。讲国家认同，当然要维护国家的统一和民族的凝聚。国家统一的长期稳定，是由统一的国家结构的稳定性、统一的语言文字——汉语、共同的优秀传统文化、共同的经济和交通等多方面的联系所构成的，而这些联系也正是中华民族一体性的根本所在。

如果说中华民族共同体是从秦汉开始形成的，那么先秦时期的华夏民族是什么范围内的民族共同体，它与秦汉以来的汉民族和中华民族有着什么样的关系？这是中华民族史研究中应有之题。概括地讲，先秦时期的华夏民族是汉民族的前身，而汉民族在秦汉以来是作为"自在民族"的中华民族的基干或核心而存在的，当我们对

---

① 《清世祖实录》卷15第3册，中华书局，1985，第140页。

汉民族溯源时可直接追溯到先秦时期的华夏民族，而在民族的基干或核心的意义上，中华民族的溯源也可追溯到先秦时期的华夏民族。在民族的基干或核心的意义上，从先秦到近代，中华民族共同体的形成过程呈现出"炎黄—华夏—中华"这样的演进轨迹。

关于炎黄，习近平总书记在2019年9月召开的全国民族团结进步表彰大会上的讲话中指出："我们悠久的历史是各民族共同书写的。早在先秦时期，我国就逐渐形成了以炎黄华夏为凝聚核心、'五方之民'共天下的交融格局。"[1]同月，在黄河流域生态保护和高质量发展座谈会上，在谈到"黄河文化是中华文明的重要组成部分，是中华民族的根和魂"[2]的时候，习近平总书记又特别指出："早在上古时期，炎黄二帝的传说就产生于此。"[3]从习近平总书记这些重要讲话中，我们可以悟出这样一些深刻的思想和道理：早在先秦时期，我国就逐渐形成了以炎黄华夏为凝聚核心、东南西北中"五方之民"共天下的交融格局，这就是中华民族起源过程中的初始形态。因而当我们把中华民族的起源和形成这两个过程连为一体时，从起源到形成的演变轨迹可表述为"炎黄—华夏—中华"。其中，在国家与民族的关系上，与"炎黄"相对应的是作为早期国家的单一制邦国形态结构，史称"万邦"；与"华夏"相对应的是多元一体的复合制的夏商周王朝国家，史称"三代王朝"；与"中华"相对应的是秦汉以来在"中央—郡县"一元化机制下的统一多民族国家的形态结构。

---

[1] 习近平：《在全国民族团结进步表彰大会上的讲话》，人民出版社，2019，第4~5页。
[2] 《十九大以来重要文献选编》（中），中央文献出版社，2021，第200页。
[3] 《十九大以来重要文献选编》（中），中央文献出版社，2021，第195页。

中华文明的和平性及其世界意义

罗文东[*]

中华文明源远流长，历久弥新，为人类文明进步作出了巨大贡献。习近平总书记在文化传承发展座谈会上指出，"中华文明的和平性，从根本上决定了中国始终是世界和平的建设者、全球发展的贡献者、国际秩序的维护者"[①]。和平作为中华文明的突出特性和基本价值，不仅在中华民族发展史上发挥着重要作用，而且对世界和平与发展产生了深远影响。

一 中华文明的和平性具有深厚的文化根基和历史渊源

中华民族自古以来就崇尚"和而不同""以和为贵""讲信修睦""协和万邦""天下太平"等文化理念，形成了追求和平、和睦、和谐的优良传统。在《尚书》《诗经》等典籍中，"和"与"平"等

---

[*] 罗文东，中国社会科学院马克思主义研究院党委书记，研究员。
[①] 习近平：《在文化传承发展座谈会上的讲话》，人民出版社，2023，第4页。

词语就在调和、平衡等含义上大量使用了。例如，《尚书·尧典》写道："克明俊德，以亲九族。九族既睦，平章百姓。百姓昭明，协和万邦。"《诗经·江汉》曰："四方既平，王国庶定。时靡有争，王心载宁。"到春秋战国以后，和平就被概括和提升为一种具有世界观、方法论和政治意义的理念和原则。《礼记》曰："礼之以和为贵""故乐行而伦清，耳目聪明，血气和平，移风易俗，天下皆宁"。《中庸》有言："中也者，天下之大本也；和也者，天下之达道也。致中和，天地位焉，万物育焉。"《大学》还提出"明明德""亲民""止于至善"的三纲领和"格物""致知""诚意""正心""修身""齐家""治国""平天下"的八条目，作为士大夫终身追求的理想目标和处世原则。《孙子兵法》是一部著名的兵书，但其开篇就讲："兵者，国之大事，死生之地，存亡之道，不可不察也"，其要义是慎战、止战，主张"百战百胜，非善之善者也；不战而屈人之兵，善之善者也"。

中华民族从古至今都倡导交通成和、共生并进、保合太和，反对阻隔闭塞、强人从己、丛林法则，以互利合作、亲仁善邻的交往之道，使中华文明光耀千秋、泽被天下。早在两千多年前，张骞率领的大汉和平使团就从长安出发出使西域，打通东方通往西方的道路，完成了"凿空之旅"。唐宋元时期，陆上和海上丝绸之路共同发展，谱写了"万里驼铃万里波""万国衣冠拜冕旒"的壮丽史诗。明代郑和七次远洋航行，秉持"敷宣教化于海外诸藩国""天下共享太平之福"的理念，遍访30多个国家和地区，开展平等贸易，扩大文化交流，促成亲善往来，尊重异域风俗，调解邦国纷争，赢得了西洋多国人民的爱戴，成为举世公认的航海家、外交家与和平使者。

沿着古丝绸之路，中国将丝绸、瓷器、漆器、四大发明等传到西方，也将胡椒、亚麻、香料等带回中国。一代又一代"丝路人"建立起东西方和平的桥梁、合作的纽带，他们使用的不是战马长矛，而是骆驼和善意；依靠的不是坚船利炮，而是宝船和友谊。美国汉学家卜德认为："中国对西方世界作出了很多贡献，这些贡献极大地影响了西方文明的发展。从公元前200年到公元1800年这两千年间，中国给予西方的东西超过了她从西方所得到的东西。"[1]数百年前，中国强盛到国内生产总值占世界1/3的时候，也没有对外侵略扩张。即使在近代屡遭西方殖民主义、帝国主义侵略的境况下，中国人民追求和平的信念也未放弃、从不消退。正如孙中山先生所说："盖吾中华民族和平守法，根于天性，非出于自卫之不得已，决不肯轻启战争。"[2]

爱好和平、追求和谐不仅深深扎根于中华民族的精神世界和历史传统，而且得到了世界进步人士的感知与赞扬。英国哲学家罗素说："如果世界上有'骄傲到不肯打仗'的民族，那么这个民族就是中国。中国人天生的态度就是宽容和友好。"[3]肯尼亚前总统肯雅塔指出："总有一些人喜欢对我们指手画脚，而中国则是以实际行动帮助我们推进经济社会发展议程。""中国从不居高临下地告诉我们应该怎么做，这正是非中合作的独特之处。"[4]古往今来，中华民族之所以

---

[1] 〔美〕德克·卜德：《中国物品西传考》，孙西摘译，载《中国文化研究集刊》第2辑，复旦大学出版社，1985，第353页。

[2] 《孙中山全集》第二卷，中华书局，1982，第8页。

[3] 柳卸林：《世界名人论中国文化》，湖北人民出版社，1991，第456页。

[4] 仲音：《为人类对现代化道路的探索作出新贡献——创造了人类文明新形态》，《人民日报》2022年9月19日，第4版。

在世界上有地位、有影响，不是靠穷兵黩武、对外扩张，而是靠中华文化的强大感召力和吸引力。对此，习近平总书记强调："我们的先人早就认识到'远人不服，则修文德以来之'的道理。阐释中华民族禀赋、中华民族特点、中华民族精神，以德服人、以文化人是其中很重要的一个方面。"①

二 中华文明的和平性在新中国的继承和发扬

20世纪人类经历了两次世界大战的浩劫和长达40多年的冷战，最迫切的愿望是制止战争、缔造和平。中国共产党是为人民谋幸福、为民族谋复兴、为世界谋大同的马克思主义政党，以促进人类解放与和平、进步为己任，派人在《联合国宪章》上签字，维护以《联合国宪章》宗旨和原则为核心的国际体系和国际秩序。毛泽东多次声明："我们是爱好和平的，是马克思主义的。在国际上，我们反对大国主义。"②所谓天下大事，就是"解放、独立、民主、和平友好、人类进步"③；"社会主义的原则，马列主义的原则，是不允许侵略的"④；"因此，一百年，一万年，我们也不会侵略别人"⑤。新中国的建立和发展，不仅扭转了鸦片战争以后外敌入侵、战乱不已、民不聊生的屈辱历史，打破了帝国主义的东方阵线，而且迅速提高了我

---

① 习近平：《在文艺工作座谈会上的讲话》，人民出版社，2015，第3页。
② 《毛泽东文集》第七卷，人民出版社，1999，第123页。
③ 《毛泽东文集》第六卷，人民出版社，1999，第484页。
④ 《毛泽东年谱（一九四九——一九七六）》第四卷，中央文献出版社，2013，第175页。
⑤ 《毛泽东文集》第八卷，人民出版社，1999，第301页。

们的综合国力和国际地位，使中华民族爱好和平的优良传统在现代世界不断焕发出新的生机活力。

早在20世纪50年代，中国就和印度、缅甸共同倡导和平共处五项原则，确认在相互关系以及各自国家同亚洲及世界其他国家的关系中予以适用，为和平解决国家间历史遗留问题和国际争端开辟了新路，为建立公正合理的国际关系作出了历史性贡献。我们党坚持独立自主的和平外交政策，支持和援助世界被压迫民族解放事业、新独立国家建设事业和各国人民正义斗争，推动恢复我国在联合国的一切合法权利，提出划分三个世界的战略，作出中国永远不称霸的庄严承诺，赢得国际社会特别是广大发展中国家的尊重和赞誉。

进入改革开放和社会主义现代化建设新时期，党提出和平与发展是当今时代的主题，坚持维护世界和平、促进共同发展的外交政策宗旨，调整同主要大国的关系，发展同周边国家的睦邻友好关系，深化同广大发展中国家的友好合作，旗帜鲜明地反对霸权主义和强权政治，促进世界持久和平、共同繁荣。邓小平指出："现在世界上真正大的问题，带全球性的战略问题，一个是和平问题，一个是经济问题或者说发展问题。和平问题是东西问题，发展问题是南北问题。概括起来，就是东西南北四个字。"[1] "中国对外政策的目标是争取世界和平。在争取和平的前提下，一心一意搞现代化建设，发展自己的国家，建设具有中国特色的社会主义。"[2] 我国从一个积贫积弱、一穷二白的落后国家发展为世界第二大经济体，不是靠殖民掠

---

[1] 《邓小平文选》第三卷，人民出版社，1993，第105页。
[2] 《邓小平文选》第三卷，人民出版社，1993，第57页。

夺和武力扩张，而是靠艰苦创业和开放合作，走出了一条争取和平的国际环境发展自己，又以自身的发展促进世界和平的康庄大道。

三 新时代中国的和平理念和政策是世界和平的中流砥柱

21世纪第二个十年以后，国际力量对比深刻调整，地区冲突、局部战争此起彼伏，冷战思维、集团政治阴魂不散，保护主义、逆全球化抬头，单边主义、霸权主义、强权政治对世界和平与发展的威胁上升，世界进入新的动荡变革期。虽然和平、发展、合作、共赢的历史潮流不可阻挡，但恃强凌弱、巧取豪夺、零和博弈等霸道行径依然存在，和平赤字、发展赤字、安全赤字、治理赤字加重，人类又一次站在历史的十字路口，面临着前所未有的挑战。和平还是战争，发展还是衰退，合作还是对抗，是摆在人类面前的世界之问、时代之问、历史之问。

党的十八大以来，以习近平同志为核心的党中央统筹国内国际两个大局，统筹发展和安全两件大事，把握坚持和平发展、促进民族复兴这条主线，坚决维护国家主权、安全、发展利益，为实现"两个一百年"奋斗目标提供有力保障。习近平总书记强调："我们应该大力弘扬和平、发展、公平、正义、民主、自由的全人类共同价值，共同为建设一个更加美好的世界提供正确理念指引。"[①] 党的二十大报告强调："万物并育而不相害，道并行而不相悖。只有各国行天下之大道，和睦相处、合作共赢，繁荣才能持久，安全才有保

[①] 《习近平著作选读》第二卷，人民出版社，2023，第543页。

障。""中国坚持对话协商，推动建设一个持久和平的世界；坚持共建共享，推动建设一个普遍安全的世界；坚持合作共赢，推动建设一个共同繁荣的世界；坚持交流互鉴，推动建设一个开放包容的世界；坚持绿色低碳，推动建设一个清洁美丽的世界。"[1] 我们党倡导构建人类命运共同体，实施共建"一带一路"倡议，发起创办亚洲基础设施投资银行，设立丝路基金，举办"一带一路"国际合作高峰论坛等多场多边会议，提出全球发展倡议、全球安全倡议、全球文明倡议，走出了一条中国特色大国外交新路，为实现中华民族伟大复兴的中国梦营造良好外部环境，为世界和平与发展作出了新的重大贡献。

  历史反复证明：和平是国泰民安的基石和发展繁荣的前提。爱和平、谋发展是中华民族从历史规律中总结出来的宝贵经验，也是贡献给全人类的首要的共同价值。中华文明的和平性，"决定了中国不断追求文明交流互鉴而不搞文化霸权，决定了中国不会把自己的价值观念与政治体制强加于人，决定了中国坚持合作、不搞对抗，决不搞'党同伐异'的小圈子"[2]。当今世界正处于百年未有之大变局，中华民族处于伟大复兴的关键期，中国高举和平、发展、合作、共赢旗帜，坚持走和平发展道路，推动构建人类命运共同体，就一定能够让和平、发展、进步的阳光穿透战争、贫穷、落后的阴霾，为建设美好世界作出更大的贡献！

（本文原载于《中国社会科学报》2024年7月12日第A01版）

---

[1] 习近平：《高举中国特色社会主义伟大旗帜　为全面建设社会主义现代化国家而团结奋斗——在中国共产党第二十次全国代表大会上的报告》，人民出版社，2022，第62页。

[2] 习近平：《在文化传承发展座谈会上的讲话》，人民出版社，2023，第4页。

古代中国尚和传统与中华文明的和平性特性

康 震[*]

习近平总书记在文化传承发展座谈会上的讲话中指出："中华文明具有突出的和平性。和平、和睦、和谐是中华文明五千多年来一直传承的理念，主张以道德秩序构造一个群己合一的世界，在人己关系中以他人为重。"[①] 中华民族历史悠久、底蕴丰厚，向往和平、追求和睦、保持和谐，始终是中华民族的鲜明思想导向、坚定价值追求，对包括和平性在内的中华文明突出特性的形成发展具有奠基性的推动作用。

自古以来，中华民族就崇尚"和"的价值观念："乾道变化，各正性命，保合太和，乃利贞。"[②] "太和"就是人与自然、人与人、人与社会和谐共生的状态："夫和实生物，同则不继。以他平他谓之和，故能丰长而物归之；若以同裨同，尽乃弃矣。"[③] 只有"和"才能促成

---

[*] 康震，北京师范大学副校长，文学院教授。
① 习近平：《在文化传承发展座谈会上的讲话》，人民出版社，2023，第4页。
② 朱熹撰《周易本义》，廖名春点校，中华书局，2009，第33页。
③ 参见徐元诰撰《国语集解》卷16《郑语》，王树民、沈长云点校，中华书局，2002，第470页。

"和乐如一"的和谐局面。① 孔子强调"君子和而不同,小人同而不和"②,"礼之用,和为贵。先王之道斯为美,小大由之"③,进一步将"和"的观念从处理日常伦理关系提升为协调民族、国家间关系的准则,也就是《尚书》所说的:"克明俊德,以亲九族;九族既睦,平章百姓;百姓昭明,协和万邦。"④ 维护民族、国家的内部和谐,再进一步协调与其他民族、国家的和谐关系,这就是中国古代向往的"天地感而万物化生,圣人感人心而天下和平"⑤的理想天下场景,它成就了中华民族自立自强、讲求调和、保持谦和、崇尚平和的民族性格,也成就了大一统王朝亲仁善邻、协和万邦的价值观念,以和为贵、好战必亡的和平理念。也正因此,大一统王朝的核心使命就必然是维护长治久安的和平局面,统筹经济社会发展的整体格局,就必然是巩固防守、抵御入侵,而绝不是主动进攻、向外扩张、对外殖民。这就决定了中华民族的发展价值观,必然不是以奴役、殖民其他文明为前提的,而是与其他文明和谐共生、和平相待、在平等互鉴中共同发展的。在儒家思想理念中,大一统王朝固然必须拥有地理形胜、经济、科技、军事等硬实力,更应当拥有"以德服人""以德行仁"的道德至上、和平至上的理想主义价值观、软实力:"以德行仁者王,王不待大。……以力服人者,非心服也,力不赡也;

---

① 参见徐元诰撰《国语集解》卷16《郑语》,王树民、沈长云点校,中华书局,2002,第472页。
② 朱熹撰《四书章句集注·论语集注》卷7《子路第十三》,中华书局,1983,第147页。
③ 朱熹撰《四书章句集注·论语集注》卷1《学而第一》,中华书局,1983,第51页。
④ 《尚书·尧典》,王世舜、王翠叶译注,中华书局,2018,第5~6页。
⑤ 朱熹撰《周易本义》,中华书局,2009,第129页。

以德服人者，中心悦而诚服也……"①因为只有这样，才能超越"天下为家，各亲其亲，各子其子"的"小康"境界，达到中国古代社会向往追求的"大道之行也，天下为公，选贤与能，讲信修睦"的"大同"境界。②

大一统王朝这种和平性的价值立场，不只是停留在思想观念当中，更体现在具体的历史实践当中。纵观大一统王朝与其他民族、国家交往的历史，绝大多数都是通过官方互派使节、朝贡与民间贸易、来华习业留学等和平路径，在汉字汉语、儒学佛学、制度文化等意识形态领域进行和平相处、平等共享的交往交流。韩国和日本学者就指出："由于汉文的输入，才使韩民族可学习外国文化……此在韩民族文化发展上，不可言不为有幸之事。"③"汉字、汉籍以及儒教和佛教的传入决定了后来日本文化的性质。"④美国学者则认为："高丽朝廷机构的设置基本是仿效唐朝和宋朝的朝廷机构。"⑤"人们不仅视中国为至高无上的军事强国，也将其看作是国家与文化最杰出的楷模，这在历史上是空前绝后的。"⑥

可见，中华文明在外域的传播，不是以武力强制输入的，而是其他民族、国家出于制度、文化与科技发展的需要而主动吸收、接

---

① 朱熹撰《四书章句集注·孟子集注》卷3《公孙丑章句上》，中华书局，1983，第235页。
② 参见王文锦译解《礼记译解》卷9《礼运第九》，中华书局，2016，第298页。
③ 〔韩〕柳承国：《韩国儒学史》，傅济功译，台湾商务印书馆，1989，第12、33~34页。
④ 〔日〕坂本太郎：《日本史概说》，汪向荣等译，商务印书馆，1992，第44页。
⑤ 〔美〕费正清等：《东亚文明：传统与变革》，黎鸣等译，天津人民出版社，1992，第294页。
⑥ 〔美〕费正清等：《东亚文明：传统与变革》，黎鸣等译，天津人民出版社，1992，第112~113页。

受的。中华文明这种和平的传播、交流方式，与西方国家依靠武力建立殖民统治进行强制性政治、经济、文化输入形成了鲜明的对照。需要特别指出的是，在中华文明的传播过程中，其他民族、国家对中华文明的接受也不是完全照搬，而是立足自身实际需要进行自主选择与受容。事实上，日本、朝鲜的古代国家在接受中华文化的同时，还将经过他们吸收、消化、再创造的文化形态再次输回中国，对中华文化在本土的创新发展产生了一定影响。这进一步彰显出，古代大一统王朝在文明传播、交流中与其他民族、国家和睦相处、和谐共生、和平相待的文明特性。这一点，在大唐时代表现尤为典型，也尤其具有代表性。

在一段历史时期内，从某种意义上来说，"中国的文化、思想体系、文学、艺术、法律和政治制度和使用的文字在这些国家中处于支配地位"。[1]唐都长安也因此成为周边各民族、各国家和睦相处、和谐共生、和平相聚，具有价值导向标识意义的国际化中心都市，唐王朝的政治体制、思想形态、制度文化甚至被周边民族、国家长期复制、运用："它们的统治者具有同样的思想意识，它们用中文来处理公务，并采用中国的法律和办事手续。"[2]唐王朝与周边国家的和平分享与平等互鉴，推动东亚地区形成了一种和睦、和谐的国际和平秩序，之所以能够形成这种和平秩序，一个非常重要的原因，就是其所秉持的"偃革兴文，布德施惠，中国既安，远人自服"[3]的外

---

[1] 〔英〕崔瑞德编《剑桥中国隋唐史》，中国社会科学院历史研究所、西方汉学研究课题组译，中国社会科学出版社，1990，第8页。

[2] 〔英〕崔瑞德编《剑桥中国隋唐史》，中国社会科学院历史研究所、西方汉学研究课题组译，中国社会科学出版社，1990，第34页。

[3] 吴兢撰《贞观政要集校》卷第五《论诚信第十七》，谢保成集校，中华书局，2009，第290页。

交价值观念，以及亲仁善邻、协和万邦的和平思想理念。

中华文明与其他文明交流交往的历史，以及古代大一统王朝所秉持的和睦、和谐、和平的和平性价值立场，都再一次阐明了这样一个事实：中国过去、现在和将来，都始终会坚持以和平、发展、共享、共进的原则构建民族、国家间的和谐发展秩序，都始终不会将自己的思想、文化、体制强制输入其他民族、国家。习近平总书记指出："中华文明的和平性，从根本上决定了中国始终是世界和平的建设者、全球发展的贡献者、国际秩序的维护者，决定了中国不断追求文明交流互鉴而不搞文化霸权，决定了中国不会把自己的价值观念与政治体制强加于人，决定了中国坚持合作、不搞对抗，决不搞'党同伐异'的小圈子。"[1]

习近平总书记深刻阐明，"只有全面深入了解中华文明的历史，才能更有效地推动中华优秀传统文化创造性转化、创新性发展，更有力地推进中国特色社会主义文化建设，建设中华民族现代文明"[2]。今天，我们重新回顾中华民族的思想导向、价值追求与中华文明和平性突出特性的深层关系，就是要以习近平总书记重要讲话精神为指导，不断增强文化传承发展创新的自觉性、主动性，不断深化对文化繁荣发展建设的规律性认识，这对于中华文明的传承、发展、创新，对于中国式现代化的文明形态以及人类文明新形态的建设与发展，对于世界文明未来发展形成新的内涵、新的方向、新的格局具有重大的历史与现实意义。

（本文原载于《中国社会科学》2024 年第 7 期）

---

[1] 习近平:《在文化传承发展座谈会上的讲话》，人民出版社，2023，第 4 页。
[2] 习近平:《在文化传承发展座谈会上的讲话》，人民出版社，2023，第 1 页。

和平性：明朝对外交往的理念与实践

田 澍[*]

中华文明具有突出的连续性、创新性、统一性、包容性、和平性。当中国大一统历史实践发展到明朝之时，既有基于"尧舜之治"的中华悠久历史文化的深厚积淀，又有深层次、全方位的民族交融的现实影响。明朝统治者顺应历史潮流，在继承中不断创新，践行"仁义"之政，奉行和平外交政策，以极大的包容性维护世界和平秩序。

一 各安其所：积极维护和平秩序

在明朝建立前后，欧洲四分五裂，处在黑暗的中世纪，还没有从黑死病的破坏中走出来。元朝和蒙古各汗国的衰落使亚欧大陆处在分崩离析之中。新兴的明朝是当时世界的主导力量，朱元璋以实

---

[*] 田澍，西北师范大学历史文化学院教授，中国历史研究院田澍工作室首席专家。

现"六合一家，人民休息，天下和平"为己任，排除一切障碍，积极构建"共享太平之福"的天下秩序。

朱元璋将和平外交作为与各国相处的基本原则，主张各国无论远近和大小，都应"一视同仁"，彼此要以诚相待，珍惜来之不易的和平局面。为了显示明朝维护天下和平秩序的诚意，朱元璋将"和平共处、睦邻友好"的思想写入《皇明祖训》之中，一方面劝告诸国不要轻启战端，引发战乱；另一方面表示明朝不会"无故兴兵"，反对穷兵黩武，明确表示要以睦邻友好的大国担当维持天下的和平秩序。

对于周边各国的不安定因素，朱元璋呼吁各国要切实以"保境安民"和"讲信修睦"为要务，消除纷争，互不干涉，化干戈为玉帛，一再强调"善抚邦民、永为多福"的重要性。明朝与各国人民"共享太平之福"的思想顺应了时代要求，其和平理念及外交活动是中国古代对外关系史中的一个重大转折，使中国与世界的交往进入了新的历史阶段。

二 陆海联通：丝绸之路大放异彩

丝绸之路作为人类文明交流的大通道，先辈们筚路蓝缕，克服种种困难，迈着坚定的步伐，以坚韧不拔的进取精神，不断推动着人类文明的发展与进步。到了明代，丝绸之路的发展进入了一个全新的时代。面对中国悠久的文化传统和元代辽阔的疆域与广泛的交往，明朝在极力强化国家安全的同时，积极扩大对外交往。为了展现大国担当，明朝奉行"厚往薄来"和"不贵贡物"的原则，营造宾至如归的友好氛围，积极构建与周边国家和平共处的新格局。洪武、永乐时期明廷就不断派遣人出使中亚，如傅安和陈诚就是典型代表。其中，首批到达中亚的傅安使团多达 1500 人。而作为回访，帖木儿的继承人沙哈鲁率领 500 多人的使团前往中国。傅安和陈诚的多次出使，进一步加强了中国与中亚的关系，可与郑和七下西洋相媲美，共同谱写了丝绸之路文明交流的友好篇章。傅安、陈诚、郑和等外交家同步连通了陆海丝绸之路，绘就了明朝与世界各国交往交流、和平发展的绚丽画卷。这一空前壮举，充分说明明朝能够顺应时代变迁，致力于用和平的方式与世界对话，将中华文明崇尚和平、睦邻友好、相互尊重、共同发展的精神发扬光大。

在郑和七下西洋的深刻影响下，"西洋"一词在明朝成为热门词，传统的"西域"也被称为"旱西洋"，与"西洋"紧密地结合在了一起，标志着陆海丝绸之路逐渐融为一体。通过陆、海两路的实际考察，传教士对 17 世纪的中国有了全新的认知，并拉开了"西学东渐"的序幕，使中西文化的交流与融通进入了新的历史阶段，在中西文化交流史上具有划时代的意义。

三 多方互动：对外交流成果显著

明朝承前启后，顺应时代的要求，以义为先，以德促和，以极大的诚意和坚定的决心竭力构建"天下一家"的世界秩序，为人类文明的交流发展作出了重要贡献。

第一，明朝以极大的自信坚持对外交流，与世界各国互通有无，互利共赢。在元朝较为完备的驿递制度基础之上，明朝进一步规范贡使的交通路线，并提供周到的服务，使各国在安全交往中共享明朝的富庶，中外文化的交流呈现出新的时代特点。

第二，明朝始终秉持和平友好原则，与邻为善，以和为贵，不恃强凌弱，不干涉他国内政，不挑拨离间，不煽风点火，不从中渔利，积极调解各国之间的矛盾与冲突，为维护天下和平秩序作出了积极的贡献。

第三，明朝尊重多元文化，以积极的态度强化对外联系，不断加强国际交流与合作。明朝专门设立翻译边疆民族和邻国语言文字的机构——"四夷馆"，该机构既是中央翻译机构，又是语言翻译学校，被称为中国最早的"亚洲研究院"，在对外交流中发挥着独特的作用。在恪守和平交往原则的前提下，依托经济实力和文化自信，明朝与各国保持着广泛的沟通和积极的对话。

第四，明朝主动适应世界变局，积极融入世界多元互动之中。一方面，海外的白银大量流入中国，引发了明朝白银货币化的重大变革，进一步加强了与世界贸易的联系；另一方面，明朝出现了海外移民的浪潮，在泰国、爪哇、柬埔寨、菲律宾、墨西哥、秘鲁等地形成了华人移民社群，影响至今。

在和平性原则的指导下，明朝始终奉行睦邻友好的外交政策，积极维护世界的和平局面，竭力构建"共享太平之福"的天下秩序。明朝和平发展的理念与实践，为深刻认识中华文化的突出特性提供了典型样本，具有重要的现实意义。

中华文明的五个突出特性与区域史研究的范式创新

张　侃[*]

2023 年 6 月 2 日，习近平总书记在文化传承发展座谈会上发表重要讲话，从党和国家事业发展全局的战略高度，提出了中华文明的五个突出特性——连续性、创新性、统一性、包容性、和平性。这是习近平总书记大历史观的重要体现，也是全面理解中国历史进程和世界文明史的中心线索。20 世纪 80 年代以来，中国史学呈现出多样化发展的局面，新领域、新观点和新方法层出不穷，其中区域史研究异军突起，蔚为大观。作为阐释中国历史进程的一种视角，区域史研究在揭示或解释中国历史的多元一体图景中作出了重要贡献。但是，近年的学术实践表明，部分区域史研究以孤立、静止、片面的观点观察研究历史问题，产生了"碎片化"的研究误区。马克思主义强调从研究对象整体出发以探求规律性认识。只有树立纵深而宽广的大历史观，才能真正看清历史发展的本质和趋势，

---

[*] 张侃，厦门大学历史与文化遗产学院院长，教授。

才能更好地从历史中汲取智慧和力量。中华文明的五个突出特性是习近平总书记运用马克思主义的世界观和方法论得出的科学结论，对于积极探索自主知识体系建设的中国历史学具有重大指导意义，同时也为深化区域史研究提供了总体性、整体性、通贯性的基本遵循。我从区域史研究的范式创新谈几点看法。

第一，连续性特征指导了区域史微观实证的意义取向。中国幅员辽阔，各地社会经济条件千差万别。区域史的实证研究侧重总结地域特征和地域模式，这是其研究的基本出发点。但是，区域史研究的学术价值不应局限于区域本身，或者不应止于区域内部。否则，实证研究推导的各种解释模式只满足于"地方性知识"的描述，历史上的中国就似乎成为一个自明性的概念，消解了对中华文明演进逻辑的整体认识。所有学问的内在禀赋在于追求"意义"。区域史研究意义在于从区域看全国，从全国看区域。中华文明突出特性以"连续性"为第一位，即便研究某一个人或某一个家庭的微观史，其日常生活也必然蕴含着国家体制下的政治、文化、经济等结构性要素，因此相关研究必然要归结到中华文明的整体性构架，应与中华文明的连续性特征合为一体。

第二，统一性特征与区域史的地方表述具有相通性。"统一性"是中华文明的突出特性，是中华民族"文化自觉"的精神核心。但是，"统一性"的特征无法悬置于形式逻辑的抽象概念之中，要体现在"地方性"的具象表述之内。"地方性"是中华文明历久弥新的事实根源。近年来，区域史研究注重"俗例证史"，力图通过历史人类学方法进行田野调查，通过整理民间文献开展个案研究，取得揭示"地方性"的范式突破。值得注意的是，在"大一统"的体制之下，天下可传檄而定。地方社会产生的民间文献均源自中国千年文化的经史传统，"统一性"的国家制度与儒家经典为民间文献的书写提供了表述"语法"。因此，区域历史过程可视为国家意识的地方表达，国家历史全息地内在于地方社会之中，中华文明的统一性特征与区域研究的整体史关怀是相互映照的关系。

第三，创新性特征是研究区域交融流动的重点。文明是流动性、渗透性的，流动是文明变迁的本质特征。不同民族、不同人群的流动带来了技术、制度、文化和思想的流动。传承是纵向的流动，碰撞是横向的流动。所有的具有研究意义的"区域"是由人的流动、交往、互动而划出的空间单位。在中华民族共同形成过程中，无论是中原王朝的开疆拓土，还是四边族群的归化内徙，都呈现为区域的互动和交融。中华文明在区域的流动交融中保持了生命力，发展出一套独特的创新机制。唯变斯定，创新性是中华文明的突出特征之一。因此，区域在交融流动之中形成的创新性发展和创造性转化应是区域史研究的重中之重。

第四，包容性特征促进了区域史的全球化范式创新。包容性是指中华文明通过与不同文明的交流而养成的兼容并蓄的能力，中华文明以尊重吸纳的态度，以求同存异的方式吸收世界文明精华。包容性特征是中华文明成为绵延不断的伟大文明的重要原因之一。在人类历史上，不同文明呈现从对抗到认同，从认同到包容的时空过程。生于微且成于著，这是区域扩散到全局的历史画卷，也是"人之互动的空间形构"的不断形变。区域作为包容性形成的空间载体，可以是国家的一部分，也可以是跨国家的一部分。而今，具有全球化视野下的区域史研究正逐渐成为学界共识的新范式，这种范式将大力推进中华文明包容性特征的理论阐述。

第五,和平性特征展现不同尺度区域间的和合互动机制。中国地域广阔,不同区域的地理环境、历史脉络、生存条件不同,生产方式和文化类型也不同,有差异必然有矛盾和冲突。但正是中华文明具有突出的和平性特征,因此在多种尺度的区域互动中,随处可见"和为贵""化干戈为玉帛"等充满和睦、和谐的经验总结和理念传承。当然,和睦、和谐的状态不是固定不变、一劳永逸的,区域发展不平衡会冲击原有的和谐稳定状态,甚至产生尖锐的对抗。但是从长时段考察各区域历史进程,分久必合,合久必分,更多是止乱息争的和平形态,而非狼烟四起的暴力时期。尤其面对外部侵犯时,不同区域更是以"志同道合是伙伴,求同存异也是伙伴"的理念形成互保机制,和平性为中华文明体系内的不同区域保持各具特色的持续发展提供了有效保障。

"第二个结合"的思想内涵与实践要求

"第二个结合"与文化主体性重建

李文堂[*]

文化主体性问题,是一百多年来中华文化发展道路上不断触及的问题。不同时期的"古今中西之争",实际都围绕这一问题而展开。这样的问题意识在改革开放以来的思想文化变迁中不断浮现出来,经常出现在理论界的各种争论之中。

习近平总书记在文化传承发展座谈会上的重要讲话,进一步从马克思主义中国化的"两个结合"维度,特别是"第二个结合"维度,直接回应并深刻阐释了这个近现代思想文化史上挥之不去的文化主体性问题。习近平总书记鲜明指出:"这一主体性是中国共产党带领中国人民在中国大地上建立起来的;是在创造性转化、创新性发展中华优秀传统文化,继承革命文化,发展社会主义先进文化的基础上,借鉴吸收人类一切优秀文明成果的基础上建立起来的;是通过把马克思主义基本原理同中国具体实际、同中华优秀传统文化相结合建立起来的。"[①]

---

[*] 李文堂,中共中央党校(国家行政学院)副校长(副院长),教授。
[①] 习近平:《在文化传承发展座谈会上的讲话》,人民出版社,2023,第8~9页。

— 175 —

习近平总书记关于文化主体性的重要论述，是对党领导人民百余年特别是党的十八大以来文化建设成就与经验的深刻理论总结，为破解"古今中西之争"、推动文化传承与发展、巩固文化主体性提供了思想指导，充分展现了文化自信、开放包容、守正创新的文化主体意识与文化生命力。

文化主体性不是一种封闭的、固守的、僵化的历史规定，也不是套用本土与外来之间的主次、体用关系所能描述的。文化主体性是一种具有文脉自觉、进行自主创造、达到超越维度的文化生命意识。作为文化意义上的坚定自我，它具有历史性、创造性、超越性。没有历史性就没有文化身份认同，没有创造性就没有文化生命力，没有超越性就没有文化主体的理性觉醒，容易停留于经验或地方性知识。

中华文化的现代化有一个文化主体性的重建过程。重建不是推倒重来，而是文化生命的自我更新，以新的文化形态再生。中华文化在殷周之际开始了人文道德觉醒，出现了内在超越意识，形成了自己的文化身份并不断自我更新。历史上，周孔所代表的文化生命，经过历史变迁，吸收了佛学义理，以宋明理学形态出现，就是一种文化主体性的重建，体现了中华文化守正创新的生命力。晚清以来，中华文明遭遇"三千年未有之大变局"，中华文化主体性面临更加严峻而深刻的重建课题。但无论是"中体西用论"，还是"全盘西化论"，理论上都存在严重缺陷，实践上都失败了，因为它们都没有很好把握文化生命的规律。"中体西用论"无法摆脱文化中心主义窠臼，"全盘西化论"则完全丧失了自己的文化主体性。马克思主义中国化的道路，则通过"两个结合"激活了中华文明，特别是"第二个结合"激活了中华文明内在的文化生命,有力推动了中华文化主体性的重建。

五四新文化运动无论是以中国的"文艺复兴"还是以中国的"启蒙运动"来诠释,都代表了一种自强不息的文化生命意识的觉醒。从最后的"伦理觉悟"到马克思主义带来的"伟大觉醒",构成了一个"觉醒年代"。然而,马克思主义中国化的历史进程表明,真正的"伟大觉醒"不是一个年代,而是一个漫长的世纪。只有经历一次又一次历史危难,经历一次又一次思想解放,实现一次又一次文化创造,我们精神上才能不断从被动走向主动,走向理性的自信、包容与成熟,我们的文化主体性才能通过"两个结合"而逐步重建,我们才能造就有机统一的新的文化生命体。

那么,马克思主义为什么具有这样强大的力量推动中华文化主体性的重建?首先,因为马克思主义对西方文明与现代性具有批判性、解构性,在克服西方文明的局限、抵御资本主义现代性野蛮、防止文化殖民主义侵入方面发挥了重大作用,有利于中华文化主体性的重建;其次,马克思主义在批判封建残余文化、肯定科学与民主、揭示现代化规律等方面则可以引领中华文化主体性的重建方向;再次,马克思主义作为一种新人文主义,其文化价值观更符合中国人的文化理想,在其中国化的实践过程中,逐步实现了与中华人文精神的深度融合。

黑格尔说,有文化的民族竟没有形而上学,就像一座庙,其他各方面都装饰得富丽堂皇,却没有至圣的神那样。[1] 毛泽东同志说,

---

[1] 参见〔德〕黑格尔《逻辑学》上卷,杨一之译,商务印书馆,1966,第2页。

"学"不分中西，基本理论是中外一致的。中华文化具有天下道理的关怀与形而上传统，究天人之际、通古今之变，将人的意义安放在人世间，与马克思主义一样，追问人类社会普遍规律。马克思主义则在工业文明时代究天人之际、通古今之变，批判原子个体主义与西方现代性的异化，强调人的价值实现的社会历史过程，强调人的自由全面发展。这样的人文理想，比自由主义更符合中华文化价值。在这里，人的本质不是单个人所固有的抽象物，其现实性上是社会历史存在。离开社会性和历史性，就没有人的文化性。中华文化仿佛就是接受这个思想的天然温床。中华文化强调以文化人、学以成人，讲的就是人的社会化和历史化过程，将自然生命提升为道德生命，成为一个文化主体。在这里，人的道德生命实践是一个社会历史的文化过程，既是一个修齐治平过程，也是一个赞天地之化育过程。这种自强不息、奋斗不止的道德生命意识与文化主体精神，就与自由自觉创造历史、改造社会的历史唯物主义精神相贯通了。因此，早期共产党人接受马克思主义，并很快把马克思主义的政治理想主义与中华文化的道德理想主义融合起来，就不是偶然的了。毛泽东同志在延安时期重提从孔夫子到孙中山的传统，倡导永久奋斗为第一政治道德，强调改造客观世界的同时改造主观世界，完全符合中华文化的内在逻辑。

20世纪80年代以来，新人文主义逐渐被国内知识界所熟悉。人们更加清晰地看到，马克思主义试图超越西方现代性的紧张关系，实现人和自然之间、人和人之间矛盾的真正解决，实现自由和必然、个体和类之间斗争的真正解决。但是，这样一种新人文主义，在西方文明内部缺乏土壤，而在中华文明中有其文化基因。中华人文精神，强调人与自然之间是一种天人合德的关系，人与人之间是同心同德的关系，强调民胞物与、一体同仁的关系。正是由于这两种人文精神的相通性，才可能理解中华文化主体性为什么可以通过马克思主义而激活，通过马克思主义而重建；正是由于这两种人文精神在长期的文化实践中已经有了融通的基础，我们今天才能提出"第二个结合"，并在党的创新理论中得到强有力的体现。

习近平总书记指出："经过长期努力，我们比以往任何一个时代都更有条件破解'古今中西之争'，也比以往任何一个时代都更迫切需要一批熔铸古今、汇通中西的文化成果。"[①]但从当前哲学社会科学研究整体实力来看，由于长期的学科壁垒、知识结构缺陷与学术包容度不够，知识界学贯中西、博通古今的思想性学术人才严重不足，学理阐释创新跟不上党的理论创新步伐，自主知识体系的建构还任重而道远。"第二个结合"的提出，是我们党又一次的思想解放，打开了更加广阔的文化创新空间，必将打破学科壁垒与学术藩篱，坚持文化自信、开放包容、守正创新三原则，推动文化传承发展，进一步巩固和壮大中华文化主体性。

（本文载于《中国社会科学》2024年第7期）

---

① 习近平：《在文化传承发展座谈会上的讲话》，人民出版社，2023，第11页。

马克思主义中国化时代化与中华文明的现代转化

郝 戈[*]

习近平总书记在文化传承发展座谈会上的重要讲话指出:"在新的起点上继续推动文化繁荣、建设文化强国、建设中华民族现代文明,是我们在新时代新的文化使命。""在五千多年中华文明深厚基础上开辟和发展中国特色社会主义,把马克思主义基本原理同中国具体实际、同中华优秀传统文化相结合是必由之路。""'结合'的结果是互相成就……造就了一个有机统一的新的文化生命体……让马克思主义成为中国的,中华优秀传统文化成为现代的,让经由'结合'而形成的新文化成为中国式现代化的文化形态。"[①] 这些重要观点提出了如何理解马克思主义中国化时代化与中华文明的现代转化的关系这一重大理论和实践问题,为我们科学理解这一关系问题的历史逻辑、理论逻辑和实践逻辑提供了根本遵循。

---

[*] 郝戈,中国人民大学吴玉章讲席教授、马克思主义学院院长、习近平新时代中国特色社会主义思想研究院研究员。
[①] 习近平:《在文化传承发展座谈会上的讲话》,人民出版社,2023,第10、5、6页。

自马克思主义传入中国以来，马克思主义中国化时代化与中华文明的现代转化始终具有历史的统一性。从"两个结合"来看，马克思主义不仅外在地认知、解释中华现代文明建构，而且还内在地塑造、参与中华现代文明建构。"马克思主义"与"中华文明"都不是现成如此、凝固不变的，而是不断生成、持续开放的，二者都是在社会主义革命、建设和改革实践中生成发展的。"马克思主义"与"中华文明"之间持续发生着相互建构、双向生成、互相成就的历史性"结合"过程，使得马克思主义能够融入现代中国的自身建构，内化于中华现代文明。决不能剥离马克思主义中国化时代化而抽象地空谈中华现代文明。马克思主义通过中国化时代化与中华文明的现代转化历史地融合在一起，形成了一种"理论—实践"总体，造就了一个新的文化生命体，创造了一种人类文明新形态。从文明的现代转化来看，马克思主义与中华文明的这一内在融合，主要体现在历史意识、时代定位与发展方向这三个方面。

一 马克思主义激活了中华文明的"现代历史意识"

现代性的精神内核是关于历史进步的观念，中华文明现代转化的观念前提正是中国人关于社会进步的历史意识。20世纪以来的中国人普遍认为历史是"进步的"，而不再像古代祖先那样相信历史是循环往复的。中华民族的这种共识性、常识性的现代历史意识从何而来？其中最关键的便是历史唯物主义所提供的历史进步图景与社会发展观念。马克思恩格斯著作中的现代历史意识，经过中国马克思主义者的运用与发展，深层参与了中华民族的自我理解与自我形塑。正是马克思主义在中国的系统传播与全面接受，才将现代进步观念牢固地植入中华民族的文化核心，形塑了中国人的历史意识，并推动了以"进步的历史时间"为核心的现代中国的历史规划、社会革命与文明建构。

马克思主义对中华文明的现代历史意识的激活，并没有仅仅停留在社会意识领域，而是进一步深入社会存在领域。历史唯物主义对现代中国历史意识的塑造，并不是一个纯粹的思想事件，而是落实到了现代中国的历史时间结构的社会建构之上。历史意识所关注的历史时间是一种社会时间，是社会生活的特定组织方式与存续方式。现代历史时间以进步为核心图景，以这样的历史时间组织起来的社会生活必然就以现代转化、社会发展、文明变革为总体性的实践目标。正是马克思主义中国化时代化激发和塑造了源远流长的中华文明的现代规划与未来构想。

二　马克思主义指明了中华文明的"现代历史方位"

现代历史意识的激发，使得 20 世纪以来的中国人迫切需要对自身所处的"当代"进行历史定位，找到自己所处时代在人类历史进程中的确切位置，在走向进步的历史长河中将自己的时代标识锚定和凸显出来。马克思主义为遭受西方文明冲击的中华民族重新勘定了"历史方位"，引导着现代中国的"时代定位"与"时代规划"。现代中国的历史方位感和自我定位，正是在中华民族伟大复兴的实践探索与马克思主义中国化时代化的互动、融合中确立起来的。

马克思主义通过时代定位来引导中国社会的时代规划，从而在社会变革中推动中华文明现代转化。自20世纪二三十年代以来，历史唯物主义已然从知识生产领域融入中华民族的历史理解之中，深刻塑造了中国人日常的或知识的历史方位感。对于我们的民族、国家"从哪里来""正在哪里""往哪里去"这样一些根本的历史定位、历史任务与历史趋向问题的提出与回答，大部分中国人都会自觉不自觉地借助历史唯物主义的概念。运用历史唯物主义的社会形态理论来进行时代定位和时代规划，明确当前的社会性质、主要矛盾和未来趋向，是中国社会变革实践的基本思想前提。无论是革命战争年代，还是和平建设时期，中国共产党领导下的中国人民只有运用和发展历史唯物主义基本原理，进行时代定位与时代规划，才能明确提出每一个发展阶段的发展目标、发展方式、发展道路等实践策略。毛泽东思想从新民主主义革命到社会主义革命和建设等各时期的主题转换，深刻体现了马克思主义中国化与中华文明现代转化的历史性融合。

在改革开放实践中，如何坚持和发展马克思主义基本原理，以定位社会主义发展阶段、规划发展实践，构成了极为关键的理论任务。正是在马克思主义中国化与中华文明现代转化的历史性融合视域中，邓小平提出了社会主义初级阶段理论。一方面，社会主义初级阶段理论坚持和发展了"两个必然"的基本原理，将资本主义向共产主义的历史过渡理解为一个不断发展、持续生成的世界历史过程，从而为社会主义改革开启了广阔的选择空间和创新余地。另一方面，社会主义初级阶段理论坚持和发展了社会主义分阶段建设的思想，凸显了发展中国家建设社会主义的实践探索性质，为吸收西方先进文明成果以促进中国特色社会主义自身发展提供了科学指导。

三 马克思主义引领着中华文明的"现代发展方向"

现代历史意识的确立、现代时代定位与时代规划的实现，从根本上都指向了现代文明的历史走向、发展方向问题，也就是"世界怎么了""人类向何处去"的时代之题。马克思主义中国化时代化规定着中华文明现代转化的历史走向，为中国的现代化进程提供大趋势的历史向导，从而引领现代中国的发展方向。同时，马克思主义自身也基于中华文明的发展方向不断推进理论创新，取得了理论创新的重大成果。

习近平新时代中国特色社会主义思想坚持和发展了马克思主义关于社会发展、社会形态的基本原理和方法论，深刻把握了人类现代文明进步的普遍规律与中华民族特殊发展道路的辩证法，是马克思主义中国化时代化与中华文明现代转化的最新理论成果。关于中国式现代化的重要论述坚持和发展了马克思主义现代化理论，强调世界现代化的一般规律、共同特征与各国现代化发展道路的多样性、选择性之间的有机统一，既彰显了中国式现代化的中国特色，又阐明了中国式现代化的世界历史意义，进一步开启了社会主义向"更高级阶段"发展的历史空间。

建设中华民族现代文明是中华文明现代转化的当代形式，内在地要求构建一种超越资本主义的社会主义新现代化和新文明形态。这就需要社会发展方式的根本转变：超越西方现代化的对抗、异化和片面的发展方式，推进人与社会全面发展的中国式现代化。现代化发展方式的彻底变革，必然蕴含发展观、文明观的创新，在根本上是历史观的创新。而马克思主义本身就包含着"利用资本本身来消灭资本"的社会主义实践意旨，能够提供一种适应新现代性建构的新的发展观、文明观、历史观，从而科学指导社会发展方式的转换与革新，勘明中华民族的发展方向，全面推进中华民族现代文明建设。中华文明的发展方向与马克思主义中国化时代化之间始终存在着相互建构、内在融合的历史过程。一方面，中华文明的首要任务是建成社会主义现代化强国、实现中华民族伟大复兴，这就在实践中凸显了马克思主义的"现代化维度"，发挥其对于中国式现代化的指导意义。另一方面，马克思主义也提升了中华文明扬弃资本统治的"现代性维度"，彰显了中国式现代化对西方现代化的超越性，开启了创造人类文明新形态的发展方向。

可见，马克思主义中国化时代化对于中华文明现代转化的意义是双重的：不仅具有认知性意义，而且还具有生产性意义。一方面，马克思主义作为一种先进的科学理论，推动中华民族正确理解了自身所处的时代境遇和历史进程。另一方面，马克思主义又作为一种强有力的"生产机制"引导和规划着中华民族的时代主题、社会建构与发展方向。当然，马克思主义中国化时代化不是单向的，而是双向的过程。马克思主义中国化时代化，既是马克思主义"化"中国，又是中国"化"马克思主义，说到底是一种相互成就的有机融合。"化"如何能够成为"结合"或"融合"？"化"的过程不仅是"变化"的过程，而且一定是马克思主义"内化"于中华文明的过程，由此马克思主义同中国才真正融为一体。在新的起点上建设中华民族现代文明，关键的一点是在中国式现代化的实践探索与理论创新中不断推进马克思主义中国化时代化，由此才能真正深化中华文明的现代转化。

深刻领会习近平总书记关于"第二个结合"的重要论述

陈曙光[*]

党的二十大以来，习近平总书记围绕马克思主义同中华优秀传统文化相结合发表了一系列重要论述，全面阐述了"结合"的前提、方法、结果、条件、意义、使命等若干重大理论问题。

其一，为什么能"结合"？"结合"的前提是彼此契合。马克思主义和中华优秀传统文化来源不同、具体内涵不同、基本精神不同、体系结构不同、介入现实的路径不同，但在价值观上存在高度的契合性。相互契合才能有机结合。习近平总书记在党的二十大报告中指出，"中华优秀传统文化源远流长、博大精深，是中华文明的智慧结晶，其中蕴含的天下为公、民为邦本、为政以德、革故鼎新、任人唯贤、天人合一、自强不息、厚德载物、讲信修睦、亲仁善邻等，是中国人民在长期生产生活中积累的宇宙观、天下观、社会观、道

---

[*] 陈曙光，中共中央党校（国家行政学院）习近平新时代中国特色社会主义思想研究中心秘书长、科研部主任，教授。

德观的重要体现,同科学社会主义价值观主张具有高度契合性。"①比如天下为公、世界大同与科学社会主义追求的全人类解放,民为邦本与科学社会主义追求的每个人自由全面发展,天人合一、道法自然与马克思主义所讲的人是自然存在物,彼此是契合的。

习近平总书记在文化传承发展座谈会上进一步阐述了中国道路、中国制度与中华文化传统的契合性。他指出:"我们党开创的人民代表大会制度、政治协商制度,与中华文明的民本思想,天下共治理念,'共和'、'商量'的施政传统,'兼容并包、求同存异'的政治智慧都有深刻关联。我们没有搞联邦制、邦联制,确立了单一制国家形式,实行民族区域自治制度,就是顺应向内凝聚、多元一体的中华民族发展大趋势,承继九州共贯、六合同风、四海一家的中国文化大一统传统。"②习近平总书记还指出:"如果没有中华五千年文明,哪里有什么中国特色?如果不是中国特色,哪有我们今天这么成功的中国特色社会主义道路?"③没有中华五千年文明,就没有中国特色社会主义道路、理论、制度和文化。在中国,社会主义制度不仅是历史的选择、人民的选择,还是文化的选择。

其二,怎么"结合"?"结合"的方法是融会贯通。习近平总书记在党的二十大报告中指出,要"把马克思主义思想精髓同中华优秀传统文化精华贯通起来、同人民群众日用而不觉的共同价值观

---

① 习近平:《高举中国特色社会主义伟大旗帜 为全面建设社会主义现代化国家而团结奋斗——在中国共产党第二十次全国代表大会上的报告》,人民出版社,2022,第18页。
② 习近平:《在文化传承发展座谈会上的讲话》,人民出版社,2023,第8页。
③ 习近平:《在文化传承发展座谈会上的讲话》,人民出版社,2023,第5页。

念融通起来"①。习近平总书记在文化传承发展座谈会上进一步指出，"'结合'不是'拼盘'，不是简单的'物理反应'，而是深刻的'化学反应'"②。结合的方法是形而上层面上的融通，是思想精髓层面、价值观念层面的融通贯通，不是形而下层面的复制套用。这个"结合"不是要复活传统的一切方面，不是要推动传统重回王座、定于一尊，更不是要回到罢黜百家、独尊儒术的时代。

其三，为什么要"结合"？"结合"可以互相成就。习近平总书记在文化传承发展座谈会上指出："'结合'的结果是互相成就……造就了一个有机统一的新的文化生命体……'第二个结合'让马克思主义成为中国的，中华优秀传统文化成为现代的，让经由'结合'而形成的新文化成为中国式现代化的文化形态。"③马克思主义和中华优秀传统文化是互相成就、命运与共的关系。一方面，在中华文明的危急时刻，马克思主义以真理的力量激活了古老的华夏文明，赓续千年的中华文脉得以再度青春化。另一方面，在"马克思"走向世界的过程中，中华文明涵养了马克思主义赖以扎根生长的文化沃土，让来自异国他乡的马克思主义得以在中国繁荣兴盛。离开这样一片土地，马克思主义就不可能有今天在中国繁荣兴盛的局面。

其四，为什么能"结合"得好？"结合"具备两个有利条件。中华优秀传统文化为马克思主义在中国的传播发展奠定了坚实的历史基础、群众基础。习近平总书记在党的二十大报告中指出，只有

---

① 习近平：《高举中国特色社会主义伟大旗帜　为全面建设社会主义现代化国家而团结奋斗——在中国共产党第二十次全国代表大会上的报告》，人民出版社，2022，第18页。

② 习近平：《在文化传承发展座谈会上的讲话》，人民出版社，2023，第6页。

③ 习近平：《在文化传承发展座谈会上的讲话》，人民出版社，2023，第6页。

坚持把马克思主义基本原理同中华优秀传统文化相结合，才能"不断夯实马克思主义中国化时代化的历史基础和群众基础，让马克思主义在中国牢牢扎根"[①]。马克思主义活在了全世界，但在中国活出了高品质。马克思主义在中国的百年发展史，长成了毛泽东思想、邓小平理论、"三个代表"重要思想、科学发展观、习近平新时代中国特色社会主义思想五棵参天大树。这些中国化的马克思主义，就其理论体系的完整性、思想的覆盖面、改造世界的能力而言，构成了世界马克思主义思想谱系中的主干形态。可见，马克思主义在中国长成参天大树，文化土壤与马克思主义的强适配性是一个重要原因。

其五，"结合"有什么文化意义？我们立党立国的指导思想——马克思主义来自西方，但党和国家并未因此失去主体性而沦为西方精神上的附庸。根本原因在于我们没有把马克思主义当作教义原封不动地套用于中国，而是把马克思主义基本原理同中华优秀传统文化相结合，创造了中国马克思主义。"第二个结合"的一个重要目的，在于巩固中华民族的文化主体性，实现精神上的独立自主。习近平总书记在文化传承发展座谈会上指出："'结合'巩固了文化主体性……创立新时代中国特色社会主义思想就是这一文化主体性的最有力体现。"[②]不论是毛泽东思想、中国特色社会主义理论体系，还是习近平新时代中国特色社会主义思想，既坚持了马克思主义基本

[①] 习近平:《高举中国特色社会主义伟大旗帜　为全面建设社会主义现代化国家而团结奋斗——在中国共产党第二十次全国代表大会上的报告》，人民出版社，2022，第18页。

[②] 习近平:《在文化传承发展座谈会上的讲话》，人民出版社，2023，第8~9页。

原理，又赓续了中华民族千年文脉，体现了文化主体性。

其六，"结合"的使命是什么？习近平总书记在文化传承发展座谈会上指出："在新的起点上继续推动文化繁荣、建设文化强国、建设中华民族现代文明，是我们在新时代新的文化使命。"[①] 在这里，习近平总书记提出"建设中华民族现代文明"的重大命题，并将其提升到新时代文化使命的高度，表明党对中国特色社会主义文化建设规律的认识达到了新高度，表明党的历史自信、文化自信达到了新高度。中华民族现代文明是以中华优秀传统文化为根，以马克思主义为魂，以党的创新理论为主体，熔铸古今、汇通中西的文化生命体。"对历史最好的继承就是创造新的历史，对人类文明最大的礼敬就是创造人类文明新形态。"[②] 面向未来，我们不能躺在中华文明的历史殿堂里当"啃老族"，而是要奋力建设中华民族现代文明。赓续千年的中华民族不仅需要在经济社会发展上创造新的更大奇迹，也需要在文化建设和文明发展上创造新的更大辉煌。

[①] 习近平：《在文化传承发展座谈会上的讲话》，人民出版社，2023，第10页。
[②] 习近平：《在文化传承发展座谈会上的讲话》，人民出版社，2023，第12页。

百年中国马克思主义哲学史视域中的"第二个结合"

王海锋[*]

习近平总书记在文化传承发展座谈会上强调:"'第二个结合'是又一次的思想解放,让我们能够在更广阔的文化空间中,充分运用中华优秀传统文化的宝贵资源,探索面向未来的理论和制度创新。"[①]这一重大论断充分揭示了"第二个结合"的重要理论内涵和重大时代意义。站在百年中国马克思主义哲学史的视域中来看,回归"两个结合"特别是"第二个结合"形成演进的历史逻辑和理论逻辑,我们将更能充分体会"'第二个结合'是又一次的思想解放"这一重大哲学命题所蕴含的真实内涵和历史意义。

第一,站在百年中国马克思主义哲学史的视域中来看,正是在"两个结合"特别是"第二个结合"中,马克思主义哲学从"在中国的马克思主义哲学"升华为"中国的马克思主义哲学"。

一部百年中国马克思主义哲学的发展史,实则就是将马克思主

---

[*] 王海锋,中央民族大学哲学与宗教学学院党委书记,教授。
[①] 习近平:《在文化传承发展座谈会上的讲话》,人民出版社,2023,第8页。

义哲学同中国具体实际相结合、同中华优秀传统文化相结合，从而在主体性自觉中实现由"在中国的马克思主义哲学"升华为"中国的马克思主义哲学"的历史。在新民主主义革命时期，以李大钊、陈独秀、瞿秋白、艾思奇、李达等为代表的中国早期马克思主义者最先自觉并提出了一系列富有历史意义的主张：要实现中华民族的救亡和解放，"需要来一个哲学研究的中国化、现实化的运动"[①]，"马克思学说之在中国，已是由介绍的时期而进到实行的时期了"[②]，"马克思主义哲学与中国革命实践相结合，使中国近代哲学革命获得了积极的成果"[③]。对此毛泽东作出精辟的论述："马克思主义必须和我国的具体特点相结合并通过一定的民族形式才能实现。马克思列宁主义的伟大力量，就在于它是和各个国家具体的革命实践相联系的。……离开中国特点来谈马克思主义，只是抽象的空洞的马克思主义。因此，使马克思主义在中国具体化，使之在其每一表现中带着必须有的中国的特性……"[④] 上述主张可以概括为一个总的命题：将马克思主义同中国具体实际相结合，实现马克思主义哲学的中国化。这是中国共产党人和中国早期马克思主义哲学工作者赋予"第一个结合"的真实内涵。正是在这一结合中，马克思主义哲学实质性地介入中国社会历史变革，形成了以毛泽东思想为代表的一批独创性的理论成果，实现了马克思主义中国化的第一次历史性飞跃。毛泽东思想的形成，标志着经典马克思主义哲学理论在同中国

---

① 《艾思奇全书》第二卷，人民出版社，2006，第491页。
② 《李达全集》第三卷，人民出版社，2016，第108页。
③ 《冯契文集》（增订版）第七卷，华东师范大学出版社，2015，第6页。
④ 《毛泽东选集》第二卷，人民出版社，1991，第534页。

具体实际的结合中具有了"中国特点、中国风格",使得"在中国的马克思主义哲学"升华为"中国的马克思主义哲学"。

站在百年中国马克思主义哲学史的视角看,这一升华所提供的方法论原则为之后的哲学理论创新指明了方向,即不仅要将马克思主义哲学同中国的具体实际相结合,更要将其与中国传统文化相结合,即正是在"第一个结合"中孕育着"第二个结合"。马克思主义哲学所要结合的"中国的具体实际",不仅显性地体现为中国的具体国情和现实处境,而且在根基处隐含着在儒道释多元通和之中、体现在文化层面的中国"多元一体"的历史和"多姿多彩"的文化处境。更进一步讲,它表明,马克思主义哲学只有深层地同中华优秀传统文化相结合、相契合,形成"民族的科学的大众的文化"即中华民族的新文化,这种结合才是成功的。可喜的是,在中国革命、建设和改革开放的历史时期,中国共产党人和中国马克思主义哲学理论工作者一道,在思想解放中解放思想,以实践的哲学变革哲学的实践,坚守马克思主义的"魂脉"和中华优秀传统文化的"根脉",将马克思主义哲学同中华优秀传统文化相结合,谱写了马克思主义哲学理论中国化时代化的新篇章,为早日实现中华民族伟大复兴提供了思想智慧。

第二,站在百年中国马克思主义哲学史的视域来看,"第二个结合"充分体现了中国共产党人、中国马克思主义哲学理论工作者的问题意识自觉和主体性自觉。

任何学术理论的创新,都源于研究者自身的问题意识自觉和主体性自觉。马克思主义哲学的意识形态属性和现实性品格决定了,中国马克思主义哲学的理论创新依赖于两个核心的创新主体:中国共产党人和马克思主义哲学理论工作者。

梳理百年中国马克思主义哲学史,我们能深刻地意识到,"两个结合"特别是"第二个结合"诞生于中国共产党人和马克思主义哲学理论工作者的问题意识自觉和主体性自觉之中。在问题意识自觉的意义上,主要体现为,理论创新主体聚焦实现中国式现代化的重大现实问题和在继承中华优秀传统文化的基础上实现理论创新的重大理论问题,以及以重大理论的创新推动重大现实问题的破解,以重大现实问题的破解推动重大理论的创新,以现实活化理论,以理论照亮现实。在主体性自觉的意义上,主要体现为,中国共产党人和中国学人意识到,只有在充分占有古今中外各种理论资源的基础上,创造一种真正体现并能够变革自身命运的"有我"的科学理论,才能真正实现民族的繁荣富强。在百年中国马克思主义哲学的历史进程中,中国共产党人和中国马克思主义哲学工作者深刻地意识到,作为一种农业文明的中国传统文化,无法完全让中国步入现代国家的行列,与此同时,仅仅依赖一种西方的思想或文化,无法让中国走得更稳更远。因此,只有将作为科学真理的马克思主义哲学同中华优秀传统文化相结合,才能挽救民族于危亡,实现中华民族的独立和解放,让久经磨难的中华民族从站起来、富起来到强起来。我们看到,在百年中国马克思主义哲学的历史进程中,中国共产党人和中国马克思主义哲学理论工作者从"重要范畴、标识性概念、重大哲学命题、代表性哲学论争、开创性方法论自觉"等多维度入手,在马克思主义哲学同中华优秀传统文化所蕴含的宇宙观、天下观、社会观、历史观、道德观等层面实现了真正的结合,实现了马克思主义哲学的中国化时代化,让马克思主义成为中国的并获得"民族气质",让中华优秀传统文化成为现代的并获得"当代品格",为建设中华民族现代文明打下了坚实的理论基础。

第三,站在百年中国马克思主义哲学史的视域中来看,习近平新时代中国特色社会主义思想是"两个结合"特别是"第二个结合"的思想结晶,是中华文化和中国精神的时代精华,实现了马克思主义哲学中国化新的飞跃,这为建设中华民族现代文明指明了方向、提供了根本遵循。

中国共产党的历史,是一部推进马克思主义哲学中国化时代化、不断丰富和发展马克思主义哲学的历史,也是一部运用马克思主义哲学认识和改造中国的历史。在中国革命、建设和改革开放的历史进程中,中国共产党人对马克思主义哲学作出了原创性的贡献。中国特色社会主义进入新时代,以习近平同志为主要代表的中国共产党人,坚持把马克思主义基本原理同中国具体实际相结合、同中华优秀传统文化相结合,坚持毛泽东思想、邓小平理论、"三个代表"重要思想、科学发展观,深刻总结并充分运用中国共产党成立以来的历史经验,从新的实际出发,创立了习近平新时代中国特色社会主义思想,实现了马克思主义中国化新的飞跃。站在历史的制高点上,我们能深切地体会到,具有主体性和原创性的习近平新时代中国特色社会主义思想的形成与发展,显然得益于在问题意识自觉和主体性自觉中所形成的"第一个结合"并自觉到"第二个结合",从而在"两个结合"中实现理论创新和思想创造。

回顾百年中国马克思主义哲学史,我们能够深刻地意识到,马克思主义哲学同中华优秀传统文化相结合的辩证逻辑主要体现为,以马克思主义哲学为指导对中华民族五千多年文明宝库进行全面挖掘，用马克思主义哲学激活中华优秀传统文化中富有生命力的优秀因子并赋予新的时代内涵，将中华民族的伟大精神和丰富智慧更深层次地注入马克思主义哲学，有效地把马克思主义哲学的思想精髓同中华优秀传统文化中的精华贯通起来，造就一个有机统一的新的文化生命体，让马克思"说中国话"，让中华优秀传统文化"奏出现代旋律"，在探寻"契合"点中实现完美"结合"，从而掌握思想和文化主动，并有力地作用于中国特色社会主义的道路、理论和制度。例如，在理论层面，正是在"第二个结合"中诞生了一批重大哲学命题——"构建人类命运共同体""实现人民对美好生活的向往""铸牢中华民族共同体意识""以中国式现代化全面推进中华民族伟大复兴""创造人类文明新形态""'第二个结合'是又一次思想解放"等，使得一种基于理论自信、历史自信和文化自信所创立的"中国马克思主义哲学"占据科学真理的制高点，使得马克思主义哲学保持了蓬勃的生机和旺盛的活力。

  百年中国马克思主义哲学发展的历史表明，"两个结合"特别是"第二个结合"是马克思主义哲学传入中国以来，由"在中国的马克思主义哲学"升华为"中国的马克思主义哲学"的历史进程中，中国共产党人和中国马克思主义哲学理论工作者问题意识自觉和主体性自觉的思想结晶，表明我们对中国道路、理论、制度的认识达到了新高度，对中华民族自身的历史和文化的自信达到了新高度，在传承中华优秀传统文化中推进文化创新的自觉性达到了新高度。历史已经证明且必将继续证明，我们只有矢志不渝地推进"两个结合"特别是"第二个结合"，我们才能早日完成建设中华民族现代文明的新的文化使命！

从思想解放的内涵看"第二个结合"的重大意义

杨洪源[*]

思想解放是社会变革的先导,是社会活力的来源。习近平总书记指出:"'第二个结合'是又一次的思想解放,让我们能够在更广阔的文化空间中,充分运用中华优秀传统文化的宝贵资源,探索面向未来的理论和制度创新。"[①]这一重要论述,从思想解放的高度深刻揭示出"第二个结合"的重大意义,使我们在思想认识上具备了破解"古今中西之争"的更为有利的条件。从学理上讲,对思想解放本身及其内涵的准确认识,是深入理解"第二个结合"的思想解放意义的前提。以构成思想解放的基本要素,即坚持以正确的思想为指导、批判教条主义和主观偏见、研究新情况并解决新问题作为出发点来追问"第二个结合"的重大意义,有助于进一步理解习近平文化思想的原创性贡献。

---

[*] 杨洪源,中国社会科学院哲学研究所习近平文化思想研究室副主任,研究员。
[①] 习近平:《在文化传承发展座谈会上的讲话》,人民出版社,2023,第8页。

一 坚持马克思主义的正确思想指导

从一般的意义上说,思想解放意指观念的转化、认识的深化,进而研究新情况、解决新问题。它既体现在观念领域,也是一种社会现象。思想解放的本质在于实事求是,也就是使思想和实际相符合,使主观和客观相符合。习近平总书记强调的"'第二个结合'是又一次的思想解放",在满足思想解放的一般定义的同时,也有着其特殊的语境。这种特殊性首先表现为,坚持以马克思主义这一正确的思想为指导。正如邓小平所说:"什么叫解放思想?我们讲解放思想,是指在马克思主义指导下打破习惯势力和主观偏见的束缚,研究新情况,解决新问题。"① 思想解放的根本属性即思想性,内在地决定着坚持正确思想的指导是思想解放的前提。作为思想解放的"第二个结合"亦是如此。

事实上,"马克思主义基本原理同中华优秀传统文化相结合"中的"同",本身即已表明马克思主义在"第二个结合"中的主体地位和指导作用。在这一重大命题中,使用的不是表示同等并列关系的"和""与"两字,而是表明并列关系中同时存在主次之别的"同"字。之所以强调马克思主义在作为思想解放的"第二个结合"中的思想指导作用,不仅在于马克思主义是科学的世界观,只有坚持它的立场和观点,巩固其在意识形态领域的指导地位,才可以确保思想解放的正确方向,更好地实现中华优秀传统文化的创造性转化与

---

① 《邓小平文选》第二卷,人民出版社,1994,第279页。

创新性发展；而且在于马克思主义也是科学的方法论，唯有坚持以此作为遵循，方可充分挖掘并有效激活中国传统文化中的优秀因子，使之与新时代的具体实际有机结合、与民族复兴的历史使命彼此契合，更好地发挥思想解放的作用。

马克思主义的思想指导作用的发挥，需要同特定的时代和民族国家相结合。历史和实践均充分表明，中国共产党为什么能，中国特色社会主义为什么好，归根到底是马克思主义行，是中国化时代化的马克思主义行。坚持以中国化时代化的马克思主义为指导，是我们实现一次又一次的思想解放的根本所在。中国化时代化的马克思主义，既是思想解放的基本指导原则，也是思想解放的重大理论成果。在不断推进马克思主义中国化时代化的过程中，中国共产党人坚持解放思想、实事求是、与时俱进、求真务实，相继创立了毛泽东思想、邓小平理论，形成了"三个代表"重要思想、科学发展观，创立了习近平新时代中国特色社会主义思想，并且运用这些体系化的重大理论成果，进一步指导思想解放持续走向深入。习近平新时代中国特色社会主义思想，是马克思主义中国化时代化的理论成果。正是有了这一科学理论体系的指导，"第二个结合"充分彰显出打开创新空间的重大意义。

思想解放和思想统一是有机统一的。习近平总书记指出："解放思想的过程就是统一思想的过程，解放思想的目的是为了更好统一思想。"[①] 从延安整风到"真理标准问题大讨论"再到"第二个结合"的正式提出，每一次思想解放都同思想统一相伴随。新时代新征程，高

---

① 《习近平关于全面深化改革论述摘编》，中央文献出版社，2014，第38页。

举中国特色社会主义伟大旗帜，进一步解放思想、落实"第二个结合"的根本要求，就是要坚持以习近平新时代中国特色社会主义思想为指导，坚持用马克思主义中国化时代化的最新成果武装全党、教育人民，把全党全国各族人民的思想统一到新的思想坐标上来，坚定不移朝着强国建设、民族复兴的宏伟目标奋勇前进。

二　批判教条主义和主观偏见的错误

对马克思主义合理对待和准确运用，特别是避免教条化、形式化、经验化、实用化，是事关马克思主义的思想指导作用的原则性问题。正是在这个意义上，批判教条主义和主观偏见的错误，构成了思想解放的一个基本要素。当前，一些教条主义倾向和主观偏见，诸如对"第一个结合"与"第二个结合"之间关系的认识不足、对"第二个结合"重大意义的理解不充分、文化上的复古主义和保守主义等，一定程度上妨碍了"第二个结合"的思想解放意义的彰显，需要对此进行彻底的清算。

其中，有的观点全然无视"第二个结合"正式提出的时代背景与现实基础，认为中国具体实际本身包括中国的文化和历史在内，由此得出"第二个结合"已经存在于"第一个结合"之中；还有的观点认为"第二个结合"过于抬高了中华优秀传统文化的地位等。这些论断虽然承认"两个结合"之间具有内在关联，但只是将两者并列在一起，抹杀了"第二个结合"有别于"第一个结合"的重大理论创新。应当基于对中国特色社会主义实践的理论总结，诉诸它们各自产生的时代背景以及具有的问题意识，来深入理解"两个结合"之间的关系，以此呈现"第二个结合"的独特思想解放意义。从"第一个结合"到"第二个结合"，不仅是对马克思主义基本原理与中华优秀传统文化之间关系的把握，实现了由"自在""自发"到"自为""自觉"的根本性进步；还是文明观的决定性进阶，它打通了中华文明道路和中国特色社会主义道路之间的连续性，使中华文明与中国特色社会主义贯通起来，形成中华民族现代文明和中国式现代化的文化形态，展现出不同于西方现代化及其文明形态的全新图景。

更有甚者，一些观点还错误地认为，"第二个结合"意味着中华优秀传统文化已取代马克思主义在意识形态中的主导地位。在具有此种错误倾向的人看来，马克思主义只是实现中华文明现代转型的外部因素，中华优秀传统文化才是中华民族现代文明的"内核"，是推动中华文明生命更新的根本动力。这种说法实际上是对马克思主义和中华优秀传统文化的双重误读。马克思主义自传入中国时起，就已经开始同中华优秀传统文化内在地契合起来。马克思主义的中国化与中华优秀传统文化的现代化，是同一个文化生命体自我更新的不同表现。应当从进一步巩固文化主体性的维度，深刻把握"第二个结合"的思想解放意义，即实现了中华民族的文化主体性的全面解放。

此外，针对文化复古主义和文化保守主义，特别是假借弘扬中华优秀传统文化之名，妄图恢复传统儒家文化或传统道家文化的倾向，以及把马克思主义儒家化或道家化的荒诞言论，需要弘扬中华民族守正不守旧、尊古不复古的进取精神，从中华文明所具有的突出的创新性出发，深入阐释"第二个结合"的思想解放意义，不惧新挑战、勇于接受新事物，不断促进中华文明的繁荣与发展。

三　研究新时代的实际并解决新问题

在审视思想解放的内涵中所呈现的基本构成要素方面，如果说坚持马克思主义的正确思想指导是前提，批判教条主义和主观偏见的错误是中间环节与必要手段，那么，研究新情况并解决新问题就是结果和最终目的所在。习近平总书记指出："问题是时代的声音，回答并指导解决问题是理论的根本任务。"①每个时代都有属于自己的问题，人们正是通过提出、分析和解决时代问题来推动时代进步与社会发展的。站在新时代的历史方位上，只有对历史发展大势和时代进步潮流做出总体性的观照，正确地认识、深刻地把握、有效地解决时代问题，明确并完成中心任务，才能更好地彰显作为思想解放的"第二个结合"的重大意义。

基于对中国共产党在探索中国特色社会主义道路中得出的规律性认识的深刻总结，习近平总书记正式提出"两个结合"特别是"第二个结合"，把"全面建成社会主义现代化强国"和"以中国式现代化全面推进中华民族伟大复兴"，明确作为我们党在新时代新征程上的中心任务。与此同时，习近平总书记还将"两个结合"，界定为在中华文明深厚历史基础上开辟和发展中国特色社会主义的必由之路。这种对时代问题的深刻把握和对中心任务的明确阐述，将"第二个结合"提升为一种思想解放。对以中国式现代化全面推进民族复兴伟业这个时代问题作出深入分析，需要准确理解中国特色

---

① 《习近平著作选读》第一卷，人民出版社，2023，第17页。

社会主义道路的文化根基,需要深刻把握中国式现代化与中华文明的关系。一方面,"第二个结合"把中国道路的开辟与发展,归结为马克思主义指导下的产物和五千多年中华文明史积淀的结果,既赋予了中国道路以更加宏阔深远的历史纵深,又厚植了它的文化根基。另一方面,"第二个结合"使中国式现代化展现出不同于西方现代化的全新图景,彰显出中国式现代化所具有的赓续中华古老文明、植根中国大地、文明更新产物等特性,为广大发展中国家独立自主迈向现代化树立了典范,为人类对更好社会制度的探索提供了中国方案。

"第二个结合"不仅筑牢了中国道路的文化根基,而且为破解强国建设与民族复兴伟业中所面临的根本性问题,提供了科学的方法论和指导性原则。自近代以降,"古今中西之争"一直困扰着中华民族。进入新时代,习近平总书记站在新的历史方位深刻把握中国具体实际,在坚持马克思主义的指导下,不断推动中华优秀传统文化的创造性转化、创新性发展,进而正式提出了"第二个结合",并且将其上升到马克思主义中国化时代化的根本原则的高度,使得我们比过去任何一个时代都更有条件破解"古今中西之争"难题。由此,我们必须坚持"第二个结合"的根本要求,不断传承发展中华优秀传统文化,持续促进外来文化本土化,形成一批贯通古今、融汇中西的文明成果,不断夯实中国道路和中国式现代化的根基,使"第二个结合"所具有的思想解放意义得到充分彰显。

深刻理解"第二个结合"是又一次的思想解放

陈培永[*]

马克思主义基本原理同中国具体实际相结合、同中华优秀传统文化相结合这"两个结合"的提出与阐述,将本来作为中国具体实际一部分的中华优秀传统文化单独提出,已经突出强调了"同中华优秀传统文化相结合"的重要性。在这个基础上使用"第二个结合"的表达,而且定位为"又一次的思想解放",无疑是对这个结合重要性的进一步突出强调。为什么说"第二个结合"是又一次的思想解放?在何种意义上可以理解为是又一次的思想解放?又一次思想解放的定位有什么要求?这些值得我们深刻学习和领悟。

一

"'第二个结合'是又一次的思想解放"[①],其中的"又一次"说

---

[*] 陈培永,北京大学马克思主义学院副院长,教授。
[①] 习近平:《在文化传承发展座谈会上的讲话》,人民出版社,2023,第8页。

明，在之前至少有一次，甚至还有多次的，能够称得上思想解放的命题。回顾马克思主义中国化时代化的历程，能够被称为思想解放的命题，包括"马克思主义中国化"本身，也包括如何正确认识社会主义、社会主义到底能不能搞市场经济的问题。在理解至少这样两个思想解放命题的基础上，我们就能更好地去理解和把握"两个结合"是又一次的思想解放，更好地去领会到底什么是思想解放以及实现思想解放的不易。

能够被称得上思想解放的命题，一定是帮助当时的人从某种理论的教条中、从某种观念的桎梏中、从某种僵化的思维中解放出来。这些理论、观念、思维本身，并非一开始就一定是错的，反而往往曾经是正确的、实实在在发挥作用的，并被广为认同的。只是随着时间、空间的变化，这种理论、观念、思维没有改变，成为与时俱进的障碍，导致思想的僵化。思想解放，在根本上不是思想获得解放，而是人获得解放，即人从某种教条的理论中、僵化的思想中解放出来，走出某种已经根深蒂固的想法、观念的制约。我们会遭遇的现实问题是，对某些事情的认识，从理论上已经改变了想法，在表达上已经改变了说法，但在思维、观念深处还是不自觉地停留在某个阶段，还是不去反思自己的观念而让自己固守在某种不合时宜的观点上，这是思想解放的强大对手。

之所以说"第二个结合"是又一次的思想解放，因为这一命题冲击了在形式上已经认同但内心尚未从根本上改变的观念，使人们从模糊的或错误的关于马克思主义、关于中国传统文化以及两者相结合的思想观念中解放出来。"第二个结合"是又一次的思想解放，我们不能仅仅落脚到认同这个命题，去阐释这个命题的重要性，还要认识到其指向和要求是什么,以及这个命题意味着我们要牢固树立什么样的思想观念。

二

在看待马克思主义方面,经过马克思主义中国化时代化的历程,社会上已经形成了一些科学认识,比如认为马克思主义是与时俱进的指导思想,必须根据中国的具体实际来发展马克思主义等,但还是存在着一些错误观念:认为马克思主义就是国外的学说,就是西方的理论,不是中国的等等。这些观念对马克思主义的理解还停留在特定历史阶段,对马克思主义中国化时代化的最新理论进展并没有跟踪学习和把握。

对马克思主义,应该有狭义的和广义的两种理解。当我们讲马克思主义中国化、讲马克思主义和中华优秀传统文化相结合的时候,其中的马克思主义可以理解为狭义的,是来自西方的理论,主要是马克思列宁主义。而在这些场合之外,上升为党和国家指导思想的马克思主义,则是广义的,是包含了马克思列宁主义、毛泽东思想、邓小平理论、"三个代表"重要思想、科学发展观、习近平新时代中国特色社会主义思想的马克思主义。广义的作为指导思想的马克思主义,是包含了中华优秀传统文化的。它不是西方的,而是中国的,不仅是19世纪、20世纪的,而且是21世纪的。如果不能从狭义上和广义上加以理解,我们所讲的马克思主义将是一个模糊的对象。需要强调的是,长期的结合过程,已经让马克思主义成为中国的,已经使马克思主义实现了时代化,不能抹杀长期的马克思主义中国化时代化的努力所形成的成果。也就是说,"第二个结合"让马克思主义成为中国的,作为党和国家指导思想的马克思主义,是融合了古今中外先进理论、先进文明成果的思想,也只有这样的思想才能作为党和国家的指导思想。

三

在对待传统文化上,社会上已经形成的共识是,传统文化有精华有糟粕,但还存在一些固有观念,认为传统的就等于非现代的,认为其应该是进行现代化所要消除的等。也就是说,对传统文化的理解在形式上已经变了,但没有从内心和思想深处去接受和认同,即理论上已经解放,但思想上还是没有解放。

对传统文化的理解,应该树立并坚定的观念至少有三点。第一,优秀的传统文化一定是现代的。西方现代化进程中形成了一个错误的观念,就是把现代理解成理性的、正义的、光明的,把传统理解成愚昧的、蒙昧的、黑暗的,实际上制造了传统与现代的对立和割裂。一个真正走向现代化的国家,一定是与本国的传统文化和解的国家。腐朽的、没落的传统文化不是现代的,而是前现代的,优秀的传统文化则是现代的文化,这样才能避免传统与现代的对立和割裂。第二,马克思主义不是中国传统文化的一部分,但它是中华文化的一部分,而且是非常重要的一部分。这是由中国的国情特别是近代以来的中国国情所决定的。近代以来,中华文化是在马克思主义传入中国后得到大踏步发展的,马克思主义早已经融入其中。第三,当代中国马克思主义是中华文化和中国精神的时代精华。经过多年的中国化时代化，马克思主义已经潜移默化融入中国人的思想价值观念中。习近平新时代中国特色社会主义思想，是当代中国马克思主义、是 21 世纪马克思主义，同样是中华文化和中国精神的时代精华。

四

在对马克思主义基本原理与中国传统文化这两者关系的理解上，直到现在还是存在着认为两者本质不同、无法结合的错误观念，将两者理解为近现代思想文化与古代思想文化的差别、西方思想文化与中国思想文化的差别、古今中外之别。"第二个结合"强调了两者之间的高度契合性，无疑是思想观念桎梏的突破，是又一次思想解放。

在马克思主义基本原理与中华优秀传统文化的"结合"上，一是要树立契合和差异是最好结合的前提的观念。没有契合，两者不可能实现结合。走不到一起，就不可能结合，但只有契合没有差异，也不能实现很好的结合。完全契合的两者，是不可能构成真正意义上的结合的；有契合有差异的双方，才能构成真正意义上的结合，才是最高程度的结合，才是值得追求的结合。二是要明确结合的目标和导向。为什么要结合？结合到底要干什么？结合是为了促进党和国家指导思想的丰富发展，使治国理政的指导思想更加完善，使其观点、理论更容易被大家理解和认同；是为了建设中华民族现代文明，探索面向未来的理论和制度创新。三是要思考结合的方法。结合要讲方法，不然的话就是抽象的口号。结合的方法最简洁的表达就是"继承""借鉴""创造"。对传统的要继承，对一切优秀文明成果要借鉴，而继承和借鉴不是落脚点，要落脚到创造。没有创造，就谈不上真正意义上的结合，或者说没有创造，就不是成功的结合。这就要求我们拿出开放包容、兼容并蓄的态度来对待一切人类社会的文明成果、文化成果，推动中华文化的当代发展和中华民族现代文明的建设，创造出符合时代要求和未来走向的新文化成果、新理论成果。

人类文明整体进程视域中的"古今中西之争"

林建华[*]

2023年6月2日,习近平总书记在文化传承发展座谈会上发表重要讲话,对中华文明、"第二个结合"进行了体系化建构、学理化阐释、学术化表达,字里行间处处彰显着新意、深意和远意。习近平总书记指出:"经过长期努力,我们比以往任何一个时代都更有条件破解'古今中西之争',也比以往任何一个时代都更迫切需要一批熔铸古今、汇通中西的文化成果。"[①]归结起来,就是肩负起"创造属于我们这个时代的新文化"这一使命。"古今中西"是一种宏阔博大的时空观,在人类文明整体进程中破解"古今中西之争",这是一种立场和精神、是一种境界和智慧。

---

[*] 林建华,中国社会科学院中国式现代化研究院党委书记,教授。
[①] 习近平:《在文化传承发展座谈会上的讲话》,人民出版社,2023,第11页。

一 破解"古今中西之争"的话语背景:
言必称尧舜、言必称希腊

文明是全人类追求的共同价值,创造文明是全人类担负的共同责任。现代化是人类社会发展、人类文明进步的必由之路,实现现代化是各个国家、各国人民始终向往和不懈追求的目标愿景。古今中西之争,是文明之争,是现代化之争,是民族和国家的前途命运之争。

中华文化源远流长,中华文明博大精深。《易·乾·文言》曰:"见龙在田,天下文明。"《孟子·滕文公上》曰:"孟子道性善,言必称尧舜。"1958 年,毛泽东在《七律二首·送瘟神》中写道:"春风杨柳万千条,六亿神州尽舜尧。"显然,毛泽东这里的"舜尧"与孟子那里的"尧舜"概念是相同的,但所指则是不同的,盖因判断标准不同。在毛泽东这里,"尧舜"是对人民的地位和作用的充分肯定、最高褒扬。

18 世纪英国诗人雪莱写道:"我们都是希腊人,我们的法律、文学、宗教和艺术之根都在希腊。古希腊文明回声的最强音,是世界许多民族每天都在运用的语言文字。"因此,西方谚语说:"辉煌属于希腊,宏伟属于罗马。"1941 年,毛泽东在《改造我们的学习》中指出:"许多马克思列宁主义的学者也是言必称希腊,对于自己的祖宗,则对不住,忘记了。"[①]显然,毛泽东这里的"言必称希腊"与雪莱那里

[①]《毛泽东选集》第三卷,人民出版社,1991,第 797 页。

的"希腊、希腊人、希腊文明"所指是不同的。在毛泽东这里,"言必称希腊"是对不注重研究历史、不注重研究现状、不注重马克思列宁主义在实践中的具体运用等主观主义、教条主义倾向的批评和警醒。

中华文明是世界上唯一绵延不断且以国家形态发展至今的伟大文明,中华民族为人类文明进步作出了不可磨灭的贡献。1840年鸦片战争以后,西方列强依恃坚船利炮入侵,由于中国封建制度衰败落后、封建统治腐败无能,中国逐步沦为半殖民地半封建社会,国家蒙辱、人民蒙难、文明蒙尘,中华民族遭受了前所未有的劫难。近代中国,面对"西力东侵"(科技和术的层面)、"西学东渐"(文化和道的层面),面对西方现代化和西方文明的冲击,"中体西用""西体中用""全盘西化"等都不乏自己的拥趸。但是,历史已经证明,"妄自尊大""妄自菲薄",都不是正确的态度和选择;"言必称尧舜""言必称希腊",都没有正确解决中国的前途和命运问题。正确的态度,是毛泽东提出的"古为今用""洋为中用""推陈出新",是习近平总书记提出的"不忘本来、吸收外来、面向未来"[①]。破解"古今中西之争"的答案和逻辑是,既要摒弃洋教条,也要摒弃古教条。对历史最好的继承,就是创造新的历史;对人类文明最大的礼敬,就是创造人类文明新形态。

二 破解"古今中西之争"的新答案:条条大路通罗马

中国共产党一经诞生,就把探索中国现代化道路的历史重任义

[①] 《习近平著作选读》第二卷,人民出版社,2023,第19页。

无反顾地扛在自己的双肩之上。从第一个五年计划到第十四个五年规划，一以贯之的主题是把我国建设成为社会主义现代化国家。在新中国成立特别是改革开放以来长期探索和实践基础上，经过党的十八大以来在理论和实践上的创新突破，我们党成功推进和拓展了中国式现代化。习近平总书记强调："中国人民的成功实践昭示世人，通向现代化的道路不止一条，只要找准正确方向、驰而不息，条条大路通罗马。"[①] 现代化的发展是如此，文明的发展也是如此。中国式现代化和中华文明拓新提升，打破了"现代化＝西方化""文明＝西方文明"的迷思，使现代化和文明由"单数"变成了"复数"，这就是说，现代化和文明都不再是单一标准，西方现代化、西方文明更不是人类现代化、人类文明的唯一标准。中国共产党人确立了新的标准、提供了新的答案、提供了新的选择，这是问题的关键之所在。

中国式现代化，是人口规模巨大的现代化、全体人民共同富裕的现代化、物质文明和精神文明相协调的现代化、人与自然和谐共生的现代化、走和平发展道路的现代化，这是现代化的新途。其"破解了人类社会发展的诸多难题，摒弃了西方以资本为中心的现代化、两极分化的现代化、物质主义膨胀的现代化、对外扩张掠夺的现代化老路，拓展了发展中国家走向现代化的途径，为人类对更好社会制度的探索提供了中国方案"[②]。归结起来，中国式现代化是中国共产党领导的社会主义现代化，而不是别的什么现代化。这是现代化的正道。

现代化和文明是密切地联系在一起的。中国式现代化是赓续古老

[①] 习近平：《开放共创繁荣 创新引领未来——在博鳌亚洲论坛2018年年会开幕式上的主旨演讲》，人民出版社，2018，第4页。

[②] 《习近平著作选读》第二卷，人民出版社，2023，第553页。

文明的现代化，而不是消灭古老文明的现代化；是从中华大地长出来的现代化，不是照搬照抄其他国家的现代化；是文明更新的结果，不是文明断裂的产物。中国式现代化赋予中华文明以现代力量，中华文明赋予中国式现代化以深厚底蕴。中国式现代化是中华民族的旧邦新命，必将推动中华文明重焕荣光。习近平总书记指出，"只有全面深入了解中华文明的历史，才能更有效地推动中华优秀传统文化创造性转化、创新性发展，更有力地推进中国特色社会主义文化建设"[①]。中华文明拓新提升，呈现出的是中华文明的现代形态，是世界文明的中国形态，是人类文明的崭新形态，归结起来，就是社会主义文明，而不是别的什么文明。坚持马克思主义文明观同中国具体实际相结合、同中华优秀传统文化相结合，坚持党的文化领导权、巩固文化主体性，推进中华文明新发展，这是问题的关键之所在。

三 破解"古今中西之争"的旨归：推进强国建设民族复兴、为人类作出新的更大贡献

在近代中国，文明与现代化都是关键词、高频词，实现文明拓新提升、实现现代化都是现实课题、战略课题。孙中山曾指出："中国现在的文明一不如外国，二不如古人。中国古时的文明进步很快，外国近来的文明进步很快。那种进步为什么能快，这就是我们学者应该要留心的。"[②] 孙中山设想的奋斗目标，是建设一个能"确立于世界文明国之林"的资产阶级民主共和国。孙中山拟定的"建国方略"

[①] 习近平：《在文化传承发展座谈会上的讲话》，人民出版社，2023，第1页。
[②] 《孙中山全集》第六卷，中华书局，1958，第70页。

被称为近代中国谋求现代化的第一份蓝图。1933年,《申报月刊》发起了"中国现代化问题"讨论,其第二卷第七号出版了"中国现代化问题"特辑,并聚焦两大问题。其一,中国现代化的困难和障碍是什么?要促进中国现代化,需要哪些先决条件?其二,中国现代化应当采取哪一个方式:是个人主义的或社会主义的?外国资本所促成的现代化或国民资本所自发的现代化?实现这些方式的步骤怎样?《申报月刊》的"编辑之言"还对发起讨论的原因进行了说明:"'中国现代化'这个问题,与其说它是一个新问题,无(毋)宁说它是一个八九十年来的宿题。须知今后中国,若于生产方面,再不赶快顺着'现代化'的方向进展……我们整个的民族,将难逃渐归淘汰,万劫不复的厄运。"①但是,现代化也好,文明也好,正如习近平总书记所指出的:"只有我们中国共产党人实现了。"②

　　破解"古今中西之争"的旨归,就是在坚持"两个结合"中以中国式现代化实现强国建设、民族复兴的中心任务和宏伟目标,为人类文明进步、为人类社会发展作出新的更大贡献。习近平总书记在党的二十大报告中指出:"从现在起,中国共产党的中心任务就是团结带领全国各族人民全面建成社会主义现代化强国、实现第二个百年奋斗目标,以中国式现代化全面推进中华民族伟大复兴。"③2023年12月,习近平总书记在中央经济工作会议上强调,必须把推进中国式现代化作为最大的政治,在党的统一领导下,团结最广大人民,

---

① 编者:《中国现代化问题特辑前言》,《申报月刊》1933年7月15日。
② 《推进中国式现代化关键在党》,《求是》2023年第11期。
③ 习近平:《高举中国特色社会主义伟大旗帜　为全面建设社会主义现代化国家而团结奋斗——在中国共产党第二十次全国代表大会上的报告》,人民出版社,2022,第21页。

聚焦经济建设这一中心工作和高质量发展这一首要任务，把中国式现代化宏伟蓝图一步步变成美好现实。中国式现代化是强国建设、民族复兴的唯一正确道路，是康庄大道。

强国建设，就是习近平总书记在党的二十大报告中所指出的：到本世纪中叶，"把我国建成富强民主文明和谐美丽的社会主义现代化强国"[1]，同时"把我国建设成为综合国力和国际影响力领先的社会主义现代化强国"[2]。

民族复兴，就是习近平总书记所指出的，"实现中华民族伟大复兴是近代以来中华民族最伟大的梦想"[3]；"实现中华民族伟大复兴的中国梦，就是要实现国家富强、民族振兴、人民幸福"[4]。中国共产党诞生后，团结带领中国人民进行的一切奋斗、一切牺牲、一切创造，归结起来就是一个主题：实现中华民族伟大复兴。具体来说，实现中华民族伟大复兴的要旨就是：在宽广的世界视野中，使中华民族重现曾经拥有的辉煌，屹立世界民族之林、引领时代浩荡潮流；在悠远的历史视野中，使中华民族重新形塑伟岸的样貌，在21世纪凤凰涅槃、浴火重生。

"万物有所生，而独知守其根。"现代化的本质是人的现代化。现代化的最终目标是实现人自由而全面的发展。恩格斯曾指出："我

---

[1] 习近平：《高举中国特色社会主义伟大旗帜　为全面建设社会主义现代化国家而团结奋斗——在中国共产党第二十次全国代表大会上的报告》，人民出版社，2022，第24页。

[2] 习近平：《高举中国特色社会主义伟大旗帜　为全面建设社会主义现代化国家而团结奋斗——在中国共产党第二十次全国代表大会上的报告》，人民出版社，2022，第25页。

[3] 《习近平著作选读》第二卷，人民出版社，2023，第11页。

[4] 《习近平著作选读》第一卷，人民出版社，2023，第97页。

们的目的是要建立社会主义制度，这种制度将给所有的人提供健康而有益的工作，给所有的人提供充裕的物质生活和闲暇时间，给所有的人提供真正的充分的自由。"[1]恩格斯在这里所讲的社会主义制度就是蕴含着文明和现代化的元素的社会制度。破解"古今中西之争"，习近平文化思想"明体达用"，实现了历史与现实的贯通，明确了传承发展中华文明的奋斗方向，筑牢了实现中华文明拓新提升的思想基础，揭示了中华民族伟大复兴的思想文化根基，是建设中国特色社会主义文化强国、新时代文明中国的强大思想武器和科学行动指南。中国共产党为人民谋幸福、为民族谋复兴，同时为人类谋进步、为世界谋大同，由此，马克思主义"为人类求解放"、中国共产党人"坚持胸怀天下"、中华优秀传统文化"为天下求大同"高度契合。从推进中国式现代化这一社会主义现代化、拓新提升中华文明这一社会主义文明的生动实践和伟大成就中，我们可以想象普世文明、天下大同的瑰丽气象，而且还可以通过现在正在做的事情来影响这个鼓舞人心的前景。这个前景就是"各美其美，美人之美，美美与共，天下大同"，就是"在那里，每个人的自由发展是一切人的自由发展的条件"[2]的"自由人联合体"。这应该就是世代人心目中理想的共产主义新世界吧！这就是信仰。

---

[1]《马克思恩格斯全集》第二十八卷，人民出版社，2018，第652页。
[2]《马克思恩格斯选集》第一卷，人民出版社，2012，第422页。

实现有原则高度的文明实践

沈湘平[*]

现代化是人类文明进步的重要标志，中国式现代化既有各国现代化的共同特征，更有基于自己国情的中国特色，蕴含着文明的自觉与承诺，彰显了当代中国的文明立场与文明主张。正如恩格斯指出的，"文明是实践的事情"[①]，中国式现代化事实上就是当代中国的文明实践。这一伟大文明实践拥有民族和人类两个面相：建设中华民族现代文明和发展人类文明新形态。不过，无论是建设中华民族现代文明，还是发展人类文明新形态，都不是一般的实践，而是有原则高度的实践。只有将中国式现代化理解为有原则高度的文明实践，才能理解其本质，理解其在全球语境中的文明角色和这一文明实践的世界历史意义。要准确把握中国式现代化何以是有原则高度的文明实践，必须自觉运用马克思主义同中华优秀传统文化相结合的科学方法。

---

[*] 沈湘平，北京师范大学全球化与文化发展战略研究院院长，教授。
[①] 《马克思恩格斯文集》第一卷，人民出版社，2009，第97页。

一　马克思"实现有原则高度的实践"的思想具有普遍意义

"实现有原则高度的实践"是马克思在 1843 年《〈黑格尔法哲学批判〉导言》中就当时的德国提出的"解决办法"、实践任务:"实现有原则高度的 [à la hauteur des principes] 实践,即实现一个不但能把德国提高到现代各国的正式水准,而且提高到这些国家最近的将来要达到的人的高度的革命"[①]。从这一论述我们可以直接得出如下结论:(1)实践是有高下层次之分的,马克思突出和倡导的是有原则高度的实践;(2)有原则高度的实践本质上是一种革命,是对现存世界的批判与变革;(3)这个原则高度具有彻底性、理想性,是现存世界包括现代国家都未曾真正实现、只有现代各国"最近的将来"才能达到的高度;(4)这个原则高度说到底乃是人的高度,以"人是人的最高本质这个理论为立足点";(5)这个原则高度并非思辨的逻辑推演或应该确立的状态,它具有现实的必然性,是现代国家"最近的将来要达到"的现实;(6)这个原则是从对现代各国的"正式水准"的批判与革命中得到的,是对落后于"现代各国的正式水准"的国家的现实的否定之否定;(7)对于落后国家而言,实现有原则高度的实践要分"两步走"——第一步是提高到现代各国的正式水准、第二步是提高到现代各国最近的将来要达到的高度。

毫无疑问,马克思当年提出的"人的高度"受到费尔巴哈人本主义的深刻影响。但是,马克思思想成熟后并没有改变对实践的原

[①] 《马克思恩格斯文集》第一卷,人民出版社,2009,第 11 页。

则高度规定,而是将当时还比较抽象地理解的"人"推进到唯物史观的"现实的人";把"人是人的最高本质这个理论为立足点"改造为"新唯物主义的立脚点则是人类社会或社会化的人类"[①];使"人的高度"具体落实到人的自由全面发展:未来社会将是"一个更高级的、以每一个个人的全面而自由的发展为基本原则的社会形式"[②]。综观马克思的论述,其"实现有原则高度的实践"不仅强调了人的高度,还突出了一种世界历史或全人类的视野,具有不朽的普遍意义。

众所周知,近代以降中国是以文明蒙尘为代价而开始进入现代文明的。时至今日,我们可以套用马克思的观点说,中国式现代化的文明实践也分两步走:第一步使我们国家的文明程度达到世界发达国家的正式水准。第二步是达到世界上发达国家最近将要达到的高度,就意味着真正超越现代各国,整体上引领人类文明进步。当然,就思想、行动而言,并非先完成第一步再启动第二步,而是从一开始就具有实现有原则高度的文明实践的自觉,并将之作为当代中国文明实践的本质性规定。

二 中华优秀传统文化对"文明"的理解具有"原则高度"

正如习近平总书记深刻指出的,"溯历史的源头才能理解现实的世界,循文化的根基才能辨识当今的中国"[③]。在中国,现代意义上

[①]《马克思恩格斯文集》第一卷,人民出版社,2009,第11、506页。
[②]《马克思恩格斯文集》第五卷,人民出版社,2009,第683页。
[③]《习近平向世界中国学大会·上海论坛致贺信》,《人民日报》2023年11月25日,第1版。

的"文明"一词来自西方，最初是日本学者借用汉字翻译、指称英文"civilisation"（美式英语为"civilization"）一词。不难理解，当中国人自然而然地接受这一翻译、指称并运用其展开自己的叙事时，就蕴含着中国传统文化对文明的独特理解。"文"在中国古代有文字、文采和纹理（规则）之意；"明"有光明、照亮、智慧之意。"文明"合用，在传统典籍中有四处值得特别注意。一是《周易·贲·彖》有云："刚柔交错，天文也。文明以止，人文也。观乎天文，以察时变；观乎人文，以化成天下。"在中国传统文化看来，人文效法天文，人道效法天道，在人类与自然万物发生关系的过程中产生文明，文明即是要遵天文之时律而有所节制——"止"——行其所当行，止其所当止，内修文德以化成天下。二是《尚书·舜典》称赞舜帝："浚哲文明，温恭允塞。"唐代孔颖达对"文明"二字注疏曰："经纬天地曰文，照临四方曰明。"从圣人美德的角度强调了把握、沟通与自然万物的关系以照拂、教化天下生民之意旨。三是《周易·乾·文言》有"见龙在田，天下文明"之说。既是对万物初焕光彩、文明初现的描摹，后也引申为一种理想的天下愿景。四是《礼记·乐记》云："君子反情以和其志，广乐以成其教……是故情深而文明。"强调在推礼乐教化时，情感越是深厚就越会鲜明动人——重情是中华文明的重要特质。可见，在中国传统文化中，因人而文，因人而明，因人有止而文明，因人之性、情、德而文明，而且这样的文明一开始就有着照临四方、协和天下的理想。也就是说，中华民族基于生命实践对文明作了人文秩序的初始理解，并在这种人文秩序中彰显人的智慧、道德、情感和天下视野，体现出以人为本、天下大同的文明观。

这种鲜明的人文精神和天下情怀成为中华文明区别于其他文明的重要标识，也是其极高明之处。西方现代化理论大家韦伯和帕森斯都指出，西方文明侧重于理性地控制世界，中华文明则意味着理性地适应世界。瑞士心理学家荣格揭示了中国"金花的秘密"，指出中国人总能在对立双方中保持平衡，这是"高等文化的标志"；相反，西方文明突出片面性虽然总能提供动力，却是"野蛮的标志"[①]。英国哲学家罗素以其中国之行的亲身经验指出，"西方文明建立在这样的假设之上，用心理学家的话来说是精力过剩的合理化……西方人向来崇尚效率，而不考虑这种效率是服务于何种目的"；"若不借鉴一向被我们轻视的东方智慧，我们的文明就没有指望了"[②]。学贯中西的辜鸿铭也指出，"欧洲并未在发现和理解真正的文明、文明的基础、意义上下多少工夫，而是倾全力于增加文明利器"。他认为中国语言中"文明"从其文字构成来看，是由"美好和智慧"组合而成，"即美好和智慧的东西就是文明"；又说："在中国古代经典里，'文明'的真正含义在于'秩序与发展'……有秩序——道德秩序，就有了社会的进步。"[③]还有众多中外思想家阐述了中华文明重情的特质，例如梁漱溟就认为，与西方重物理不同，中国人突出是情理，"伦理情谊，人生向上"[④]是中华民族独特的民族精神。在"祛魅"（Disenchantment）的西方现代文明的映衬下，中华文明这些特

---

① 〔瑞士〕荣格、〔德〕卫礼贤：《金花的秘密：中国的生命之书》，张卜天译，商务印书馆，2016，第19页。
② 〔英〕伯特兰·罗素：《中国问题》，秦悦译，学林出版社，1996，第7、8页。
③ 《辜鸿铭文集》（下册），海南出版社，1996，第279、330页。
④ 梁漱溟：《中国文化的命运》，中信出版社，2010，第173页。

质恰恰能给现代化"加魅",赋予中国式现代化以独特底蕴和魅力。

习近平总书记多次指出,中国优秀传统文化中蕴藏着解决当代人类面临的难题的重要启示。[①] 中国优秀传统文化对文明理解的核心之处在于:基于人的生命实践,以人、天下为原则,以行有所止的理性智慧追求美好生活。对"人"的领悟就是"仁",而天下乃是由仁而化的仁的天下,所谓美好生活则是生命的理想存在状态。从当今人类文明面临危机的角度看,中华优秀传统文化所理解的文明恰恰是一种有原则高度的文明,具有否定之否定的特殊价值,具有跨越时空的永恒魅力。

三 以"第二个结合"推进当代中国有原则高度的文明实践

马克思主义和中华优秀传统文化来源不同,但彼此高度契合。中国共产党以马克思主义真理之光激活了中华文明的基因,中华优秀传统文化则充实了马克思主义的文化生命,在两者的相互成就中发展出中华文明的现代形态。马克思主义和中华优秀传统文化是中国式现代化的"根"和"魂",中国式现代化的文明实践因此展现了不同于西方文明的新图景,代表人类文明进步的发展方向,彰显了当代中国文明实践的原则高度。这种原则高度在中国式现代化的中国特色、本质要求中体现出来,在建设中华民族现代文明和发展人类文明新形态的具体实践中体现出来。

一是人民至上的文明本质。在中国共产党人看来,"现代化的

[①] 《习近平著作选读》第一卷,人民出版社,2023,第277~278页。

本质是人的现代化"①，西方现代化的最大弊端就是以资本为中心，见物不见人。作为中国式现代化指导思想的习近平新时代中国特色社会主义思想将必须坚持人民至上作为世界观和方法论的第一条，并提出和坚持以人民为中心的发展思想，突出现代化方向的人民性。习近平总书记还特别强调，"从五千多年文明史的角度来看中国"，"展现中华文明的悠久历史和人文底蕴"。②归根结底，文明是人的文明，"现代化道路最终能否走得通、行得稳，关键要看是否坚持以人民为中心"③，"中国式现代化的出发点和落脚点是让14亿多中国人过上更加美好的生活"④。

二是文明以止的人文秩序。西方以资本为中心、两极分化、物质主义膨胀、对外扩张掠夺的现代化老路之所以行不通，就在于其文明是"无止"的文明。中国式现代化的文明实践则是有止的实践，这集中体现在"中国特色"的规范之中。人口规模巨大强调我们要从实际的国情、人口特点出发；全体人民共同富裕强调防止两极分化；物质文明和精神文明相协调强调防止物质主义膨胀；人与自然和谐共生强调反对"无止境地向自然索取甚至破坏自然"；走和平发展道路强调"不走一些国家通过战争、殖民、掠夺等方式实现现代化的老路"⑤。习近平总书记还指出："亲仁善邻、协和万邦是中华

---

① 《十八大以来重要文献选编》（上），中央文献出版社，2014，第594页。

② 习近平：《把中国文明历史研究引向深入 增强历史自觉坚定文化自信》，《求是》2022年第14期。

③ 习近平：《携手同行现代化之路——在中国共产党与世界政党高层对话会上的主旨讲话》，《人民日报》2023年3月16日，第2版。

④ 《习近平向亚太经合组织工商领导人峰会发表书面演讲》，《人民日报》2023年11月18日，第1版。

⑤ 《习近平著作选读》第一卷，人民出版社，2023，第19页。

文明一贯的处世之道，惠民利民、安民富民是中华文明鲜明的价值导向，革故鼎新、与时俱进是中华文明永恒的精神气质，道法自然、天人合一是中华文明内在的生存理念。"[1] 这些都是以人为本、人民至上的文明本质所决定的人文秩序与规范。

三是人的全面发展的文明目标。中国式现代化的文明实践不仅追求物的全面丰富，更追求人的全面发展。习近平总书记明确指出："人，本质上就是文化的人，而不是'物化'的人；是能动的、全面的人，而不是僵化的、'单向度'的人。"[2] 强调全体人民共同富裕不仅包括物质上的共同富裕，而且包括精神上的共同富裕；物质文明和精神相协调就是既要物质财富极大丰富，也要精神财富极大丰富、在思想文化上自信自强，要让全体人民始终拥有团结奋斗的思想基础、开拓进取的主动精神、健康向上的价值追求，而物质文明和精神文明建设的最终目的就是要促进人的全面发展。对于教育这一传承文明的重要途径，其根本目标就在于培养德智体美劳全面发展的人。

四是文明共生互鉴的天下胸怀。中国共产党明确自己不仅为人民谋幸福、为中华民族谋复兴，而且为人类谋进步、为世界谋大同。一方面，不仅以海纳百川的宽阔胸襟借鉴吸收人类一切优秀文明成果，而且强调立己达人，增强现代化成果的普惠性，与世界各国共享机遇。另一方面，中国共产党人直面世界之问、时代之问，提出弘扬全人类共同价值、构建人类命运共同体等中国方案、中国智慧，

---

[1] 习近平：《深化文明交流互鉴 共建亚洲命运共同体——在亚洲文明对话大会开幕式上的主旨演讲》，《人民日报》2019年5月16日，第1版。

[2] 习近平：《之江新语》，浙江人民出版社，2007，第150页。

提出全球发展倡议、全球安全倡议、全球文明倡议等主张，强调和践行"以文明交流超越文明隔阂、文明互鉴超越文明冲突、文明包容超越文明优越"[①]。可以说是始终"站在历史正确的一边、站在人类文明进步的一边"[②]。中国的文明实践正是马克思所期许的"真正的普遍的文明"的生动体现。我们坚信，拥有中国式现代化这样有原则高度的文明实践，中国会更加美好，人类会更加美好。

（本文原载于《光明日报》2024 年 3 月 22 日第 11 版）

[①] 习近平：《携手同行现代化之路——在中国共产党与世界政党高层对话会上的主旨讲话》，《人民日报》2023 年 3 月 16 日，第 2 版。
[②] 《习近平著作选读》第一卷，人民出版社，2023，第 19 页。

中华优秀传统文化人心和善道德观的时代价值

吴潜涛[*]

"人心和善的道德观"是习近平总书记运用马克思主义道德观审视中华优秀传统道德文化的结晶,是对中华优秀传统道德文化的精辟概括。深刻理解"人心和善的道德观"的内涵及其时代价值,对于我们坚持"第二个结合",构建新时代中国特色社会主义道德文化形态,具有重要价值。

人心和善表征着心灵祥和安乐的状态。在中国社会数千年的传承发展中铸就的中国人的心性类型即人心和善,是一种以"和合"价值理念为遵循的道德要求,是一种与人的存在发展融为一体的道德要求,是一种以仁爱为核心的道德要求。人心和善是中华民族长期形成的精神领域的特质禀赋,是中国人道德观的"根脉",代表着中华民族独特的伦理精神标识,彰显着中国人道德观的风格和气派,是激励中国人民树立高度的文化自信和文化自觉的精神力量。它形成于中国传统的伦理关系之中,已深深植根于中国人的精神中,深

---

[*] 吴潜涛,清华大学首批文科资深教授。

深体现在中国人的行为上。无论时代发展到哪一步，人心和善的道德观永远不会过时，永远是支撑中华民族屹立于世界之林的坚固磐石。在全面建设社会主义现代化国家、全面推进中华民族伟大复兴的新征程上，建设中华民族现代文明的伟大实践，强烈呼唤中华道德文明的智慧和精华。

首先，从本体论的维度认识人心和善的道德观的时代价值。要坚持马克思主义道德观、社会主义道德观，充分认识中华民族人心和善的本质属性，不断推进人心和善的道德观念的创造性转换、创新性发展，赓续好中华民族的道德基因和血脉，不断完善和彰显中国人的心性禀赋，不断提升作为中华民族现代文明底色的中华民族的心性文明。

其次，从价值论的维度认识人心和善的道德观的时代价值。要坚持守正创新，充分挖掘人心和善的道德观蕴含的具有永恒意义的价值理念、道德观念、道德规范，不断推动人心和善的道德观与新时代公民道德建设相适应，与社会主义核心价值观的培育和践行相融合，不断继承弘扬中华民族独特的伦理精神，不断丰富完善中国特色社会主义的价值追求，在 21 世纪马克思主义道德观与中华民族人心和善的道德观的"结合中"，催生中华民族现代道德文明的新形态。

最后，从方法论的维度认识人心和善的道德观的时代价值。要深刻理解人心和善的道德观培育的宽宏视野，坚持问题意识和问题导向，促进人们在理想信念、价值理念、道德观念上紧密团结在一起，鲜明价值导向、弘扬美德义行，引导人们向上向善，自觉树立和践行社会主义核心价值观，在道德实践中锤炼和善品德，追求有高度、有境界、有品位的人生。

实现"第二个结合"与建设中华民族现代文明

丰子义[*]

一 关于考察现代文明的立足点

文明是和社会发展紧密联系在一起的，特定的社会发展形成了特定的文明。从历史上看，现代文明就是和现代社会发展或现代化相生相随的。现代化的发展过程，同时也是现代文明兴起和演进的过程。这两个过程是内在结合在一起的。一方面，现代化作为一种世界大潮，是伴随现代文明的兴起而逐渐形成、发展起来的，是现代文明的集中体现，现代化的各个方面及其发展，都内含着现代文明，是现代文明的具体展现。另一方面，现代文明之所以能够兴起与发展，又是近代以来出现的现代化引发和推动的。现代文明所确立的各种思想观念、价值文化，并不是纯粹观念自身发展的产物，而是由现代化的客观要求和具体运作所决定的。现代文明是现代化发展的产物。现代文明与现代化就是这样相互交织、融为一体，在

---

[*] 丰子义，北京大学哲学系博雅讲席教授。

互动中发展的。研究现代文明，自然需要立足现代化、关注现代化。

今天研究和建设中华民族现代文明，同样离不开中国式现代化。中华民族现代文明的提出，就是中国式现代化发展的内在要求和必然逻辑。推进中国式现代化，推动中华民族伟大复兴，必须有坚实的文明支撑。尤其是伴随着现代化的深入发展，文化与文明的问题更加突出。建设中华民族现代文明，就是要为建设社会主义现代化国家、全面推进中华民族伟大复兴提供思想保证、强大精神力量、有利文化条件。而中国式现代化又为中华民族现代文明提供了深厚的现实土壤和巨大的推动力量，使中华文明真正焕发出生机活力。这样的双向互动，确实使"中国式现代化赋予中华文明以现代力量，中华文明赋予中国式现代化以深厚底蕴"[1]。

建设中华民族现代文明，需要多方面的共同努力，但关键是实现"两个结合"。从史实来看，中华民族现代文明建设的历程大致是从五四新文化运动开启的。正是在艰难的摸索过程中，中国共产党人把马克思主义基本原理同中国具体实际、同中华优秀传统文化相结合，深刻改变了中国的落后面貌，开创出了中华民族现代文明。现在，要在新的历史起点上建设中华民族现代文明，同样必须结合新的实际，继续深入推进"两个结合"，尤其是"第二个结合"。

二 关于中华民族现代文明研究的重点

研究中华民族现代文明，中心问题是古今中西问题，所以这是

---

[1] 习近平：《在文化传承发展座谈会上的讲话》，人民出版社，2023，第7页。

研究的重点。建设中华民族现代文明，就是要处理好古今中西问题，使中华文明健康发展。

就古今问题来看，中华5000多年的文明宝库，内蕴着深厚的宝贵资源和优秀因子，这是中华民族的重要财富。但是，这些资源和因子因其时代和环境的间隔，不会自然而然地成为现代文明因素。这就客观上需要用马克思主义来"激活"，使其不再仅仅成为考古和文献研究的对象，而是使其焕发出新的生机活力，并赋予新的时代内涵。这就客观上要求处理好"契合"与"结合"的关系。"结合"的前提是彼此契合，相互契合才能有机结合。马克思主义和中华优秀传统文化虽然来源不同、所处的时代不同，但彼此又存在着高度的契合性。正是这种契合性，包含着结合的可能性。但是，契合不等于结合。从彼此契合到有机结合，必须经过一个中间环节，即创造性转化、创新性发展。

就中外问题来看，主要是处理好中华文明与西方文明以至世界文明的关系问题。任何文化和文明都具有民族性和世界性，或特殊性与普遍性，在其发展上，就是要处理好这二者之间的关系，既要遵循文明发展的普遍规律，又要根据自己的国情走出自己的文明发展道路。在这个方面，首先要破除西方中心主义，确立自己的话语体系。这就要坚定文化自信自强，抵制虚无主义，确立文化主体性。当然，确立文化主体性，并不是用孤立、封闭的方式来对待文明，而是要突出文明的交流交往。

三 关于中华民族现代文明建设的"根"与"魂"

这是建设中华民族现代文明的关键问题。在"第二个结合"和马克思主义中国化时代化过程中，马克思主义是"魂脉"，中华优秀传统文化是"根脉"。坚守好这个"魂"和"根"，是实现"第二个结合"、建设中华民族现代文明的基础和前提。"魂脉"和"根脉"是内在相通的。之所以相通，重要的一点就在于马克思主义和中华优秀传统文化在其理论特点上是相通的，都是关于人的学说。另外，在看待人的方法上，二者也有共同性。马克思主义从社会关系的角度把握人的本质，中华文化也把人安放在家国天下之中，都反对把人看作孤立的个人。这些相通之处，就是马克思主义同中华优秀传统文化结合、贯通的通道。

正由于"魂脉"与"根脉"内在相通，所以经过贯通，可以"一脉相通"。"一脉相通"就意味着两种"脉"不是各自孤立地跳动，而是道通为一，融为一体。其结果就是马克思主义中国化时代化。

"根"与"魂"贯通于"体"。这个"体"就是中华民族现代文明。建设中华民族现代文明，既不能丢弃了"魂"，也不能失去了"根"。丢弃了"魂"，就无方向、引领；失去了"根"，就无土壤、根基。加强中华民族现代文明建设，必须铸好"魂"，培好"根"。

中国式现代化与中华民族现代文明

"中华民族现代文明"解读

谢立中[*]

"中华民族现代文明"是一个新的概念，我认为这个概念至少由三个概念组成：中华民族、中华文明、中华民族现代文明。理解中华民族现代文明，必须搞清楚这三个概念。

一 中华民族

中华民族现代文明中的"中华民族"是什么意思？对于"中华民族现代文明"中使用的"中华民族"概念，我们在理解的时候最关键的就是要理解这里讲的"民族"这个词。这里讲的"民族"一词不应是我们通常讲的汉族、满族、黎族、白族等以亲缘认同或宗教认同为纽带而形成的人群共同体，而是以国家认同或者说以现代国家的认同为纽带而形成的一种新型的人群共同体。在今天，它指

---

[*] 谢立中，北京大学教授。

的就是以对中华人民共和国这个国家的认同而形成的人群共同体，或者说是以中华人民共和国这么一个政治形式组织起来的人群共同体。

这样一个共同体，它是由56个更小的、我们目前也称为"民族"的那样一些人群共同体组成的，所以我们通常会说"中华民族是由56个民族组成的共同体"。

显然，这句话里前后两个"民族"概念的含义是不一样的。前面这个"民族"是以国家的形式组成的一种人群共同体，后面这个"民族"主要是以亲缘认同或宗教认同为纽带形成的人群共同体。前一个"民族"概念，1949年以前有人把它翻译成"国族"，英文对应"Nation"。而"56个民族"中的"民族"一词则应该是"Ethnicity"，不是用"Nation"来对应。"Ethnicity"是前现代社会中以亲缘或者种族认同、宗教认同为基础而形成的人群共同体，"Nation"则应该是现代的，古代没有，是以国家的形式组织起来的，以对国家的认同而形成的。英文里用来表示这两种人群共同体的词汇不一样，但中文里我们都叫作"民族"，容易混淆这两个概念的含义。"中华民族"一定指的是今天以中华人民共和国这样一个形式形成的、比各种以亲缘或宗教认同为基础形成的人群共同体更大的人群共同体。1949年以前中国学者曾经有过争论，讨论"中华民族"是一个还是很多个？费孝通主张有很多个，顾颉刚则提出只有一个。其实他们两人讲的民族的概念是不一样的，当顾颉刚讲"中华民族只有一个"的时候，他讲的应该是现代意义上以国家形式重新建构起来的新的"Nation"，不是指的"Ethnicity"。

二　中华文明

　　基于对中华民族的理解，就可以把"中华文明"解读为中华民族（或"国族"）所创造的文明之和，包括我们说的只有一个的"中华国族"这样一个群体创制之前，组成中华民族（或"国族"）的56个小的族群所创造的文明之和，而不单纯是指汉族或者更早的华夏族所创造的文明。

　　所谓"之和"，这个说法意味着中华文明不是单一的文明，无论从历史还是现实的角度看，其是由很多子文明构成的，这些子文明既源自组成中华民族共同体的众多以亲缘认同或者宗教认同为纽带的人群共同体的创造，也源自不同的业缘或者地缘共同体的创造，所以中华文明的内涵非常多。理解中华文明，必须在这样一个大外延范围内重新梳理中华文明的内涵。

　　但是尽管如此，这些子文明必然始终有一些共享的核心成分，正是这些核心成分将其连接成一个作为整体的中华文明，使得中华文明在具有包容性和和平性的情境下又具有连续性和统一性，始终呈现出多元一体的面貌。如果我们把中华文明理解成很多族群（Ethnicity）所共同建构的文明之和，其就不是单一的东西，会呈现出很多不同的特色、不同的内容，但又合成一个统一的中华文明。尽管它们之间有很多差异，但它们一定有一个共同的东西，正是这个共同的东西才使得我们可以将它们的总和称之为一个统一的"中华文明"。这个共同的东西到底是什么？这需要我们下功夫去挖掘。我们能不能找到一个让所有中华民族的成员都能够认同的一些东西作为凝聚我们"中华民族"和"中华文明"的一个象征物,能不能准确地识别出中华文明内部各个子文明所共享的这些核心成分,对我们理解中华文明的五个突出特性具有十分重要的意义。习近平总书记指出,中华文明有五个突出特性(连续性、创新性、统一性、包容性、和平性)。那么,为什么中华文明会具有这五个特性?我们只有通过对中华文明的核心内涵的把握才能更好地去理解。

三　中华民族现代文明

这里的关键词就是"现代文明"。什么是现代文明?广义的"现代"一词可以用来意指人类正在经历的任一"当前"时间段,狭义的"现代"则指16~17世纪以来的这一特定历史阶段。狭义的"现代文明"指的是16~17世纪以来人类所创造的与以往文明不同的新文明,这个新文明在器物、制度、符号各个层面与以往都有一些差别。西方文明也是这样,我们不能说今天的西方文明和过去的西方文明是一样的,那就只有中西之别、没有古今之别了,这样会导致我们产生很多错误的认识,尤其在讨论现代化问题的时候。

16~17世纪以来人类创造的这种狭义的现代文明首先是在西方出现,但是并不限于产生于西方的这种类型。中华民族的现代文明就是中华民族在当今的情境下、在继承和发扬中华文明核心成分当中合理要素和参考借鉴人类已有的各种狭义现代文明之合理成果的基础上,基于中国式现代化建设的需要,对自身文明进行创造性发展所形成的一种人类文明新形态。它既是我们自己在继承中华文明核心成果当中合理要素的基础之上,同时也是在参考借鉴人类已有的现代文明包括西方现代文明当中的合理成分的基础上，基于满足中国式现代化建设的需要，在器物层面（包括新质生产力）、制度层面（经济、社会、政治、文化）以及观念符号各个层面进行创新，由此形成的一种人类文明新形态。这种人类文明新形态正在形成，但还没有形成，还有待于我们把它建构出来。

中华文明的多元一体特性为创造这样一种人类文明新形态提供了最大的可能性。中华文明最大的特点之一就是多元一体，多元一体不但可以把56个民族重新凝聚为一体，而且还可以把不属于我们这56个民族的其他文明——只要我们觉得合理——纳入中华民族现代文明的外延中来，成为我们中华民族现代文明中的一个有机组成部分。

中华文明的统一性
与中华民族共同体建设

麻国庆[*]

习近平总书记在庆祝中国共产党成立100周年大会上指出:"我们坚持和发展中国特色社会主义,推动物质文明、政治文明、精神文明、社会文明、生态文明协调发展,创造了中国式现代化新道路,创造了人类文明新形态。"[①]这为我们从"文明新形态"来理解和剖析中国式现代化提供了新的视角。而中华文明具有突出的统一性,其核心就在于各族人民牢固树立了休戚与共、荣辱与共、生死与共、命运与共的共同体理念,这是构筑中华民族共有精神家园的思想基础,也是中国式现代化和中华民族共同体建设的重要表达。

第一,自改革开放起,社会科学界的学者一直围绕着现代化的命题进行了很多讨论。在哲学界就讨论过改革开放是中国发展过程

---

[*] 麻国庆,中央民族大学教授,中国人类学学会副会长。
[①] 习近平:《在庆祝中国共产党成立100周年大会上的讲话》,人民出版社,2021,第13页。

中的一个否定之否定的螺旋式上升过程,这是和近代以来的"西学东渐"联系在一起的。而社会学、民族学领域一直探索社会现代化,人的现代化,多民族社会的共同繁荣、跨越式发展、同步现代化的问题。今天我们再回头看中国式现代化的过程,其本身就是一种螺旋式上升的发展命题。当中国社会发展到不同阶段,其对现代化的要求和标准都会发生很大的变化。

第二,为什么用"中华文明"这个概念来强调中华文明的突出特性,而不用"中国文化"或"中华文化"?在20世纪七八十年代,中国学术界在讨论中华文明的复兴时用的是"文化"的概念。今天突出"文明"的概念,并非代替"文化"的概念,而是意在彰显中华文明在全球文明体系里的表达性与重要性,以及中华文明在整个人类文明中负有的特殊责任。文明和文化是在不同语境中的话语表达,互为依托、互为一体。在全球化过程中,不同的文明之间如何共生,特别是作为世界体系中的中心和边缘以及边缘中的中心与边缘,如何形成文明互鉴的理念,是当代人类面临的问题。而中国文化中的"和而不同""和合共生"等理念,为文明之间的对话提供了中国方案。如与亨廷顿的"文明间的冲突"相对立,1998年联合国提出了"文明间的对话"的概念,强调不同文化、不同价值、不同民族、不同宗教的人们,通过深入的交流和对话,达到文明之间的共生的理念,并把2001年确定为"文明间的对话年"。文明间的对话,事实上是中国哲学中的一种"和而不同"的理念。正如费孝通在2000年国际人类学与民族学联合会中期会议上的主题发言"创建一个'和而不同'的全球社会"所提出的,不同的文化和民族在"美美与共"中达到"天下大同"。因此,"文明间的对话"的理念,越来越成为人类所关心的大课题。

第三，讨论现代化的时候还需要考虑现代化模式。这实际上是讨论多元现代化和一元现代化之间的关系问题。在现代化理论的发展过程中，有两种模式是讨论现代化的重要基础。一为以西方为中心的一元现代化模式，一为在反思西方现代化模式上，形成的以非西方社会发展模式形成的多元现代化模式。一元现代化体现在经典现代化理论中。经典现代化理论建立在"传统"与"现代"二元对立的基础之上，认为所谓现代化就是从传统社会形态转变为现代社会形态的历史过程。在现代化理论的研究中，一元现代化受到了许多批评。而多元现代性理论认为，由于文明遗产和文化传统现代化的差异，不存在任何一种普适性的现代化道路和模式。多元现代化理论认为现代化不等于西方现代化，从而赋予了现代化以复数形态。例如，儒家传统在东亚现代化过程中发挥了重要作用，东亚现代化的成功，证明现代化是多元的而不是一元的，可以采取不同的文化形态。而中国的现代化进程一直是和中华优秀传统文化相结合的过程，中华文明的统一性正是中华优秀传统文化的重要特征。

中华文明统一性这一重要特性的学理表达就是中华民族多元一体格局。费孝通讨论的中华民族的多元一体格局，并非分离的多元，而是有联系性、互动性、统一性的多元。在一体性、共同性、统一性基础上，来探讨文明进程中的差异性问题。如费孝通先生也曾以"中华民族"的历史形成过程来论证中华文明是多元文化的集大成者，其中最具代表性和最明显的是游牧民族与农耕民族历史上在文化、技术、贸易等方面的交融。虽然在自然地理环境差异性基础上形成了游牧文化和农耕文化，但这两种文化是"地区性的多元统一"①。这一"地区性的多元统一"正是游牧文化和农耕文化交互影响的统一体。由此出发去理解农牧交错地带文化的共生性,以及文化过渡区内的民族、文化与社会的关系,从而认识这类区域的特殊性,有助于加深对中华民族多元一体格局形成和发展的理解和认识。

中华民族的家园东西海拔落差显著、南北纬度跨越较大,这决定了各民族在分布、文化、经济以及情感上的联系。中华文明就是在这个多元生态结构及其互动中生成的。一体是主流、是主要的发展方向,但同时我们也强调中华文明的多元一体,中华文明的多元一体和中华民族的多元一体是一个"同构性"的问题。中华民族和中华文明具有同构性,体现为"多元一体结构","多元一体"正是中华民族共同体形成的内在机制。

第四,中华民族共同体是中华民族统一性的现实表达,即同构性的一体两面问题。当中华文明和中华民族在不同的语境里出现或者在同一语境里出现的时候,这种同构性表达会随着场景和情境的变化而变化。中华民族和中华文明具有同构性,体现为多元一体的结构特征,其核心前提是两个整体观,一个是中华民族整体观,一个是中华文明整体观。在讨论中华民族共同体理论体系的时候,首先必须明确中华民族的整体性问题。理论体系的构建离不开历史脉络的梳理。各族人民共同缔造统一的多民族国家,是我国的基本国情,而各民族多元一体是先人们留给我们的一笔重要财富。习近平总书记在2019年全国民族团结进步表彰大会上指出:"我们伟大的祖国,幅员辽阔,文明悠久,中华民族多元一体是先人们留给我们的

---

① 费孝通:《中华民族多元一体格局》,中央民族学院出版社,1989,第8页。

丰厚遗产，也是我国发展的巨大优势。"①这一重大论断，不仅指出了多民族是我国的一大特色，也是我国发展的一大有利因素。

从历史上看，"大一统"一直是中国历史的主基调。如何树立正确的中华民族历史观，这是很重要的历史逻辑。如魏晋南北朝北方各政权、元朝、清朝的统治者进入中原之后，从其一系列汉化举措中能看到中华文化本身的内在合力。今天讨论文明的转换过程也仍旧要从动态性的视角出发，认识到中华文明的连续性、统一性和创新性是有机结合在一起的。我国作为统一的多民族国家这一历史和现实的表述，正是铸牢中华民族共同体意识的基本出发点。中华文明转换过程中凸显统一性和现代性的转化，在民族范畴的表述中，其应是构建中华民族理论体系的一个重要基础。即构建中华民族共同体理论体系，要树立正确的中华民族历史观，从中华文明和中华民族的整体角度来看中华民族共同体的形成和发展，研究各民族交往交流交融的发生机制、历史进程及其发展规律，从中华民族共同体的高度把握历史叙述权和话语权。要把对中华民族共同体的研究置于人类文明新形态的语境之下，书写好各民族团结奋斗、共同繁荣的故事，形成增强国家凝聚力和国家认同感的中国叙事体系。

第五，共同现代化与中华民族共同体建设。讨论中华民族发展观问题、中华民族如何屹立于世界民族之林以及中华文明现代性转化的问题，实际上都是围绕着中华民族共同体的建设与中国式现代化建设之间的关系展开的。回顾中国的现代化征程中的重要举措，比如脱贫攻坚，大部分脱贫的地方是在民族地区，"全面实现小康，

---

① 习近平:《在全国民族团结进步表彰大会上的讲话》，人民出版社，2019，第4页。

少数民族一个都不能少，一个都不能掉队"①。可见，我们的现代化是各个民族共同迈向现代化的问题，这条道路上一个民族都不能少。56个民族同步现代化，正是中国式现代化和新发展观的重要体现。

中华民族共同体建设正是中国式现代化的重要表达。在全球社会中，其有着自身的特殊性，也是正确认识中华民族共同体基本特点和中华文明的现代性转换的一个非常重要的视角。习近平总书记指出："推动构建人类命运共同体，不是以一种制度代替另一种制度，不是以一种文明代替另一种文明，而是不同社会制度、不同意识形态、不同历史文化、不同发展水平的国家在国际事务中利益共生、权利共享、责任共担，形成共建美好世界的最大公约数。"②人类命运共同体理念凸显人类文化差异性基础上的共同性，以及从人类文明新形态把握中国式现代化道路的全人类意义。

我们的现代化道路还在路上，还需要再发展。其中涉及许多民族研究，需要靠社会学家更多地加入民族研究的行列里，因为很多概念单纯靠民族学的传统知识是难以全面解释的。我一直希望民族学、人类学、社会学能够"三科融通"，特别是在当前大流动和大融居的背景下，"社会互嵌"显得更加重要。我们强调社会互嵌，在具体的实证研究中如何提升其学理内涵和实践价值，大流动、大融居的新特点及会影响到何种何样的社会、社区结构等，都需要多学科"融通"开展研究。

今天民族地区同样形成了特有的区域发展模式。我国的区域互助机制主要是以中央或省级政府指导协调下开展的对口帮扶工作，

---

① 《习近平扶贫论述摘编》，中央文献出版社，2018，第6页。
② 《习近平著作选读》第二卷，人民出版社，2023，第543页。

建立区域之间的互助帮扶，形成互助结对关系，包括东部经济发达地区、中央单位和国有大型企业与中西部欠发达地区结成对口帮扶关系，支援欠发达地区加快发展。民族地区发展的内生性动力，如何同这些外部助力结合，走上高质量可持续的发展道路，也是一个非常重要的命题。特别是脱贫攻坚和乡村振兴的关系如何衔接，成为城乡融合发展的重中之重。

新质生产力的概念在社会学、人类学里面如何进一步解读，同样值得广泛思考。相对于传统生产力而言，新质生产力主要依靠创新驱动，科技创新在其中发挥主导作用，并要求新型劳动者与劳动资料有机结合，代表着生产力的跃迁与升级方向。特别是在现代化概念中，我们看到发达的民族地区，就会想到现代化在民族地区的发展有其自身的动力和特点，很多新质生产力在这些民族地区出现。如内蒙古鄂尔多斯的传统能源产业与新能源产业融合发展、准格尔旗县域现代化的模式、宁夏"平地而起"的红寺堡，都是民族地区中国式现代化的代表。

总之，中华文明、中华文化、中华民族、中华民族大家庭、中国式现代化、人类命运共同体这些概念以及相关问题，是新时代话语体系的重要叙事和话语表达，也是中国哲学社会科学自主知识体系亟待深化、进一步从理论表述如何上升到范式表达的问题，这需要我们进行跨学科的研究。以中华文明和中华文化为载体的中华优秀传统文化，必将伴随着中国式现代化建设而丰富发展，进一步推动中华民族共同体建设。中国式现代化将超越传统的西方现代化的一元观，将自身发展理念与发展成果在全球普惠化，促成构建和合共生、和衷共济的人类命运共同体，为全球多民族国家的现代化提供中国智慧和中国方案。

新型现代化国家的特征

张 静[*]

中国社会科学院是最早开展现代化研究的机构之一，我在20世纪80年代接触现代化问题，有关研究的组织者主要是中国社会科学院的学者。当时中国正处于改革开放前夜，发展程度完全不是今天这样，所以大家不得不先从学习开始。

我们最早开始了解的是热度很高的"现代化理论"，它提供了初步的国家现代化描述，标准是工业化、城市化、民主化等。现代化理论大致说明了世界各国走向现代的发展相貌，具有相当的普遍性。不过在今天的中国发展现实面前，则显得过于初步了。在我们对现代化所知不多时或许有些意义，但是在当代中国已经取得飞跃式发展的情况下，它们作为衡量新型和现代国家的标准，价值已经十分有限，如同一个已经具备奔跑能力的人，不可能总是满足于用直立行走设定自我特征。

显然，我们需要更高的标准，这个标准，如果从宏观整体系统

---

[*] 张静，北京大学社会科学学部主任，一级教授。

的视角出发，应当是什么？根据实证社会科学的研究惯例，这一标准应该是一种客观事实，这个事实需要符合两个原则：第一是经验可证——指具有事实上可见的证据，区别于仅仅使用理想框架；第二是理论形态——指有可共享的一般性意义，区别于仅仅呈现特殊经验。

"新型和现代"这个定语的关键点，在于它包含历史演进性。现代，意味着其基本方向不是非现代，新型，意味着其基本形态不是旧的现代化。这要求我们不能忽略比较性回答：不同国家往往有其特定的历史起源，但怎样的演进方向是新型，而不是旧型的？以及不同国家往往面对的主要问题有差异，但怎样的回应才是现代的，而不是非现代的？这种回答显然绕不开两个关系的处理：有限现代性与普遍现代性的关系、文化延续与文明创设的关系。这两个关系是有联系的，因为文明是一种普遍现代性。由于各种担心，我们往往回避这个问题，但这种回避，遮蔽了我们的眼界，以致无法对各个国家现代化演进出现的共同质变保持敏感。

为何需要注意共同的质变现象？仅注意多元差异和变化不是不对，而是不够，因为有些差异没有让世界承认是值得学习的差异，有些变化以文明的标准看没有方向性的进步意义。当我们运用历史眼光，从长程的维度观察社会演进的时候，能够看到一个国家的差异和变化不难，难的是从各个国家的变化中，寻找其中趋势性的共性现象：他们在长期变化中出现了什么基础性特质，系统支持了普遍的现代化进步，使之无法倒退？

我同意这一判断，作为人类历史发展的一项质变演进，现代化不只是历史发展的新阶段，有时间含义，其中还蕴含着普遍性的经验及道理，有性质含义。观察全世界可以看到，朝向现代的转化是文化中立的，无论哪个国家，有什么意识形态和文化传统，有一些演进现象是共同的。因而，如果仅仅从单一国家历史总结现代特征，不关照全球都发生的现代转向问题，我们的定义就不可能具有一般合理性。如果无法确定在各种特殊性中，哪些部分在不同历史文化的国家普遍起作用，最终的现代化"特征"很难是一个事实定义，会在一种意识形态下成立，在另一种意识形态下就不能成立，这样自然就无法获得普遍的承认。

在展现一般合理性方面，政治社会学历史维度的结构视角提供了重要的观测工具。在这个视角下，现代与传统、新与旧的根本差别，在于国家内部社会分化与整合的程度：不同组织的角色是否专门化，并在异质状态下形成协调秩序，是否具有高度的分化、流动以及规模更大的制度一体化。[1] 区别于权力集中，制度一体化是一种结构集中，它的对立状态是各社会成分互不相关，信息、规则、标准各自分立，处于分隔、分割的状态。这个标准强调系统整合，任何一种意识形态或制度下，都存在结构一体化的问题：国家内部各个成分实际发生的相互依存度——它在多大程度上关联成为一个事实整体（be united as a whole actually）。这不是仅指政府组织，政府作为治理组织当然很重要，但它仅是国家中的一种组织，社会中每种成分的目标不同，现代化国家是这些目标相互协调的结果，很难是其中一个组织的意愿。

社会各成分间的相互依存度并非当然，也不是仅仅有共同祖宗、

---

[1] 参见〔以〕S.N.艾森斯塔德《现代化：抗拒与变迁》，张旅平等译，中国人民大学出版社，1988。

同一文化就可以简单达成。有史例可证。1861年英法联军攻占北京，联军的大部分运输任务，由在天津招募的中国劳工承担。劳工用推车或摇船帮助联军运送行李和军用物资。历史照片记录了当时的情景，有几张是中国劳工架设梯子以备联军登城的景象，很多百姓在旁观看，但无人上前阻止。故有学者提出这样的问题：当他们这样做的时候，内心为何没有民族主义障碍？①

民族主义不仅仅是一种情感，更是一种彼此真正相连后才能产生的意识，如果真的具有结构相连，劳工虽然和朝廷中的人不认识，也不是亲属朋友，但同属一个相互攸关的责任整体就不成问题。可这个事件中的劳工虽然视朝廷为权力中心，但二者在多大程度上依赖一致的制度生存并互为负责？它们之间是否存在实际的结构互赖关系呢？对比国人一向对家族和村庄的英勇保卫行为，就会更清楚，社会各部分的相互责任感，来自它们相互关联的存在。而象征的一统或同祖文化想象，并不能说明互为依赖意义上的整体性真实存在。比如，人们知道自己生活在中国，和"国家"具有文化历史联系，他们不缺乏文化共同体意识，但是这和他们的实际生活有什么现实关联呢？二者在何种意义上被对方需要？所以，无论大一统的观念叙述多么历史悠久，上面这个例子都很难让人相信，历史上的中国是一个社会各成分在权利义务责任上互联、共享一种制度体系生存的一体化国家。

如果国民生活在同一片疆土上，但分别处于不同的规则体系中，就不能算是真正统合为一个整体。而缺少一体化显然不是新型，更

---

① 〔美〕弗兰克·古德诺：《解析中国》，蔡向阳、李茂增译，国际文化出版公司，1998，第88页。

不是现代。可以说，几乎世界上所有的国家，在历史上都曾经没有什么整体秩序可言。但是，尽管经历了大量的冲突甚至战争，它们基本是从差异巨大的地区社会结构中逐渐整合而来，不同程度地走向规模更大的整体；国家的角色也从统治和营利转变为服务和规治；通过形成横向及纵向合作的一体化，[①] 把所有的小生产单位和统一市场连接起来；形成永久性的、超脱于个人之上的机构和制度（比如法治），作为最终裁决的权威，被社会普遍接受和同意。[②] 在多数国家，这是一个基本的演进趋向，特征是结构整合，相互关联，规则共享。可是全世界在传统时代都不是如此，一旦人们离开身边依赖的组织和人脉关系罩佑，他们的权益实现就很难获得制度化保证，他们的真正地位、责任和影响力就变得完全不同。这是世界上几乎所有传统社会的共同特征。

也许有人认为，这些我们早已经做到了。但观察现实就不难发现，实际上并非如此。通过现代化建设，我们确实在制度一体化方面有了长足进步，但仍然存在不足。比如，我们的社会公正观（civic justice）与法律公正观（legal justice）常常不一致，受到社会广泛承认的交友互惠、回报恩情等道德原则，常常是腐败发生的原因；外嫁女向集体要求分红的冲突频现，解决时村民组织法与婚姻法各执一词，凸显不同的法律之间存在矛盾；信息分隔与独享的垄断现象普遍，即使在公务各部门之间，维护部门利益，阻断信息流

---

① 〔俄〕恰亚诺夫：《农民经济组织》，萧正洪译，中央编译出版社，1996。
② 〔美〕约瑟夫·R. 斯特雷耶：《现代国家的起源》，华佳等译，格致出版社、上海人民出版社，2011。

动和共享也经常发生，社会中多种控制权的区隔范围广泛存在。①这些事实表明，尚存在很多人格化的、无预期的、不确定的权威和规则，极大地妨碍着形成整体。社会的不同部分之间，还没有被同一的公共关系聚合为一体。人们处于各种不同的团体或个人规则体系中，违规所受的制裁也经常是来自团体或个人，而不是具有公共合理性的、遵循统一标准（即基于普遍的正义）的第三方法律机构。

从长程历史变迁的角度可以发现，虽然轨迹相异，但不同国家都不约而同地走向相似的历史进程：不断从以具体关系为标准的支配转型为以抽象关系为标准的支配，由公共制裁不断取代个人或团体制裁，因而使得原先多样的经济、政治、社会关系被重构。这一进程，从宏观的角度看，我称之为在公共领域中，出现私人关系的公共化转型。可以看到，越是现代的国家，以公共关系作为标准的支配程度越高。这种现象，显然并非一种主观选择，而是客观经济发展及社会流动带来的、更大范围组织化的不可避免性使然。所以，我们可以在世界各地的历史中清楚看到团体身份认同的变化：社会成员的忠诚、归属和关联，从家庭、家族、地方团体逐渐转向更大的公共组织，分散的地区结构和规则逐渐走向一体化。可以说，当今几乎所有国家都处于这一演进的不同阶段中。

这就提出了一个挑战性问题，是现代化研究必须回应的重要问题，就是在上述客观进程中，多样性和一体化的关系是什么？这个问题涉及选择，哪些多样性是有利于一体化的，哪些则是一体化的障碍应该放弃？比如目前中国的城乡一体化发展，乡村社会的组织、

---

① 参见张静《行政包干的组织基础》，《社会》2014年第6期。

资源和土地控制的历史制度形态，如果保持，它是促进城乡一体化的，还是妨碍城乡一体化的？如果城乡一体化的目标不是衣食住行生活水平表面拉平，它迟早必然触发多样规则的制度一体化的冲突问题。

对这一现象的概括，我认为社会学有一个重要概念——异质同构（heterogonous structure），始终没有得到深入讨论。客观上，一方面，我们看到世界各处的"同构"在发生，另一方面，异质也在出现对抗这一同构的发展。二者的冲突似乎是必然的，但建设性的同构不是改造异质，而是改变异质之间的关联。换句话说，私人领域的异质和公共领域的同构有没有一种互不伤害的关系，成为现代化演进的挑战性议题。我认为，文明演进不应只是整理旧故，更应和创设未来有关。为此，我们需要区分哪些是过去的遗迹，哪些是定义未来世界的元素。发现哪些是共性并影响未来，甄别哪些方面只是人为意愿具有暂时性，哪些方面是普遍自然、合乎逻辑的客观演进，是研究者的任务。

总之，我们通常习惯从单一国家的起源说明其差异特征，但从历史趋向未来着眼，其实更需要注意的是各国类似的特征。它们虽有不同的起源，却又存在共同的现代演进方向：形成整体，相互连接，规则共享。回到我们自身，虽然在主动性、推动力、明确性方面尚存在不足，但基本上，中国在朝这一方向发展。可以举出的表现是，中国正在推动统一的大市场，积极融入世界整体结构；中国提出人类命运共同体观念，实际上就是责任互相关联的一体结构；中国的司法改革正在寻求破除司法权的地方化和行政化，为此修改了不少局部法规……所有这些努力，都是在寻求一体化下的差异化最优，基本性质类似于上述异质同构现象。

所以应该说，以这个特征——形成整体，相互连接，规则共享——为标准，中国正走向新型现代化国家的路上。我们今天的发展状况，已经远远超出之前的想象。我们究竟做对了什么？要总结经验，必须能够从特殊发现一般，才能对人类文明贡献各方承认的知识。

在"两个文明"协调发展中推进中国式现代化

袁红英[*]

习近平总书记在文化传承发展座谈会上的重要讲话中指出:"中国式现代化赋予中华文明以现代力量,中华文明赋予中国式现代化以深厚底蕴。"[①]这一重要论述深刻阐释了推进中国式现代化和建设中华文明的内在逻辑。物质文明和精神文明是推进中国式现代化的两大关键要素。二者犹如"车之双轮,鸟之两翼",必须并驾齐驱、比翼双飞。新时代新征程上,面临新形势和新任务,只有切实处理好这两个文明的协调发展问题,使其同向而行、相得益彰、共同发展,才能以中国式现代化全面推进中华民族伟大复兴。

一 如何理解"两个文明"相协调

纵观历史,不同国家和民族在现代化进程中都会遭遇一些共性

---

[*] 袁红英,山东社会科学院党委书记、院长,研究员。
[①] 习近平:《在文化传承发展座谈会上的讲话》,人民出版社,2023,第7页。

问题,其中较为突出的就是物质文明和精神文明一手硬、一手软。历史上有些看似具有坚不可摧的物质成就的国家却因精神领域的溃败和冲击而崩塌湮灭;也有些具有灿烂文化成就的国家却因国力衰微难逃山河破碎的厄运。

一方面,只有物质富足,没有精神富有,会导致物欲横流、精神贫乏,出现拜金主义等社会现象。比如西方早期的现代化,一边是财富的积累,另一边是信仰缺失、物欲横流。另一方面,只有精神富有,没有物质富足,也会导致虚幻的乌托邦,空想社会主义以及与现实的脱节。

美国学者克莱因在 1980 年提出了一个综合国力方程: $P_P=(C+E+M)\times(S+W)$;即综合国力为物质力量和精神力量的乘积。其中,C 代表人口和领土,E 代表经济实力,M 代表军事实力,S 代表战略目标,W 代表国家意志。[①] 两个括号之间的符号是乘号而不是加号,表明的含义就是物质力量和精神力量无法相互替代,两者中任何一项的落后都会导致综合国力的落后。也有学者将综合国力的整体结构描述为一座"冰山",资源、科技、经济、政治、军事等容易被观察和度量的物质性因素是可见的浮于水面之上的冰山一角,但实际上更大程度取决于处于水面之下的冰山部分——文化因素。[②]

历史和现实表明,物质文明和精神文明相协调不可能自然而然地实现,生产力不断解放的同时,社会发展也经常面对消极观念的蚕食、低级趣味的污染、价值观的分歧冲突以及质疑理性、否定道

[①] 参见陈德第《国防经济大辞典》,军事科学出版社,2001。
[②] 马健:《综合国力的冰山模型——以文化类因素为基础的综合国力系统分析框架》,《领导科学》2016 年第 14 期。

德等冲击。中国人民创造了源远流长、博大精深的优秀传统文化，中华民族先贤向往人们物质生活充实无忧、道德境界充分升华的大同世界。这一文化基因深刻影响着当代中国发展进步，深刻影响着当代中国人的精神世界，决定着中国的现代化进程必然是"物质文明和精神文明比翼双飞"。

二　如何推进"两个文明"相协调

如何推进物质文明和精神文明相协调，实现物质文明和精神文明相协调的现代化？总体来说，就是要坚持辩证、全面、平衡地对待物质文明和精神文明，把党的全面领导落实到物质文明和精神文明建设的各领域各方面各环节，促进物的全面丰富和人的全面发展。具体来说，可以从以下六个方面同步推进。

一是推进经济高质量发展，夯实两个文明协调发展的物质基础。党的二十大报告提出："高质量发展是全面建设社会主义现代化国家的首要任务。"[1] 实现高质量发展，是中国式现代化的本质要求之一。新时代十年，我国国内生产总值（GDP）从59.3万亿元增长到121万亿元，年均增长6%以上，折合18万亿美元，稳居世界第二位，占世界GDP比重从12.3%上升到18%，对世界经济增长的年均贡献率超过30%，人均GDP也从43497元增长到85698元。[2] 下一步，

---

[1] 习近平：《高举中国特色社会主义伟大旗帜　为全面建设社会主义现代化国家而团结奋斗——在中国共产党第二十次全国代表大会上的报告》，人民出版社，2022，第28页。

[2] 《GDP十年翻番　我国经济实力实现历史性跃升》，新华网，2023年12月11日，http://www.news.cn/2023-12/12/c_1130020812.htm。

应该重点从塑强现代产业新优势、扩大消费和有效投资、打造高端要素引力场、深化高水平对外开放、建设高标准市场体系等方面，不断推进经济高质量发展，夯实两个文明协调发展的物质基础。

二是建设中华民族现代文明，筑牢两个文明协调发展的文化根基。党的十八大以来，党中央高度重视文化建设，特别是把文化自信和道路自信、理论自信、制度自信并列为中国特色社会主义"四个自信"，紧紧围绕社会主义文化强国目标，推动文化建设取得重大历史性成就。我们的青少年越来越可以平视这个世界，成为真正文化自信的一代。建设中华民族现代文明，必须扎根中国式现代化的伟大实践，创造性地回答时代和实践提出的问题；同时也必须深化文明交流互鉴，积极借鉴吸收世界优秀文明成果，在与其他文明的交流互鉴中不断焕发新的生命力。

三是推进城乡区域融合发展，优化两个文明协调发展的空间格局。新时代十年，我国常住人口城镇化率从53.10%提高到65.22%，年均新增城镇人口约2000万人。[①] 以19个国家级城市群为基本蓝图的城镇化格局正在形成，这19个城市群承载了我国75%以上的城镇人口、贡献了全国80%以上的国内生产总值。城乡差距逐步缩小，农村居民人均可支配收入增速持续快于城镇居民，城乡居民人均可支配收入比由2.88∶1降至2.45∶1。[②] 同时，"四大板块+三大城市群+两大发展带"的"432"区域发展格局初步形成。下一步，应该继续推动区域协调联动发展和城乡融合发展，推动基本公共服务均等化，不断优化两个文明协调发展的空间格局。

---

① 数据来源：国家统计局网站，https://data.stats.gov.cn/easyquery.htm?cn=C01。
② 数据来源：国家统计局网站，https://data.stats.gov.cn/easyquery.htm?cn=C01。

四是推进自主创新和数字变革，增强两个文明协调发展的内生动力。面对全球新一轮科技革命与产业变革带来的重大机遇与挑战，我国坚持创新在现代化建设全局中的核心地位。新时代十年，全社会研发经费从1万亿元增加到3.09万亿元，研发投入强度从1.91%提升到2.55%，基础研究投入占比由4.8%提升至6.3%，研发人员总量稳居世界首位。[①]世界知识产权组织发布的《2023年全球创新指数报告》显示，中国排名第12位，是前30名中唯一的中等收入经济体。下一步，应该继续加强创新平台建设，着力激发创新主体活力，加快发展数字经济、建设数字政府和数字社会，持续增强两个文明协调发展的内生动力。

五是推进社会主义法治建设，强化两个文明协调发展的法治支撑。党的十八大以来，党中央把全面依法治国纳入"四个全面"战略布局予以有力推进，制定实施法治中国、法治政府、法治社会建设"一规划两纲要"，党运用法治方式领导和治理国家的能力显著增强，法治中国建设迈出坚实步伐、开创新局面。下一步，应该重点从高质量立法、法治政府和法治社会建设等方面，进一步强化两个文明协调发展的法治支撑。

六是推进全体人民共同富裕，实现两个文明协调发展的民生目标。新时代十年，中国如期打赢脱贫攻坚战、如期全面建成小康社会，居民人均可支配收入从16500元增加到36883元，形成了超4亿人的世界上规模最大、最具成长性的中等收入群体，提前10年实现《联合国2030年可持续发展议程》中的减贫目标，对全球减贫贡

[①] 《GDP十年翻番 我国经济实力实现历史性跃升》，新华网，2023年12月12日，http://www.news.cn/2023-12/12/c_1130020812.htm。

献率超过了70%。[①] 为了推动全体人民共同富裕，我们可以从提高居民收入水平、促进更充分就业、建设高质量教育体系、提升卫生健康服务水平、增强社会民生保障能力等方面，推动实现两个文明协调发展的民生目标。

[①] 《GDP十年翻番 我国经济实力实现历史性跃升》，新华网，2023年12月12日，http://www.news.cn/2023-12/12/c_1130020812.htm。

中国式现代化进程中的新型工业化

李晓华[*]

一 工业化是现代化的物质技术基础

(一)工业是主要的物质产品生产部门

党的二十大报告里同时提出了中国式现代化和新型工业化的目标。工业化是一个结构变迁的过程,由于早期的工业化国家(发达国家)的结构变迁是从工业比重占整个经济比重的提高开始的,所以现代化的过程也被称为工业化。工业是主要的物质生产部门,我们生活水平的提高以及其他经济部门的发展都离不开物质产品。工业化是现代化的前提和基础,工业化的广度和深度决定了现代化的进度和程度。

(二)工业对国民经济的关联带动作用较大

工业生产过程中会用到农业、服务业领域所提供的各种投入。

---

[*] 李晓华,中国社会科学院中国式现代化研究院副院长,研究员。

反过来讲，工业的发展也会带动其他国民经济相关产业的发展。世界上主要发达国家服务业比重的提高都是在工业高度发展之后出现的。即使到今天，服务业规模的扩大，特别是高附加值的生产性服务业的发展也离不开工业的发展。

（三）工业是技术创新的主要来源

从主要工业大国、工业强国来看，制造业都是各产业领域中研发投入最大的部门。以美国来说，其制造业拥有美国全部专利的 90% 以上。我们现在说数字经济是经济中最活跃的组成部分，数字经济的发展也需要制造业为它提供传感器、计算机、芯片、通信设备等硬件产品。中国要实现现代化，现在人均 GDP 接近高收入国家水平，但是要达到中等发达国家的水平还要翻一番多，这离不开通过创新提高工业生产率和附加值率。在大国博弈的背景下，我国产业所面临的脱钩断链、"卡脖子"问题主要集中在工业，因此要提高工业的创新能力，增强工业的基础能力。

二 新型工业化与中国式现代化的条件和要求具有内在统一性

（一）人口规模巨大

中国式现代化是人口规模巨大的现代化，新型工业化发展也是建立在巨大的人口规模基础上的。超大规模的人口为工业化提供了人口红利，人口规模巨大也是超大规模市场的基础，超大规模的市场、丰富的应用场景为新技术突破、产业技术的成熟、形成完整的产业链和完整的产业配套体系提供了条件。像我国发展比较好的高铁、发电设备、盾构机以及数字经济，都是依托于超大的人口规模以及丰富的应用场景。电子信息制造业是我国在全球最具有竞争力的产业之一，依托于我国非常细化的产业分工，而这种产业分工是和巨大的人口规模紧密相连的。

（二）以人民为中心

中国式现代化是全体人民共同富裕的现代化，这也是中国式现代化的本质特征。新型工业化也要将以人民为中心作为根本宗旨。在微观层面，要使劳动者拥有良好的工作环境，保障劳动者的权益，促进劳动者收入增长。在宏观层面，要推动经济增长、社会发展，实现共同富裕，满足人民日益增长的美好生活需要。2021年欧盟提出工业5.0，也吸纳了以人民为中心、以人为本的理念。

（三）物质文明与精神文明的协调

中国式现代化是物质文明与精神文明相协调的现代化，工业是创造物质文明的主要部门，精神文明的发展也需要工业为它提供物质基础。比如现在的智能终端是我们接收很多信息、知识、文化的载体，它就是一个工业产品。物质文明与精神文明相结合，也为工业产品注入了文化元素，比如这些年非常流行的国潮品牌。中国制造业进一步在全球市场上增强竞争力，也需要注入中国文化的元素，中国文化在全球更有影响力会促进中国制造业的发展。

（四）绿色发展

中国式现代化是人与自然和谐共生的现代化。工业部门是资源消耗、污染物和温室气体排放最主要的部门，我们要实现绿色发展，就需要工业部门减少污染物排放，减少温室气体的排放。同时，工业部门也需要为我们的绿色低碳转型提供一些重要的技术和产品，比如能源转型就需要风力、光伏等产业的发展。

（五）和平发展与包容发展

中国式现代化是走和平发展道路的现代化。从工业化来讲，我们走了一条不同于西方依靠战争、贩奴、殖民、掠夺等进行资本积累的工业化的道路，中国的工业化是依靠自身的积累与全球化的合作。同时，中国工业也是世界经济增长的助推器和稳定器，中国的工业包括中国经济的体量都非常大，是典型的增量大国，在国际金融危机冲击下，对全球经济和社会稳定都起到了重要的压舱石作用。同时，"一带一路"倡议和国际产能合作也有助于帮助广大发展中国家推进工业化。

（六）高质量发展

中国式现代化的本身是要实现高质量发展。习近平总书记在全国新型工业化推进大会上提出，"把高质量发展的要求贯穿到新型工业化的全过程"，"为中国式现代化构筑强大的物质技术基础"[1]。新型工业化虽然也包含工业规模扩大与结构转变的内容，但是更突出的特点是要追求发展的质量。

---

[1] 习近平：《开创我国高质量发展新局面》，《求是》2024年第12期。

三 新时代推进新型工业化需要注意的问题

（一）抓住新一轮科技革命和产业变革的机遇，大力发展新质生产力

我们现在正处于新一轮科技革命和产业变革的历史机遇期，很多颠覆性创新不断涌现，这些颠覆性创新催生了各种各样的新兴产业及未来产业，它们成为工业增长的新动力源。同时，工业当中的传统部门也要利用新技术改造升级，从而转变为新质生产力。

（二）新一代数字技术为解决我国经济社会发展中的问题提供了条件

我国的工资水平持续上涨的态势非常明显，按工资水平来看，一些劳动密集型产业及其产业链已经不具有国际竞争力。怎样能够让中国的工业和制造业继续保持国际竞争力？数字经济的发展给我们带来了难得的机遇。通过数字化改造，以机器人、人工智能替代人，可以冲销人工成本的上涨，同时，数字技术使产品功能变得更加丰富，而这些丰富的功能是很多低成本的发展中国家不具备的。另外，人口结构的转变使我国面临老龄化问题。未来人形机器人、具身智能等数字新技术的发展可能会提供解决方案。

（三）顺应产业融合趋势，把握制造业合理比重

在中美贸易摩擦之后，我国对制造业的占比问题高度重视，"十四五"规划中提出要保持制造业比重基本稳定，即27%左右的水平。同时，制造业又呈现出融合化特别是服务化趋势，制造业开始提供很多服务活动。在数字技术的加持下，制造业提供的服务活动越来越多、种类越来越丰富。国民经济行业的划分是按照这个行业所从事的主要活动来进行划分的，制造业里提供服务的部门如果剥离出去之后，它就变成了服务业行业，所以我们对于制造业比重的认识要从原来的制造业本身的比重保持稳定转向制造业和制造服务业的比重保持基本稳定。

（四）绿色化是新型工业化的生态底色，也蕴含着工业发展新机遇

一方面，工业是主要的污染物和温室气体排放部门，它自己要转型。另一方面，在整个国家、社会绿色转型的过程中，也出现了一些新的赛道，成为我国换道超车的机遇。我们国家目前在光伏、风力发电机、新能源汽车、动力电池等领域都形成了完整且有竞争力的产业链。光伏组件产量连续16年居全球首位，风电机组产量占全球的2/3以上，电池产量占3/4，新能源汽车产量占到60%以上，绿色转型成为中国工业化一个新的机遇。

中国式现代化与县域城乡融合

周飞舟[*]

中国式现代化的一个重要特点在于城市和农村的关系。习近平总书记指出:"没有农业农村现代化,就没有整个国家现代化。"[①] 如果在城市化过程中处理不好城乡关系和工农关系,就会像有些国家一样陷入"中等收入陷阱"。中国的城镇化和农村一直有着特别密切的关系。城镇化并不是从农村中脱离,而是从农村生长和发展的一个过程。之所以这么表述,与中国改革的渐进性特征有很大的关系。改革开放以来,第一波工业化其实是发生在农村,就是乡镇企业带动的工业化。在20世纪90年代中期以后,随着乡镇企业的转制,发生了第二波的土地城镇化。先在农村建工厂,后来再大建城市,建起城市来再解决城市的人口问题,就是第三波的人口城镇化,是这么一步一步来的。人口城镇化问题其实是最难解决的问题,我们现在面临常住人口城镇化率和户籍人口城镇化率之间有很大差距

---

[*] 周飞舟,北京大学社会学系主任,教授。
[①] 《习近平谈治国理政》第三卷,外文出版社,2020,第255页。

的问题，这个差距主要的部分就是流动人口。

现在全中国有一个人口流动的大格局，这个流动不是乱流动，而是有结构的、稳定的流动，有一套固定的流动模式。近三十多年出生在中国的农民，有一种出去打工的"命运感"，成了农村家庭生命周期的一个重要组成部分。据统计，常住人口远远大于户籍人口的省份是在东部沿海地区，而中西部地区则是常住人口少于户籍人口，这个人口流动的态势比较稳定。我认为，中国城乡收入差距的测量是不够准确的。因为流动群体在东部地区打工，算收入的时候都算在了东部沿海地区，但其实他们自己认为他们是中西部地区的人，他们的很多收入也是返回到中西部地区。实际上，人口统计、收入统计都应该根据中国的国情发展一些测量的方法，纯粹用过去的方法是测不准的，比如流动人口其实非常难测量，各种抽样调查数据和普查数据一比，差别非常大。

这需要我们对人口流动有新的认识，我主要的认识是从费孝通的理论来的。费孝通先生认为，这么大规模的流动人口之所以没造成混乱，是因为这些流动人口都有个家，这个家和农村的土地联产承包责任制有关系。中国人对家的概念就是有房子、有土地、有老人、有孩子，房子、土地、老人、孩子其实是支撑中国式现代化和中国人口流动格局背后的一个隐形的力量。这个力量起了多大作用没办法测算，但是这个力量如果遭到破坏，中国的发展道路可能会不一样。

在这个意义上讲，县域的城乡融合其实是把中西部地区的县域看作是流动人口的后方根据地，是家园，流动人口的房子、土地、老人和孩子都在后方，这是一个非常稳定的格局，不但有利于社会稳定，对经济的弹性和活力也很重要。

有很多学者认为经济增长和社会稳定是我们这个人口规模巨大的现代化中一个非常重要的特点，其背后的社会和文化因素值得重视，涉及中华文明的核心部分，即一种家庭本位的文化要素。我认为，这就是中国传统社会的家庭本位文化在当代社会里、在现在的社会经济条件下发挥作用的一个方式。基于这种认识，从发展战略的角度来讲，县域城乡融合就特别重要。中西部地区的县域建设，尤其是宜居和宜业、公共服务和基础设施的建设，给外出的流动人口在后方打造一个"家"，后方这个家和他在前方的创造力与生产力联系密切。这是在整个中国大地上展开的一个大的格局，这个格局本身就显示了中国式现代化非常独特的特点。我们称之为"人口流动"而非人口迁移，因为在中国真正的迁移比流动少得多。

对于县域城乡融合，我在中部地区几个县做了一些调查，总结出一个初步的框架，其中核心的问题是：要出去的年轻人必然要出去，回来的人也注定要回来。城乡融合发展的核心任务之一，是让要出去的人晚点出去，让要回来的人早点回来。要做到这一点，就是要打造一个城乡融合的宜居宜业的环境，这是下一步中国经济继续增长有竞争力、中国社会继续保持稳定的关键要素。

中国式现代化进程中社会政策的发展取向

韩克庆[*]

着眼于中国式现代化进程的推进，我国社会政策的未来发展，应该坚持一些基本取向，推动现代化目标成功实现。为此，需要把民生福祉始终作为党和政府的执政基础，坚持社会政策与经济政策并重的发展取向，完善社会政策体系，推动社会政策创新发展。

第一，把民生福祉始终作为党和政府的执政基础。一是从福利国家的建设高度重视社会政策。中国式现代化建设的目标之一，就是在现有社会政策体系的基础上，不断确立和保障公民的社会权利，满足人民群众对美好生活向往的需求，始终将民生福祉作为国家合法性的重要基础，构建中国特色的福利国家。二是持续增加社会政策的财政投入。只有通过财政预算比例、转移支付流向、支出责任分配有效保证社会政策的财政投入，才能建立起社会政策保护网，最终促进社会发展和现代化进程的有序推进。三是突出财政投入结构中的社会政策优先顺序。社会政策的财政投

---

[*] 韩克庆，中国社会科学院中国式现代化研究院研究员。

入应该符合中国式现代化不同发展阶段的变化,不断优化财政支出结构,更多体现出对社会政策的倾斜,合理制定和调整各类社会政策补贴的标准。

第二,坚持社会政策与经济政策并重的发展取向。一是促进社会政策与经济政策共同发展。需要将社会政策置于同经济政策同等重要的位置,使社会政策真正成为国家未来发展和中国式现代化进程中的基础性制度安排。二是推进基本公共服务均等化。政府要在社会救助、养老服务、儿童服务、残疾人服务等领域,建立健全基本公共服务标准体系,明确国家标准并建立动态调整机制,推动社会政策在区域和城乡之间的衔接与平衡。三是实现社会政策产业有序发展。实现社会政策产业发展及其对公共服务提供的有序参与,将社会政策产业纳入第三产业市场体系,将社会政策势能转化为现代化建设的持续动能。

第三,完善社会政策体系。一是打破身份和户籍限制。长远来看,我国社会政策体系需要打破户籍身份限制,以便在中国式现代化进程中,构建起更加公平统一、有利于社会流动的社会政策体系。二是补齐流动人口的制度短板。优化流动人口社会政策的首要措施,就是消除由管理和控制带来的服务裂痕,提升流动人口公共服务的可及性,推动流动人口享有和本地户籍人口的同等福利待遇。三是构建以家庭为基础的支持政策。在人口老龄化背景下,我国社会政策应当进一步完善以"一老一小"为重点的家庭支持政策,健全幼儿养育、学前教育、青少年校外发展、老年人赡养和病残照料等制度安排,提高家庭的养老和育儿功能,探索以家庭为基础、以社区为平台的多元公共服务递送体系,通过对家庭的全方位支持,提升家庭成员的生活质量和幸福水平。

第四，推动社会政策创新发展。一是关注就业政策的发展变化。雇佣劳动在时空上的弹性化，要求我国的就业政策进行灵活调整，以适应生产组织形式的分散化，并有效解决劳动者权益保护的问题。二是重视教育福利制度建设。厘清教育制度与教育福利的关系，通过教育福利制度建设，更好地服务于经济社会发展。三是健全医疗卫生政策体系。医疗卫生政策的目标，不仅是增强全体人民的健康水平，更与儿童、老年人、残疾人及其他困难群体的总体社会政策设计息息相关。四是完善基本住房保障制度。需要做好基本住房保障制度与相关社会救助、流动人口政策的协调与衔接，不断满足不同社会阶层的住房需求。

共同富裕与中华民族现代文明发展的社会基础

陈光金[*]

习近平总书记在文化传承发展座谈会上强调："在新的起点上继续推动文化繁荣、建设文化强国、建设中华民族现代文明，是我们在新时代新的文化使命。"[①]建设中华民族现代文明，是以习近平同志为核心的党中央在新的历史起点上，基于对人类文明发展大势的深刻洞察作出的科学判断。中华民族现代文明是中华文脉的赓续，是中国共产党领导的中国式现代化文明新形态，有着历史发展的逻辑必然性。建设中华民族现代文明是中国式现代化的必然要求，是建设文明大国、文化强国的时代要求。实现建设中华民族现代文明的伟大目标，必须认真学习贯彻习近平新时代中国特色社会主义思想，坚持"两个结合"，坚持守正创新与开放包容，不断推动全体人民共同富裕，推动社会全面进步和人的全面发展，夯实实现中华民族伟大复兴的社会基础。

---

[*] 陈光金，中国社会科学院社会学研究所所长，研究员。
[①] 习近平：《在文化传承发展座谈会上的讲话》，人民出版社，2023，第10页。

一 实现全体人民共同富裕是中华民族现代文明建设的重要社会基础

文明归根结底是人的文明，文明的发展程度与人本身的发展程度具有历史一致性。建设中华民族现代文明，在其首要意义上，是以高度的历史自觉在新的文明实践中推动人的自由全面发展。马克思主义认为，人不是孤立的个体存在，而是"一切社会关系的总和"[①]。文明的进步不仅仅通过人本身的全面发展来体现，也通过人与人之间的社会关系的文明化进程来表征。不同的人与人之间的关系，反映出不同的文明发展程度。无论是中国式现代化，还是中华民族现代文明建设，首要的着眼点、出发点和落脚点，都应当是人的全面发展和社会的全面进步，共同富裕则是社会全面进步和人的全面发展的基础性表征。归根结底，建设中华民族现代文明不是打造没有人间烟火气的空中楼阁，而是一定要深深地植根于我国社会的全面进步和我国人民的全面发展。

治国之道，富民为始。党的十八大以来，以习近平同志为核心的党中央深刻把握我国经济社会发展阶段的新变化，把逐步实现全体人民共同富裕摆在更加重要的位置。习近平总书记对扎实推动共同富裕作出了一系列重要论述，科学回答了什么是共同富裕、为什么要实现共同富裕、怎样实现共同富裕等重大理论和实践问题，丰富和拓展了马克思主义共同富裕思想，植根于中华优秀传统文化，

[①]《马克思恩格斯选集》第一卷，人民出版社，2012，第139页。

是立足新的历史方位、紧密结合时代要求的重大理论创新。

发展为了人民，这是马克思主义的根本立场。马克思恩格斯指出，"无产阶级的运动是绝大多数人的，为绝大多数人谋利益的独立的运动"[1]，在未来社会"生产将以所有的人富裕为目的"[2]。作为马克思主义政党，中国共产党团结带领人民从理论和实践两方面对实现共同富裕问题进行了一以贯之的持续探索，在革命、建设、改革各个历史时期，从理论和实践维度不断推进中国人民的共同富裕。

共同富裕也是我国人民自古以来的一个基本理想。早在2000多年前，我们的先贤就提出了"大道之行也，天下为公"的大同思想，反映了中华民族对一个繁荣、富裕、公正、平等社会的美好向往。孔子说："不患寡而患不均，不患贫而患不安。"孟子说："老吾老以及人之老，幼吾幼以及人之幼。"管子说："仓廪实而知礼节，衣食足而知荣辱。"《礼记·礼运》具体而生动地描绘了理想中的"小康"社会和"大同"社会。进入新时代，习近平总书记就扎实推动共同富裕做出了一系列重要论述，强调"我们说的共同富裕是全体人民共同富裕，是人民群众物质生活和精神生活都富裕，不是少数人的富裕，也不是整齐划一的平均主义"[3]。毫无疑问，我们党扎实推进全体人民共同富裕的中国式现代化，正是对中华优秀传统文化的继承和发展。

---

[1] 《马克思恩格斯选集》第一卷，人民出版社，2012，第411页。
[2] 《马克思恩格斯选集》第二卷，人民出版社，2012，第787页。
[3] 《习近平著作选读》第二卷，人民出版社，2023，第501页。

二 全体人民共同富裕的中国式现代化要求全体人民共享改革发展成果

共同富裕是中国特色社会主义的本质要求。社会主义的本质，是解放生产力，发展生产力，消灭剥削，消除两极分化，最终达到共同富裕。党的二十大报告强调指出，"中国式现代化是全体人民共同富裕的现代化"，提出"我们坚持把实现人民对美好生活的向往作为现代化建设的出发点和落脚点，着力维护和促进社会公平正义，着力促进全体人民共同富裕，坚决防止两极分化"。[1] 这一论述是对我国社会主要矛盾变化的关切和回应。在党的十九大报告中，习近平总书记深刻地阐述了新时代我国社会主要矛盾发生了重大变化，即"人民日益增长的美好生活需要和不平衡不充分的发展之间的矛盾"[2]。一方面，广大人民群众热切期盼在高质量发展中获得更好的教育、更稳定的工作、更满意的收入、更可靠的社会保障、更高水平的医疗卫生服务、更舒适的居住条件、更优美的环境。人民对美好生活的向往总体上已经从"有没有"转向"好不好"，呈现多样化、多层次、多方面的特点。另一方面，我国还存在一定程度的城乡差距、区域差距、收入差距。城乡发展不平衡、农村发展不充分仍是社会主要矛盾的集中体现。进入新时代，以习近平同志为核心

---

[1] 习近平：《高举中国特色社会主义伟大旗帜 为全面建设社会主义现代化国家而团结奋斗——在中国共产党第二十次全国代表大会上的报告》，人民出版社，2022，第22页。

[2] 习近平：《决胜全面建成小康社会 夺取新时代中国特色社会主义伟大胜利——在中国共产党第十九次全国代表大会上的报告》，人民出版社，2017，第11页。

的党中央准确地把增进人民福祉、促进人的全面发展、朝着共同富裕方向稳步前进作为经济社会发展的出发点和落脚点，采取有力措施保障和改善民生，打赢脱贫攻坚战，全面建成小康社会，开启实现第二个百年奋斗目标新征程。

共同富裕体现了人类文明新形态的价值追求。习近平总书记在庆祝中国共产党成立100周年大会上强调："我们坚持和发展中国特色社会主义，推动物质文明、政治文明、精神文明、社会文明、生态文明协调发展，创造了中国式现代化新道路，创造了人类文明新形态。"[1] 中国共产党带领全国各族人民创造的人类文明新形态之所以"新"，是因为它不同于西方现代文明。资本主义制度的基本矛盾决定了资本主义文明存在着无法克服的固有矛盾，西方现代文明遵循的是资本逻辑，以资本为中心。我们党团结带领人民创造的人类文明新形态，遵循的是人的逻辑，以人民为中心。中国式现代化是中国共产党领导的社会主义现代化，坚持以人民为中心，把造福人民作为现代化发展的方向，摒弃了西方以资本为中心的现代化、两极分化的现代化、物质主义膨胀的现代化、对外扩张掠夺的现代化老路，展示了以人民为中心贯穿中国式现代化理论与实践的根本价值取向，深刻体现了人类文明新形态的价值追求。

坚持推进全体人民共同富裕，坚持全体人民共享改革发展成果，是中国式现代化的重要特征和本质要求。追求富裕是世界各国现代化的共同目标。西方现代化的最大弊端，就是以资本为中心而不是以人民为中心，追求资本利益最大化而不是服务绝大多数人的利益，

---

[1] 习近平：《在庆祝中国共产党成立100周年大会上的讲话》，人民出版社，2021，第13页。

导致贫富差距大、两极分化严重。一些发展中国家没有解决好两极分化、阶层固化等问题，掉进了"中等收入陷阱"。相反，中国式现代化是全体人民共同富裕的现代化。我们党深刻地认识到，共同富裕是人民群众的共同期盼，推动经济社会发展归根结底是要实现全体人民共同富裕，满足人民群众对美好生活的向往。我们党坚持发展为了人民、发展依靠人民、发展成果由人民共享，着力在推动全体人民共同富裕上取得重要进展。

推进全体人民共同富裕，必须坚持在高质量发展中促进共同富裕，坚持在做大做好"蛋糕"的同时，进一步分好"蛋糕"，致力于构建三次分配协调配套的制度体系，让现代化建设成果更多更公平惠及全体人民。

党的十九大报告首次明确提出高质量发展的新表述。此后，习近平总书记对坚持推进高质量发展作出了一系列重要论述，明确要"在高质量发展中促进共同富裕"[①]。发展是我们党执政兴国的第一要务。没有坚实的物质基础，就不可能全面建成社会主义现代化强国，也难以促进全体人民共同富裕。我们党正确认识党和人民事业所处的历史方位和发展阶段，从历史和现实、理论和实践的角度全面把握新发展阶段，完整、准确、全面贯彻新发展理念，把提高供给体系质量作为主攻方向，着力提高全要素生产率，构建以国内大循环为主体、国内国际双循环相互促进的新发展格局，加快建设全国统一大市场，持续推动经济社会发展绿色化、低碳化转型，加快推进从外延型经济增长方式向内涵型经济增长方式转变，持续增强高质量发展的新动能

[①] 《习近平著作选读》第二卷，人民出版社，2023，第503页。

新优势，打造新质生产力，经济实力、综合国力实现历史性跃升。国内生产总值从2012年的54万亿元增长到2023年的126万亿元，人均国内生产总值从2012年的39771元增长到2023年的89358元，为推进全体人民共同富裕提供了坚实的物质保障。①

我们党不断推出新的改革发展举措，持续优化我国收入分配结构。实现共同富裕的目标，首先要通过全国人民共同奋斗把"蛋糕"做大做好，然后通过合理的制度安排正确处理增长和分配的关系，把"蛋糕"切好分好。这是一个长期的历史过程，既要解放和发展社会生产力，不断创造和积累社会财富，又要处理好效率和公平的关系，防止两极分化。分配制度是促进共同富裕的基础性制度，习近平总书记在党的二十大报告中指出，"坚持按劳分配为主体、多种分配方式并存，构建初次分配、再分配、第三次分配协调配套的制度体系"②。这指明了在全面建设社会主义现代化国家新征程中迈向共同富裕的目标任务、改革举措和政策取向。党的十八大以来，我国持续深化收入分配制度改革，坚持就业优先战略，加大税收、社保、转移支付等调节力度，取缔非法收入，通过提低、扩中、调高，形成合理有序的收入分配格局，不断推动改革发展成果更多更公平惠及全体人民。全国居民人均可支配收入从2012年的16510元增长到2023年的39218元；全国居民恩格尔系数从2012年的33%下降到2023年的29.8%。③

---

① 数据来源：国家统计局网站，https://data.stats.gov.cn/easyquery.htm?cn=C01。

② 习近平：《高举中国特色社会主义伟大旗帜 为全面建设社会主义现代化国家而团结奋斗——在中国共产党第二十次全国代表大会上的报告》，人民出版社，2022，第47页。

③ 数据来源：国家统计局网站，https://data.stats.gov.cn/easyquery.htm?cn=C01。

三 推进全体人民共同富裕要求不断调整社会结构

在现代化进程中，社会的全面进步突出地表现为社会结构的现代化调整。社会结构是社会关系体系的有序化表征，也是反映社会文明发展程度的基础性载体。党的十八大以来，推动我国社会结构的现代化转型发展，一直是以习近平同志为核心的党中央高度重视的理论和实践问题，突出地表现在以下四个方面。

一是聚焦城乡均衡发展，实施乡村振兴战略、新型城镇化战略，推进城乡深度融合发展，构建起城乡融合发展体制机制和政策体系，逐步缩小城乡差距。常住人口城镇化率从2012年的53.1%提高到2022年的66.2%，城乡居民人均可支配收入比从2012年的1∶2.88缩小到2022年的1∶2.39，城乡基本公共服务均等化水平显著提升。[①]

二是致力缩小区域差距。自觉主动解决地区差距问题，是我们党促进社会公平正义、坚决防止两极分化的伟大战略的重要环节。我国发展不平衡不充分问题依然存在，各区域各领域各方面存在失衡现象，制约了整体发展水平提升。党的十八大以来，我们党着力推进区域协调发展，制定一系列具有全局性意义的区域重大战略，深入推进西部大开发、东北全面振兴、中部地区崛起、东部率先发展，地区发展差距逐步缩小，发展的均衡性显著提升。东部地区与中部地区、西部地区的人均地区生产总值之比分别从2012年的1∶1.69、1∶1.87缩小至2022年的1∶1.50、1∶1.64。[②]

[①] 数据来源：国家统计局网站，https://data.stats.gov.cn/easyquery.htm?cn=C01。
[②] 数据来源：国家统计局网站，https://data.stats.gov.cn/easyquery.htm?cn=C01。

三是把扩大中等收入群体规模作为重要目标。在一个现代社会，按照收入分层测量的现代化社会阶层结构，意味着中等收入群体达到较大规模，形成橄榄型的社会阶层结构。扩大中等收入群体对于一国经济社会持续稳定发展有着重要意义。只有在一部分人先富起来的基础上，扩大中等收入群体，让大部分人进入中等收入群体，才能实现全社会共同富裕的目标。党的十八大以来，以习近平同志为核心的党中央，把扩大中等收入群体规模作为我国经济社会发展的一个重要目标。2016年5月16日，在中央财经领导小组第十三次会议上，习近平总书记发表重要讲话，强调指出："扩大中等收入群体，关系全面建成小康社会目标的实现，是转方式调结构的必然要求，是维护社会和谐稳定、国家长治久安的必然要求。"①2020年第21期《求是》杂志发表习近平总书记重要文章《国家中长期经济社会发展战略若干重大问题》。习近平总书记在文章中再次强调了扩大中等收入群体的重要意义："消费是我国经济增长的重要引擎，中等收入群体是消费的重要基础。目前，我国约有4亿中等收入人口，绝对规模世界最大。"②因此，"要把扩大中等收入群体规模作为重要政策目标，优化收入分配结构，健全知识、技术、管理、数据等生产要素由市场评价贡献、按贡献决定报酬的机制。要扩大人力资本投入，使更多普通劳动者通过自身努力进入中等收入群体。"③

四是把物质文明与精神文明协调发展作为重大战略。物质贫困

---

① 《习近平谈治国理政》第二卷，外文出版社，2017，第369页。
② 习近平：《国家中长期经济社会发展战略若干重大问题》，《求是》2020年第21期。
③ 习近平：《国家中长期经济社会发展战略若干重大问题》，《求是》2020年第21期。

不是社会主义，精神贫乏也不是社会主义，物质富足、精神富有是社会主义现代化的根本要求。实现全体人民共同富裕，是人民群众物质生活和精神生活都富裕，既要"富口袋"，更要"富脑袋"。只有物质文明建设和精神文明建设都搞好，国家物质力量和精神力量都增强，全国各族人民物质生活和精神生活都改善，才能不断推动全体人民共同富裕。党的十八大以来，我们党顺应人民日益增长的精神文化需求，坚持物质富裕和精神富足相统一，既通过经济高质量发展创造丰富的物质财富，又创造更多更好的精神产品；大力培育和推动践行社会主义核心价值观，提升社会整体文明程度；深入实施中华优秀传统文化传承发展工程，加强爱国主义、集体主义、社会主义教育；健全公共文化服务体系和文化产业体系，满足人民群众更高质量的精神文化公共产品和服务需求。

宏伟蓝图已经擘画，在新的发展阶段，我们要采取更加有力的措施保障和改善民生，持续巩固和拓展已经取得的丰硕成果，不断推动全体人民共同富裕取得更为明显的实质性进展，为建设中华民族现代文明奠定坚实的社会基础。

中华民族现代文明视域下的中国自主知识体系建设

杨 典[*]

自2016年5月17日习近平总书记主持召开哲学社会科学工作座谈会并发表重要讲话至今已经8年了。这期间，习近平总书记先后提出很多新思想新论断，包括2022年提出构建中国自主的知识体系，2023年提出建设中华民族现代文明。中国哲学社会科学界这8年来围绕着"什么是中国自主的知识体系、为什么要构建中国自主的知识体系和如何构建中国自主的知识体系"的认识更加深入，思想自觉、行动自觉明显增强。中国社会学、经济学、政治学等各个学科，无论是文章、会议、期刊都围绕这个问题进行了一系列研讨和产出。总体来讲，各个学科呈现出竞逐构建自主知识体系的良好局面。

什么是中国自主知识体系？为什么要构建中国自主知识体系？中国式现代化相当于中国自主的发展道路，中国自主知识体系是中国独立的精神道路，它本质上还是为了实现中国的自主发展。所以，无论在实践层面还是在思想意识层面，这样一个体系极其重要。

---

[*] 杨典，中国社会科学院社会学研究所副所长，研究员。

古代的文明，无论是亨廷顿提出的八大文明还是汤因比提出的21个文明，因为古代交通不方便、通信不发达，都相对独立，一个文明就形成了一个相对独立的知识体系。如中国传统知识体系主要是"天下体系"和"儒道释"等百家争鸣的思想流派，这一知识体系反映了古代中国的社会状况、思想精华、民族特性，更重要的是反映了中国人独特的世界观、社会观、自然观、审美观和价值观。中国传统知识体系不但自主，而且强大，不但维护了中华民族千年的文化自信和意识形态安全，同时扩展了整个中国的政治经济社会影响力，甚至在汉唐时代掀起一股汉化潮流。

为什么现在强调构建中国现代阶段的自主知识体系？就是因为西方在人类历史上率先实现了现代化，基于西方现代化经验构建的西方哲学社会科学其实是地方性知识，但是西方的政治经济文化霸权把"西方哲学社会科学"构建为"现代哲学社会科学"。西方构建了一种评价标准，一切非西方的都被称为落后的、传统的，所以非西方国家要现代化，必须摈弃自己的传统，采用西方的发展道路和文化制度。

因此，我们要实现中国式现代化，首先要构建中国现代自主知识体系，打破西方知识体系对什么是现代化、什么是现代文明的垄断权和定义权，只有这样才能真正为中国式现代化提供学理依据和思想支撑，也有利于重建中华文明失去百年的文化自信和历史自信。

通过梳理人类文明体系和知识体系，我们可以得出一个结论，每一个独立的文明都需要一个独立的自主知识体系，自主知识体系既是独立文明的重要组成部分，也为这个独立文明提供意义解释和认同支撑，建设中华民族现代文明必须构建中国自主的知识体系。这就回到一个问题：何为知识体系？知识体系并不等于知识、数据和信息的简单加总和汇集。其实，知识体系的本质是自然界与人类社会相互联系的理论体系、规则体系与价值体系，是一套意义阐释系统，体现着某种世界观、价值观和方法论。我们的知识体系如果不打破西方对何为现代化、何为现代文明的垄断权、定义权，我们生产再多的知识，影响力都会局限于我们内部，不会产生世界影响力。建立中国自主知识体系关键是哲学社会科学，因为它提供了一套认知框架，构建了一套意义系统，能够把零散的各学科知识整合起来。

习近平总书记说，构建中国特色哲学社会科学，归根到底是构建中国自主的知识体系。我们不是为了特色而特色，而是基于中国特色社会科学构建这样一个自主知识体系，形成基于中国式现代化实践的、植根中华民族五千多年文明史、同时吸收外来优秀文明成果的一个中国现代的知识体系，能够解释不同的现代化道路，包括中国式现代化，甚至别的国家的现代化道路，只有这样才能实现中华民族在现代文明阶段的思想独立和发展道路的独立。我们中华民族文明在古代传统文明阶段有自己独立的知识体系，创造了辉煌的文明，在现代文明阶段依然可以建立我们独立的自主知识体系，创造辉煌的现代文明。

如何构建中国自主知识体系？简单来说，就是把马克思主义基本原理同中国具体实际相结合、同中华优秀传统文化相结合，这三个元素代表着三个独立自主。马克思主义相对于西方自由主义而言，体现了理论上的独立自主，也是我们中国自主知识体系的"魂脉"；中国具体实际即现代化实践体现了道路上的独立自主，它不同于西方现代化道路；中华优秀传统文化蕴含着中国自古以来的价值观、社会观、世界观和审美观，它体现了文化上的独立自主，是中国自主知识体系的"根脉"。如果我们按照习近平总书记的要求真正做到"两个结合"，中国自主知识体系必然会呈现出鲜明的中国特色和自主性格。

自主性并不等于封闭保守，而是要积极研究中国与世界，历史、现在与未来，形成一个面向全球的知识共同体，面向纵观历史、面向未来智能时代的知识生产新格局。

构建自主知识体系要充分发挥期刊的导向作用。知识体系的生产是一个复杂的生态系统，至少包括了知识生产体系、知识传播体系和知识评价管理体系三个子系统，其中，学术期刊在中国的知识传播和评价体系中具有独特地位，发挥着关键作用。最近几年《中国社会科学》通过设置"中国式现代化""中国知识体系标示性概念""21世纪马克思主义的学理化阐释""文明起源与文明互鉴""学术基本理论、基本问题、基本方法再反思""跨学科、交叉学科与新兴学科"等栏目推出了一批具有原创性的优秀成果，在构建中国特色哲学社会科学和中国自主知识体系方面发挥了强有力的引领、带动作用，成为推动中国学术繁荣和知识创新的重要力量。《社会学研究》也在往这方面努力。

社会学要发挥学科特长，加强对西方一系列基本概念的系统研究和反思，重新定义何为现代，何为民主，何为自由，何为人权，何为产权，何为效率，何为理性，何为法治、正义与文明。另外，要基于中国独特的政府（比如广义政府）、独特的市场（中国特色的市场）、独特的社会（其界限、运作机制与西方不同），构建新型的现代国家理论、现代市场理论和现代社会理论，同时加强对中国传统文化标识性概念的挖掘，对家国、天下、和谐、君子、修身、忠、孝、仁、义、福、报、道、势等概念的研究。

中国共产党和新中国成立以来形成了许多具有本土特色的概念，如革命、人民、群众、组织、政法、人才、人事、中国式现代化、人类命运共同体、中华民族现代文明，是进一步构建中国自主知识体系的关键着力点。

总之，我们要植根历史、面向未来，采用革新方法，注重社会学调查研究。中国传统哲学中的辩证和整体思维模式构成了一种深远的整体性思维传统，这一传统在构建全面和系统研究方法方面发挥着关键作用，不仅丰富了我们对于复杂社会现象的认识，而且有助于突破西方知识体系中常见的机械论、二元论和分析性方法论的局限，克服学科间孤立化和碎片化的问题。我们要加强现代科技手段在知识生产和创新中的运用，人工智能和大数据技术不仅增强了我们收集、处理和分析大量复杂数据集的能力，也使我们能够揭示传统调查方法难以捕捉的社会现象运作方式和动态演化轨迹。此外，要多运用比较历史分析方法，通过跨国、长历史时段的分析比较，有助于厘清因果机制、推进文明交流互鉴、凸显中国特色。

繁荣居民文化消费
提升文化自信

朱 迪[*]

发展文化产业文化事业、提高文化软实力，对坚定文化自信、建设社会主义文化强国具有重要意义。中国社会科学院社会学研究所课题组主持实施"2023年居民文化发展满意度调查"，分析了居民的文化参与情况以及对文化产业文化事业发展现状的满意度，同时也分析了居民的文化认同和文化自信程度。调查针对18~70岁在抽样区域居住了半年及以上的中国居民开展，采用科学的抽样设计以确保数据在省级和城市分级两个层面都具有代表性，经过数据清洗之后，本次调查最终获得有效样本35668份。

首先看文化自信的现状。研究从总体文化自信、主旋律文化自信、预期的未来文化自信不同维度测量居民文化自信程度。数据显示，大部分居民（84%）表示对中国文化感到骄傲和自豪，对主旋律文化表示认同和喜欢，并且对中国传统文化表示喜欢的比例更高，有80%的居民预期未来十年中国人的文化自信将提升。

---

[*] 朱迪，中国社会科学院社会学研究所研究员。

根据供给渠道，研究将文化消费划分为公共文化消费、市场文化消费和自组织文化消费三种类型。公共文化消费主要以政府为主体提供或组织的文化消费活动，市场文化消费主要是以企业为主体提供或组织的文化消费活动，自组织文化消费就是以社会层面力量比如 NGO 或居民自发组织的文化消费活动。进一步分析发现，"兼容型文化消费者"（即经常参与公共文化消费，也经常参与市场文化消费和自组织文化消费的居民），相较于"单一型文化消费者"（即只经常参与公共文化消费，或者只经常参与市场文化消费，或者只经常参与自组织文化消费），对中国文化更自豪、对传统文化和主旋律文化的认同程度更高。此外，分析也指出，文化活动参与数量越多，居民的文化自信和文化认同程度也更高。

已有研究也发现，文化休闲消费有助于提高居民的幸福感和文化认同，解释机制包括社会经济地位机制、阶层认同机制等。本研究试图从行动怎么来的、产生什么样的后果的角度，构建理解行动的因果链，提出文化消费通过需求满足机制、日常实践机制和消费资本机制影响文化认同。

需求满足机制指在多种需求驱动下，再加上消费侧和供给侧的条件支持，人们得以广泛涉猎公共文化、市场文化、自组织文化等消费活动，这种兼容型文化消费除了满足放松享受的一般性需求外，还可能通过满足审美、社交等需求强化对传统文化和主流文化的价值认同以及对所在社区乃至国家的集体认同。

日常实践机制指将各类文化消费活动作为组织日常生活实践的"连结"，比如利用文化消费来进行休闲娱乐、社交、教育和陪伴子女等，兼容型文化消费者有机会参与到类型和数量更丰富的文化活动，能够在更多的生活情境中理解文化，从而建立起文化认同。

消费资本强调消费塑造了参与经验、人际关系和情感意义，广泛的文化消费参与能够在类型和数量上加速累积"消费资本"，促进形成开放的、杂食性的文化品味，恰当的引导下更容易带来文化消费转型，增强对主流文化的认同。

实证分析测量了休闲放松、视听觉享受、审美、社交等不同类型的需求，发现兼容型文化消费者的需求满足程度更高，也有更高比例的兼容型文化消费者有未成年子女，更可能在日常教育和陪伴子女过程中更广泛地理解文化；此外，兼容型文化消费者拥有更广泛的文化品味，表示喜欢（比较喜欢、非常喜欢）高雅文化和喜欢流行文化比例均较高，表示喜欢主旋律文化和中华传统文化的比例也较高，更高的消费资本更容易建立起对多种文化的认同和更强的文化自觉。

本文的分析也能够产生一些政策启示。应推动居民更广泛参与到不同类型的文化消费中，有助于培养文化认同、增强文化自信。首先，努力完善优化文化服务和文化产品供给，满足居民多层次、不同类型的需求，促进优质文化资源直达基层，提升居民对不同类型文化和活动的满意度。其次，创新文化活动形式、增强文化消费的场景性，促进居民将文化消费作为休闲娱乐、子女教育等日常生活实践的组织方式，培养广泛的文化品味，提升居民对不同类型文化的理解和认同。第三，改进创新文明培育、文明实践、文明创建工作机制，引导居民对主流文化、传统文化和理想信念的认同，在中国式现代化的发展实践中增强文化自信。

数字社会研究中的传统社会智慧：
从差序格局说起

王天夫[*]

关于传统文明和现代文明的重构，我以"数字社会研究中的传统社会智慧：从差序格局说起"为题，谈一些看法。

在过去 40 多年中，我国经济高速增长，社会长期稳定，这个根本性特征非常明显，在人类历史上也是罕见的长时期的发展。特别是在过去十多年，在某些方面，比如新能源汽车、数字技术的应用等，我们确实走在世界前列。这同我们这一段时期里的社会经济发展是相吻合的，也就是说，这一段时间我们的步调是踩着数字技术发展的脚印一起往前走的。所有这些经济活动的增长和开展都是嵌在这个社会结构里面的，为什么会有这样的中国经济增长同数字技术发展相契合的过程？到底我们的社会结构、社会关系的基础是不是同数字技术发展的节奏合拍？这个问题是不是可能？把这个问题作一个转换，我们怎么理解数字社会里的社会关系和社会结构，它到底是什么样的构成？构成这个数字社会里的社会关系同社

---

[*] 王天夫，清华大学社会科学学院院长，教授。

会结构和中国社会里根本性的社会关系和社会结构有哪些相契合的地方？

整个数字社会里，人和人之间互动建立社会关系的过程是什么？数字通信技术带来了一个很重要的结果，让很多人的社会连接变得非常普遍，这个普遍同以往完全不一样。比如在20世纪60年代我们会讲"六度空间"，通过六个中间人，我可以同一个毫不相干的人联系上。后来在21世纪初，有一点现代技术了，可以通过发电子邮件与毫不相干的人联系。这中间有一个社会网络结构，它能够促成人跟人之间的连接，当然这个结构是工业生产技术慢慢累积起来的，因为工业生产是把所有人、所有资源集聚起来，形成了工厂、企业以及与此相关的其他的市场和政府结构，把人们集聚在一起。毫无疑问，这个结构在六度空间理论里是帮助我们建这个关系、社会结构。在数字社会里正好相反，它是通过电子化、网络化穿透这些结构，把这些结构给消解了。从某种意义上来讲，六度空间理论所描述的那些社会网络结构如果放在数字技术的背景之下，它是阻碍和妨碍人和人之间的社会连接和社会关系的构成。

这样带来一个问题，我们把在以前的工业生产过程中形成的有助于我们建构社会关系、社会结构的那些东西消解掉之后，数字时代的社会连接会是一个什么样的结构？有一些研究认为，很多时候，数字社会里人和人之间的关系的产生最主要的一个勾连方式是注意力的分配，也就是现代信息够多了，有时候忙不过来，只有我关注的人，我才跟他发生连接，有这个社会关系的构成，我的各种各样的表达能够辐射出去，他要看得到，我们的关系才会成立。同样的道理，所有的社会关系都需要资源来建立和维系，这个资源的建立需要我们投入。如果用注意力来集中表现，就会形成我的注意力扩散出去能够辐射到什么地方，我们的社会关系和社会连接就到什么地方。

讲到这里，让我想起费孝通先生的差序格局。也就是说，在数字时代里，个人有很多社会关系，但是以我为中心的这个关系，视我的注意力投射出去的多少来评判我对这个关系有多大的承诺。我投入多大的注意力，我把这个关系建立起来有多亲疏远近的程度上的差异，这是由注意力和其他资源的投放来显示的。这就跟费孝通先生讲的差序格局一样，这个人站在中心，把石子投下去，波纹扩散开来。人跟人之间关系的亲疏远近是根据血缘的亲疏远近来定的，之后扩散到地缘，等等。我们讲数字关系，在思考、观察或者提炼数字时代里的社会关系结构的时候，这个意象同费孝通先生讲的差序格局特别相近。当然也有很多差异，费孝通先生讲差序格局的时候是在一个相对封闭的时空环境里，比如一个乡村里，人同人的联系不是特别多，有非常稠密的互动关系慢慢建立起来的。数字时代把这个时空结构打破了、穿透了，并扩散出去。

我还可以作一个推论，数字时代里这些差序格局的关系结构可能不是费孝通讲的整体性地、整合性地把其他所有社会关联和社会资源都纳入一个差序格局中来，数字时代注意力的投放是根据"我的兴趣"。我对这个感兴趣就投入这么多，对另外一个感兴趣就投入那么大，有可能是很多个差序格局的叠加形成整体社会关系架结构。从整体上来讲，很多传统的中国的社会结构或社会关系的基础意象或者结构特质，同我们这个数字时代里人和人之间的互动过程和社会关系建立的本质是相关的，当然时代不一样，它中间投放的资源种类不一样。我们老祖宗建构社会的过程跟数字时代里社会关系的建构有非常相似的地方，这是我们中国的社会里很多基础性特质和数字社会，或者整个数字技术进步的步调能够相契合的一个根本原因。

中华文化的国际传播与中外文明交流互鉴

文明互鉴与中华民族现代文明建设

钱乘旦[*]

现代化是一次深刻的文明改造，是文明形成后最伟大的变革。中华文明在现代化过程中变得更加壮大，通过吸取外来文明精华，使古老文明更丰富、更有活力。现代化过程标志着中国历史上又一次文明大融合，它比前几次融合规模更庞大、内容更深刻。借助现代化，中华文明融合了世界，也融入了世界。文明互鉴与中华民族现代文明建设需要处理好文明载体和中华文明"内核"的问题、中华文明的融合本性即"外融"的问题、在现代化过程中建设中华民族现代文明的问题。

第一，中华文明的一个重要特点，是文明的两个载体[①]相辅相成，完美对接，保证了文明的主体性始终坚固。文明有两个载体，一是精神的载体，即宗教或非宗教的学说，这是文明的意识形态；

---

[*] 钱乘旦，北京大学博雅讲席教授。
[①] 关于文明的两个载体，笔者分别在《多样的文明，创造世界共同的未来》（《求是》2019年第10期）、《关于亚洲文明的历史哲学思考》（《湖南科技大学学报》2020年第5期）中有详细论述，在此不再赘述。

二是政治的载体，即国家力量，这是文明的制度保障。精神载体和政治载体缺一不可，否则文明就无所依赖，站立不稳。两个载体的关系决定了文明的强弱和延续：如果相互支撑、彼此衔接，文明就生生不息、长盛不衰；倘若有一无一或搭配不当，文明就发育不全、难以为继。中华文明的特别之处，就是在两千多年前就形成了精神载体（孔子学说）和政治载体（统一国家）的完美对接，这在世界上是独一无二的。自那时以后，两个载体始终相辅相成，形成了中华文明的内核，跨越两千年而不变，由此保证了文明的主体性始终坚固。

相比之下，世界其他主要文明都不是这种情况。西欧一直没有形成两大载体的有机搭配：古希腊既没有完整的国家（只有城邦），也没有统一的意识形态，尽管古希腊哲人为后人留下了丰富的文化遗产，但作为欧洲最早的文明，它却如过眼烟云，昙花一现。罗马时期的欧洲形成了庞大帝国，其国家力量强大，却长期未出现统一的意识形态；待这种意识形态（基督教）终于出现时，罗马国家却行将就木。中世纪的西欧维持了基督教强大的精神力量，从而使文明的精神特征十分明显；但"国家"却被抛弃，封建领地解构了国家，也解构了社会，直到近代民族国家出现才改变这种状况。南亚的特点是意识形态早熟，雅利安人到印度之后，确立了以种姓制为基础的统一的意识形态（婆罗门教/印度教），建构了强大的精神载体；但在政治方面却长时间小国林立、征战不已，始终缺乏强大的国家力量的支持。这种情况造成长时期的政治分裂，为外族的不断入侵提供了便利条件，最终冲击了印度教的独尊地位。西亚—北非的特点是文明出现早，文明的形态却定型很晚。学术界一般认为最早的人类文明出现在两河流域,但历经几千年,这个地方都未能凝结出特定的文明形态,众多国家和众多宗教此生彼长,直到7世纪伊斯兰教兴起后,强大国家和统一的意识形态才同时出现,并精准对接。从那时开始,一个有着鲜明特色的文明形态才在西亚、北非形成,并一直影响世界。

在人类文明史上,只有中华文明经历几千年时代变迁而延续至今,其基本特征始终不变。究其原因,是文明的精神载体和政治载体任岁月变异却始终相互依存,一直保持着完美的对接。在中国几千年历史上,社会稳定和经济繁荣有直接的联系:社会稳定经济就繁荣,社会一旦动乱,生灵必遭涂炭。孔子学说提倡天人秩序,主张社会安宁;统一的国家力量则在最大程度上保证了社会的稳定。文明这两个载体牢固对接,就形成了中华文明的基本"内核",保证了中华文明的生生不息。

第二,中华文明的另一个重要特点是它具有高度的融合性,有能力并且有意愿融合一切外来文化。中华文明从起源的时候起,融合就是它的特征,并且因融合而不断发展、不断壮大。在中国历史尚没有文字记载的萌生时期,就有黄帝族和炎帝族融合的传说,开启了中华民族的源头。在以后的发展过程中,华夏与百越、九黎等文明的融合,形成东亚大地的文明主流。再往后,关于"东夷、西戎、北狄、南蛮"的说法,体现着中原文明与周边文明的互动,而互动的结果,则是夏商周三代的变化和秦汉统一国家的出现,中华文明奠基时代的完成。这以后,"中国"和中国以外"异域"的交融互动就成为融合的主题,中华民族在这个过程中不断发展和壮大。可以说,没有融合,就不会有中华民族。许多人在讨论中华民族的属性时指出：中华民族不是一个血缘的民族，而是一个文化的民族，这是千真万确的。从血缘上看，中华民族是诸多种群在历史上形成的集合体，呈现出生理方面的多样性；然而从文化上看，中华民族显现出高度的同质性，体现出相同的文化特征，而共同的文化特征正是在几千年文明交融的过程中形成的，融合造就了中华文明。

中华文明历史上有过几次大融合，第一次是在汉亡、唐兴之间的几百年，即历史上被称为"魏晋南北朝"的那个时期，出现了东西文化交融、南北互通有无的局面。尽管在社会、政治层面上"魏晋南北朝"是一个大乱局，然而从文明的角度看却是一次大融合。南亚、中亚甚至北亚的文明因素成批涌入中原地区，为中华文明输入了大量新鲜血液，其结果就是"盛唐"的出现，思想方面儒释道渐趋合一，生活、技艺等方面则多方渗透，使文明的成果愈显辉煌。第二次大融合出现在宋、辽、金、元时代，政治上的政权分立反而凸显了文化方面的深度交融，而文明间的交流则突破了东亚的地理限制，扩展到亚欧大陆。以马可·波罗为代表的欧洲元素进入中国，中华文明于是开始面对"世界"，而不仅仅是一个"天下"。作为这个过程的必然延续，是明代中国向西方的探索（"郑和下西洋"）和西方向中国的探索（耶稣会士来华），其结果，一方面是中国主动接触域外，另一方面是西方的科学、技术、宗教等渐次进入中国，并逐渐为中华文明所吸收。第三次大融合是在清朝建立以后，作为北方游牧文化的继承者，清王朝的建立不仅意味着在政治上延续了汉唐宋元明的强大国家体制，而且意味着游牧文明和农耕文明的深度融合，扩大了中华文明的内涵，同时又延续了中华文明的内核，即以孔子学说为特征的精神载体和以强大国家为特征的政治载体的相互配合。与西方某些人杜撰的"内亚"之说恰恰相反，清王朝又一次说明：中华文明的每一次壮大都是在融合中完成的，"内核"和"外融"同时起作用。

综上所述，在几千年时间里，中华文明依靠强大的融合力，兼收并蓄、有容乃大，不仅在重大危机的冲击下转危为机，并且通过吸取外来文明而使自己更有活力，更能适应时代变化。这是中华文明在世界诸多文明中历经数千年而延绵不绝的重要原因。愿意学习、善于学习是中华文明的本性之一，中华文明正是在互学互鉴的过程中不断壮大并代代相传的。与世界上其他文明相比，中华文明更具包容性，而最少排他性，这与它在文明生成的早期就摆脱单一神宇宙观，提倡用非神学理性主义的思维方式观察和认识社会与自然密切相关。可见，在古代中华文明中，理性主义的主导地位（这一点在诸子百家的学说中表现得非常明显）是极为重要的。

第三，在现代化过程中建设中华民族现代文明。从 19 世纪中叶开始，中国面对新的危机，可以说是有史以来最严重的挑战。危机的背景是 16 世纪以后西方在新形成的"民族国家"的推动下开始扩张，在世界各地抢夺殖民地。一开始，扩张基本在文明边缘地区进行，沿着海岸线建立殖民地。18 世纪下半叶开始进入新阶段，英国开启工业革命；之后，扩张就成为工业生产力对农业生产力冲击的性质了，一种新的文明"工业文明"渐次在世界展开。19 世纪中叶，英国人借助大工业的力量，用坚船利炮打开了中国的大门；其他西方列强蜂拥而上，试图瓜分中国。中西力量的悬殊是显而易见的，农业生产力不敌工业生产力，整个世界由此发生巨大变化，众多古老文明纷纷面临生存危机，中华文明也不例外。

从危机的性质看，这场危机不仅是国家层面政治性的危机，也是一次文明危机，它关系着国家的生死存亡，也决定着文明的延续。经过几代仁人志士的艰苦探索，中国人最终找到了出路，那就是完成中国的现代化。

在这个过程中，我们一方面坚守中华文明的基本内核，坚持核心价值观，坚持精神力量和国家力量的通力合作，保证精神载体和政治载体各守其责；另一方面，我们以最开放的态度对待世界各种文明，包括西方文明，毕竟西方是现代化的发源地，西方国家在现代化过程中积累了经验，也留下了教训，为中国现代化提供了诸多可借鉴之处。我们也以最谦逊的态度对待非西方国家现代化经历，学其所长，避其所短，和各国共同探讨现代化成功之路。中国式现代化不仅是政治、经济、社会的全方位变革，也是又一次文明大融合，其规模之巨大、内容之深刻，前所未有。中华民族现代文明在中国现代化过程中建设起来，它既是传承，也是拓新，其产生的世界影响，一定与历史同在。

（本文原载于《中国社会科学》2024年第7期）

传承弘扬敦煌文化 建设中华民族现代文明

郑炳林[*]

2023年6月2日,习近平总书记在文化传承发展座谈会上提出了建设中华民族现代文明的伟大号召,这是在深刻洞察人类文明发展大势后作出的科学判断,也是在中国共产党领导下探索出的社会主义文明新形态。这种新形态为人类文明发展贡献了中国智慧和中国方案,在全面推进中华民族伟大复兴的新征程上,赋予我们强大的精神力量。

敦煌,作为丝绸之路咽喉要道和多元文明荟萃交融的重要枢纽,历经千年塑造了独具魅力的敦煌文化,是中华文明延绵不断的典范,也是中华文明突出的连续性的生动体现。敦煌文化所蕴涵的中华民族的文化精神、文化胸怀和文化自信,不仅展示出中华文化的强大生命力,也彰显着中华民族现代文明所具有的五个突出特性,具有重大的历史意义和强烈的时代价值,需要我们深刻理解和把握。

中华文明是多元汇聚、兼容并蓄、开放交流的文明,"一个民

---

[*] 郑炳林,兰州大学敦煌学研究所所长,教授。

族的复兴需要强大的物质力量，也需要强大的精神力量"[①]。没有高度的文化自信，没有文化的繁荣兴盛，就没有中华民族的伟大复兴。敦煌作为东西文化荟萃之地，以石窟壁画、敦煌遗书和简牍文献等为代表的敦煌文化也因此成为中华文明开放体系中交往交流交融的重要组成部分，是我们凝聚力量的丰厚滋养，彰显着突出的包容性、和平性、创新性。

敦煌石窟艺术是丝绸之路上中西文化交流的重要结晶，内容极为丰富，是建筑、雕塑和壁画三位一体的艺术，但各自又具有相对独立性和发展规律。从4世纪至14世纪，即上起十六国，下至元代，包括莫高窟、西千佛洞和瓜州榆林窟在内的敦煌石窟群在连绵千余年间陆续营建完成，现存的数百个洞窟中保存着历代塑像2000余身，壁画5万余平方米，多元文化交融符号在这里体现得淋漓尽致。1987年，敦煌莫高窟被联合国教科文组织列入世界文化遗产名录，成为中国第一批世界文化遗产。敦煌石窟艺术在以汉晋中原文化为基础的本土文化之上，大胆吸收了中亚、西亚佛教思想内容，并把它传入了内地，又不断接受了中原佛教文化的新成果，反哺于中亚等地。

敦煌遗书是中国贡献于世界文明的最真实的文本记录。在莫高窟第17窟（又称"藏经洞"）出土的起自晋止于宋初的6万余卷古写本和一些古刻本，其内容以佛教经典为最多，还有道教经典，经、史、子、集四部书，俗文学、域外古语言古宗教、社会经济资料等。除汉文文献居多外，还有藏文、回鹘文、于阗文、龟兹文、突厥文、粟特文和梵文等非汉文文献。敦煌遗书的发现，为学术研究提供了

[①]《为实现中华民族伟大复兴凝聚更为主动的精神力量》，《人民日报》2021年11月3日，第11版。

极为珍贵的文献资料，挖掘中华民族悠久历史文化资源，增强文化自信，敦煌遗书给我们留存了无限量的空间和内容，通过这些记录，我们可以看到中华民族生生不息的血脉传承中对历史、社会、经济、文化不懈探索与思考的清晰脉络。

数量众多、内容丰富的简牍文献，是丝绸之路上你来我往、万千故事的日常书写，又是研究秦汉时期政治、经济、军事、科技、文化、历史、地理的第一手资料。自1907年斯坦因在敦煌汉代烽燧遗址掘得705枚汉简起，甘肃陆续出土的6万余枚汉简，无一不与丝绸之路有着直接或间接的各种关系，对研究丝绸之路与中国古代史具有十分重要的学术价值，是丝绸之路全景式呈现。拂去蒙在故纸典籍上的灰尘，清理粘于简牍上的泥沙，通过不断梳理藏于字里行间的无数中华优秀文化因子，使其活起来，激活它们在新时代新的生命力。

中华文明的绵延传承，从不具有排他性，而是在兼容并蓄中不断衍生发展。敦煌是多种文化交融之地，西汉置郡后，将中原各地百姓通过移民实边、流民实边和屯田戍边等各种形式迁徙到敦煌，形成了别具风格的敦煌文化。同时很多西域地区的客使、胡商、质子、归义者等以各种方式徙居敦煌，逐渐成为敦煌的著籍百姓，如大宛、乌孙、疏勒、龟兹、莎车人，将西域文化带到敦煌，并逐渐融合到敦煌文化中。敦煌原来就是月氏等民族生活的地方，匈奴进入后，月氏人被迫西迁中亚，汉魏以降，中亚月氏、粟特人逐渐回迁河西诸郡。唐中期，生活在罗布泊地区的粟特人康氏等家族进入敦煌，唐朝为了安置这些粟特人专门设置了从化乡。同时，流行于西域地区的景教、祆教、摩尼教传入敦煌。而佛教自两汉之际首先传入敦煌，悬泉汉简所载"小浮屠里"，[①]便是其实证材料。敦煌莫高窟开窟造像始于十六国时期，隋唐时期达到鼎盛，无论从造像壁画还是寺院戒律文书，佛教逐渐中国化，中国传统文化的内容进入佛教艺术中，形成别具风格的敦煌石窟艺术。无论是石窟艺术、敦煌遗书还是简牍文献，都是敦煌文化融合多种文化的典型代表。敦煌文化是以汉文化为基础，从各个层面充分吸取其他民族优秀文化精华而形成的，在兼收并蓄中完成了中外文化互鉴交流的千年延续，同时也把中华优秀传统文化向周边地区乃至更遥远的地域传播，是世界文明长河中一颗璀璨的明珠。

中华文明是多元一体、向内凝聚、团结集中的大一统文明，有突出的统一性。大一统理念源于先秦，是国家繁荣发展的前提，"车同轨，书同文字"[②]等多种管理制度的确立，有力维护了统一多民族国家的稳固，这在简牍文献和敦煌遗书中均有生动体现。敦煌作为沟通西域的门户，是中原王朝与西域地区交往的必经之地，同时也是经营西域的基地所在。汉武帝元鼎六年（公元前111年）置敦煌郡就以经营西域为主要职责，"敦煌"不仅是大而盛，还有广开西域的意义，所以西汉时期敦煌郡的驿道就向西延伸至楼兰附近的伊循城，而伊循都尉也归属敦煌郡来管辖。唐代沙州寿昌县管辖有石城镇和且末镇，将隋代在西域设置的两个郡变成沙州所属寿昌县的辖区，这种行政区划的设置，也是为了保障敦煌在经营西域中的主体地位。敦煌作为大一统文明的缩影，在大一统的政治框架内，孕育了深厚的敦煌文化。

传承弘扬敦煌文化、建设中华民族现代文明的伟业，要求我们以

[①] 参见张俊民《敦煌悬泉置出土文书研究》，甘肃教育出版社，2015，第443页。
[②] 《史记》卷6《秦始皇本纪》，中华书局，2014，第308页。

实际行动推动敦煌学的新发展。一是将敦煌汉简、吐鲁番文献等纳入敦煌学研究的领域，敦煌学是一个以地名命名的学科，研究对象主要是敦煌石窟和敦煌文献，因此还需要从狭义的敦煌学向广义的敦煌学拓展，将敦煌、西域的历史面貌更加完整、立体地展现在学术界面前。二是不断扩大学术视野，强化引领作用，不仅要关注汉文文献的研究，更要关注非汉文文献的研究，在更加宏阔的历史文化背景中，系统全面揭示敦煌文化的价值，将单一研究形态转换为复合型研究形态，弥补研究短板。三是在研究地域上既要东进西出、南北延伸，也要从时间上实现前后贯通，把敦煌汉简、黑水城文献、吐鲁番文献以及中原和古代西域文献作为敦煌学的研究内容，研究敦煌学不仅要关注敦煌地区的研究，更要关注敦煌相邻地区的研究，特别是河西历史、西域历史和中原历史的研究，还要关注蒙古高原和青藏高原的历史研究，这些地区与敦煌地区来往密切，历史息息相关。四是在学术研究上提倡学科交叉，通过跨越不同学科，将不同学科领域的知识和方法在问题解决中有机结合，为敦煌学高质量发展提供动能，力争使敦煌学研究取得全新的突破，产出一流的高质量的标志性研究成果。

中华优秀传统文化是中华民族的根脉，是实现中华民族伟大复兴的文化支撑，是在世界文化激荡中站稳脚跟的文化根基。在新的历史起点上，继续推动文化繁荣、建设文化强国、建设中华民族现代文明，是我们在新时代新的文化使命。我们必须深刻理解和把握中华文明的五个突出特性，才能不断推动敦煌文化创造性转化和创新性发展，推动敦煌文化服务共建"一带一路"，为建设中华民族现代文明贡献智慧和力量。

（本文原载于《中国社会科学》2024年第7期）

以"丝路精神"引领欧亚文明互鉴

田德文[*]

2017年5月14日,习近平总书记在"一带一路"国际合作高峰论坛开幕式上的讲话中指出:"古丝绸之路绵亘万里,延续千年,积淀了以和平合作、开放包容、互学互鉴、互利共赢为核心的丝路精神。"[①] 有外国学者认为,"丝路精神"与"一带一路"倡议一样,标志着中国正在努力构建一个相对于其他大国而言的独特形象,它不仅是一种良性的价值观,也是中国积极培育的话语,通过讲述自己在历史上是独特的和平大国的故事来积极地区别自己。[②] 我们应该强调的是,"丝路精神"绝非中国独有。"一带一路"倡议把中国与"亚洲、欧洲和非洲大陆"的潜在伙伴联结起来,这一伟大倡议的灵感来源正是植根于古代丝绸之路的共同遗产。"正如中国共产

---

[*] 田德文,中国社会科学院俄罗斯东欧中亚研究所纪委书记、副所长,研究员。
[①] 《习近平著作选读》第一卷,人民出版社,2023,第588页。
[②] See Gloria, "E. V. The Silk Road Spirit: China's BRI discourse and its pursuit for great power status", *Asian Politics & Policy*, Vol.13, 2021, pp.493-510.

党官方所描述的那样,丝路精神'代表了欧亚大陆各国在历史进程中通过互动所积累的经验和智慧的总和'。"① "丝路精神"薪火相传,引领欧亚合作与时俱进,广泛惠及双方人民。从这个角度说,"一带一路"倡议正是这样一个积极的和建设性的互动过程,通过长期交流逐步实现以"丝路精神"超越"冷战思维"的目的。我们从中应该强调的是,这种精神不仅是一种中国的精神,而且是一种源于中国人的思维方式,源于中国人的价值观念而形成的这样一种国际理念。

一 国际关系的另外一种可能性

"丝绸之路"概念最早由德国地理学家费迪南·冯·李希霍芬在19世纪末提出,用以指代古代亚欧大陆上的一系列商贸和文化交流路线。丝绸之路不仅仅是一条物质交换的道路,更是一条连接不同文明、促进东西方文化交流与互鉴的纽带。在这条古老的道路上,孕育了包容、合作、共赢的"丝路精神",为以后开放包容、互利共赢、交流互鉴的国际交往理念提供了宝贵的精神财富。

回望历史,我们不难发现,古丝绸之路上的文明互鉴充满了活力与魅力。从中国的丝绸、瓷器到中东的香料,从希腊的艺术到印度的佛教,这些文化元素沿着丝绸之路传播,促进了沿线各国的经济发展和文化繁荣。更为重要的是,这种交流互鉴促进了不同文明之间的相互理解和尊重,为构建人类命运共同体奠定了基础。

---

① Gloria, "E. V. The Silk Road Spirit: China's BRI discourse and its pursuit for great power status", *Asian Politics & Policy*, Vol.13, 2021, p.499.

我们所熟知的当代国际关系模式成型于全球化进程启动之后，欧洲殖民者是其始作俑者。回顾历史不难发现，全球化进程始终是在血与火的洗礼中推进的。当然，在1492年哥伦布"发现新大陆"之前，世界并非一曲和平的牧歌。但是，从杀戮的数量、掠夺的范围和战争的规模来看，毕竟不能与西方主导的全球化时代相提并论。西方主导的全球化，是以毁灭美洲和非洲两大洲文明为代价拉开帷幕的。按照马克思主义的观点，借此"完成了完全不同于民族大迁徙和十字军征讨的远征"[①]。世界进入全球化时代后，西方主导建立了以对抗性、排他性为基本特征的国际关系模式，国家间冲突使人类付出了惨痛代价，日益难以为继。在这方面，以"丝路精神"为表征的新型国际关系理念有可能超越以"冷战思维"为表征的西方国际关系理念，为国际关系模式提供了另外一种可能性。

二 "丝路精神"是欧亚文明互鉴的基石

中国与中亚地区的文明交流历史悠久，自古以来就保持着密切的经济、文化和学术联系。这种交流不仅促进了双方的发展和进步，也为世界文明的多样性作出了重要贡献。

古代丝绸之路是连接中国与中亚地区的重要通道，通过这条古老的商道，欧亚各国开展了频繁的贸易往来。丝绸、茶叶、瓷器等中国的特产成为中亚地区的宝贵商品，而中亚地区的石油、羊毛等资源也进入了中国市场。这种经济交流不仅促进了两个地区的繁荣，

---

① 《马克思恩格斯选集》第一卷，人民出版社，2012，第403页。

还推动了科技、艺术和文化的传播。佛教是中国与中亚地区之间最重要的文化纽带之一。佛教传入中国后，不仅深刻影响了中国的宗教信仰和哲学思想，也在中亚地区得到了广泛传播和发展。佛教艺术品和文化传统在中国和中亚地区之间流动，相互影响，形成了独特的风格和艺术表现形式。在艺术方面，中亚的音乐、舞蹈、绘画等艺术形式对中国产生了影响。例如，唐代的宫廷音乐就受到了中亚音乐的影响，出现了许多融合中亚元素的乐曲和乐器。此外，中亚的壁画、雕塑等艺术作品也对中国的艺术产生了一定的影响。

进入现代，中国与欧亚地区的文明交流更加紧密。中国提出的"一带一路"倡议得到了中亚国家的积极响应和支持，双方在基础设施、能源、交通、农业等领域开展了广泛合作。同时，双方还加强了人文交流，通过开设旅游线路、共同举办艺术节和文化体育赛事、互设文化中心等方式，增进了相互了解和友谊。展望未来，中国与欧亚地区的文明交流将继续深入发展。欧亚各国将继续秉持丝路精神，加强互利共赢的合作关系，推动经济、文化、科技等领域的深入合作，共同构建人类命运共同体。同时，各国还将加强文明对话，促进不同文明之间的和谐共处和共同发展，为世界文明的多样性作出更大的贡献。

三 "丝路精神"将使欧亚大陆焕发活力

世界百年未有之大变局加速演进，世界各国面临的共同挑战日益严峻。在这样的背景下，欧亚大陆作为人类文明的重要发源地，其文明互鉴的意义愈发凸显。我们需要从"丝路精神"中汲取智慧，推动欧亚文明在新时代的交流互鉴。

第一，和平合作是欧亚文明交流互鉴的前提。只有建立在和平友好的基础上，各国之间的合作才能顺利进行。弘扬丝路精神，有助于促进欧亚各国之间的政治互信和友好交往，为欧亚文明的交流互鉴创造更加有利的环境。

第二，开放包容是欧亚文明交流互鉴的根本。欧亚大陆拥有众多不同的文化和文明，只有保持开放的心态，才能充分吸收各种文明的优点和长处。弘扬丝路精神，有助于推动欧亚各国之间的文化交流和相互理解，促进不同文明之间的和谐共处和共同发展。

第三，互学互鉴是欧亚文明交流互鉴的手段。在开放包容的基础上，各国之间可以通过相互学习和借鉴，共同推动欧亚文明的进步和发展。弘扬丝路精神，有助于强化欧亚各国之间的学术交流和人才培养，促进科技、文化、教育等领域的深入合作。

第四，互利共赢是欧亚文明交流互鉴的目的。只有通过互利共赢的合作方式，才能确保各国之间的合作能够持续稳定地发展。弘扬丝路精神，有助于推动各国之间的经济合作和贸易往来，实现共同发展和繁荣。

在实践中，我们已经看到了"丝路精神"的生动体现。例如，中国的"一带一路"倡议就是对"丝路精神"的现代诠释。这一倡议旨在通过共建"丝绸之路经济带"和"21世纪海上丝绸之路"，加强与共建国家的经济合作，促进区域经济一体化，实现共同繁荣。这不仅为参与国家带来了实实在在的经济利益，更为不同文明之间的互鉴提供了新的平台。

当然，推动欧亚文明互鉴并非一蹴而就的事情，需要我们共同努力，不断探索。在这个过程中，我们可能会遇到诸多挑战和困难，但只要我们坚持"丝路精神"，就能够克服障碍，推动文明互鉴不断向前发展。文明因交流而多彩，文明因互鉴而丰富。让我们以"丝路精神"为指导，深化欧亚文明之间的交流互鉴，共同构建人类命运共同体，为世界的和平与发展作出我们的贡献。

讲好中华文化故事，增进中外文明交流互鉴

孙尚武[*]

中华文明源远流长、博大精深，是中华民族生生不息、发展壮大的丰厚滋养，也为人类文明进步作出了重大贡献。立足新的文化使命，中国日报深入学习践行习近平文化思想，以守正创新为动力，以提升效能为关键，强化知责明责、担责尽责，用心用力用情向世界讲好中华文化故事，在增进中外文明交流互鉴中，不断推动提升中华文明传播力影响力。

一 聚焦核心，向世界阐释好习近平文化思想的深刻内涵和重大意义

习近平文化思想是新时代党领导文化建设伟大实践的理论结晶，是"两个结合"的光辉典范。中国日报坚持把对外宣介好习近平文化思想作为首要任务和重中之重，以报社"领航工程"为牵引，结

---

[*] 孙尚武，中国日报社副总编辑。

合春节、二十四节气、全球文明倡议提出一周年等重要节点，加大思想溯源与阐释力度，围绕中华文明的突出特征、历史文化遗产保护等主题，持续深入阐明习近平文化思想的丰富内涵和时代意义。利用"核心观""习近平名言金句"等重要栏目持续推出《"国宝推荐人"习近平妙喻讲解元青花花瓶》《海外人士坦言全球文明倡议为促进文明交流互鉴贡献中国方案》等融媒产品。2024年3月，"暖风习习"栏目推出回访式视频《同望千年雪：我们的文化密码》，由年轻记者沿着习近平总书记在安阳殷墟遗址考察的足迹，讲述了中华文脉的赓续传承与习近平总书记对考古工作的殷殷嘱托，总传播量超4000万次，取得很好的海外传播效果。

二 创新叙事，生动展现中华文化深厚底蕴和独特魅力

五千年中华文明创造了众多璀璨夺目的文化成果，书写了人类文明发展史上的辉煌篇章，也是我们开展国际传播的不竭资源。在深刻把握中华文明的突出特性中，中国日报坚持叙事创新与呈现创新相结合，努力让文物"活起来"、让文化"火起来"、让国潮"涌起来"，突出展现好中华文化的永久魅力和时代风采。例如，2024年除夕当天，《中国日报》向全球受众送上一份精心准备的"中华文化大礼包"——"龙腾中华"主题《龙年春节专刊》，融合中国风绘画、书法、剪纸等传统艺术元素，以精美插图插画、创意版面设计、生动故事案例，有力宣介中国龙文化和年文化，受到各界广泛赞誉。创办的"璀璨非遗"栏目突出展现了中华文明中的杰出代表，广受海内外受众的好评。

三　技术赋能，不断拓展中华文化的呈现形态和传播边界

中国日报积极运用人工智能、元宇宙新技术、新手段，以新形态新载体提高报道感染力传播力，努力把"最大变量"变为"最大增量"。例如，中国日报于2022年设立探"元"工作室，推出中国日报首位数字员工"元曦"，并以"中华文化探源者"的身份亮相，受到全球关注。这也是报业领域首位文化传播数字人，目前已推出《元曦带你见识九千年历史岩画》《探秘甲骨文》《如何一天看遍历代中国绘画珍品》等相关主题视频15期，传播量近5亿次。国风元气少女元曦所讲述的故事不仅是中华文化的外在内容，更体现着中华文化的深层精神，展现出中华文化从古至今都是包容开放、胸怀天下的特点。在行业领先的数字人驱动技术与AI大数据技术的加持下，重塑新闻产品报道视角，增强了报道沉浸感和视听体验，将数字人的科幻感与传统文化的美感完美融合，通过感性与理性的碰撞，为中华优秀传统文化扩展表达边界。

四　搭建平台，有力推动中外人文交流交往和相知相亲

"一花独放不是春，百花齐放春满园。"中国日报在统筹网上网下、国内国外，全力做好中华文化融合报道的同时，充分发挥自身资源优势与品牌影响，坚持"请进来"与"走出去"相结合，持续组织开展系列国际人文交流活动，推动筑牢人类命运共同体的文化根基。一方面，坚持以文润心，强化做好海外重点人群的工作。打

造新时代大讲堂、RCEP区域发展媒体智库论坛、亚洲领袖圆桌论坛等品牌活动，持续组织中外政、商、学界知名人士交流思想、碰撞智慧，有力推动消除隔阂误解、增进相知相亲。例如，2023年9月，与国家文物局等共同举办"和合共生、文明互鉴"文化遗产保护论坛，邀请亚洲新闻联盟、国内外文化遗产保护机构、外国驻华使领馆等各界200余人与会，活动境外传播量超3.9亿次。另一方面，注重着眼未来，针对性加强做好全球青少年的工作。国之交在于民相亲，民相亲要从青年做起。中国日报旗下21世纪报社致力于搭建全球"Z世代"交流平台，持续打造"一带一路"青少年英语演讲比赛、"少年会客厅"、"中国让我没想到"、"中美未来在青年"等双语新媒体矩阵，并发起成立"一带一路"语言教育文化组织联盟，鼓励和引导全球青年为构建一个更加美好的世界勇敢发声，为共建人类美好未来凝聚青春合力。

新时代新征程，中国日报将坚持以习近平文化思想为指引，聚焦着力加强国际传播能力建设、促进文明交流互鉴这个中心任务，深化系统布局，创新话语表达，强化品牌引领，与各界携手，共同向世界出新出彩讲好中华文化故事，有力有效推动提升国家文化软实力和中华文化影响力。

中外文明交流互鉴的国际范式

——"人类命运共同体"视域下的金砖国家文明交流互鉴

汪朝光[*]

2023年6月2日,习近平总书记在文化传承发展座谈会上发表重要讲话,提出深刻把握中华文明具有的五个突出特性,即连续性、创新性、统一性、包容性、和平性。习近平总书记的重要论断为我们进一步深入认识与研究中华文明指明了方向。

从世界史以及世界史与中国史结合的角度,阐释中华文明的五个特性及其与世界文明发展的关系,是世界史研究者的职责所在。我认为,我们可以结合习近平总书记提出的"人类命运共同体"理念,对中华文明的五个突出特性进行更深入的认识。

在中国发展的新时代到来之际,习近平总书记提出构建"人类命运共同体"的倡议,反映出中华文明所具有的包容性与和平性特性,表达了人类一家的统一性思想,体现了理论构建的创新性发展,突出了中华文明一以贯之的天下大同的连续性。这是中国对人类社

---

[*] 汪朝光,中国社会科学院世界历史研究所研究员。

会发展理念的新贡献，已经并将继续造福于世界和平与人类发展。

　　金砖国家[①]也是命运共同体，是人类命运共同体的重要组成部分。中国和金砖国家的文明交流互鉴源远流长。中国和金砖国家中的埃及、印度、伊朗（波斯）、埃塞俄比亚等，同为文明古国，很早就有了交流，陆上"丝绸之路"和海上"丝绸之船"绵延伸展，往来络绎不绝，谱写着文明交流互鉴的辉煌篇章。中国与各国取长补短，互通有无，中国的丝绸、瓷器等风行各国，各国的物产如香料等也有惠于中国。金砖国家考古发掘出的陶瓷和钱币这样的物质文化遗存，证实了当年双方交往的历史；隋唐时代长安城络绎不绝的商旅客队、外来住客及历史留下的各种记载，也可为双方交往的见证；马可·波罗也曾提到元世祖忽必烈派使节出使东非的往事，等等。如今广为人知的佛教，便是经由古印度传入中国，中国高僧玄奘（唐僧）西行印度，弘传佛学，成为文明交流互鉴的卓越使者，其事迹传扬至今，还孕育了中国不朽的文学名著《西游记》，成为世界各国人民共同的文化财富。

　　进入20世纪，金砖各国间的交往互动更为频密，各国互相支持，砥砺前行。中国坚定地支持曾经的英国殖民地印度的人民追求民族独立的斗争，坚定地支持非洲大陆仅存的独立国家之一埃塞俄比亚（旧称阿比西尼亚）的人民反抗意大利法西斯侵略的抵抗战争。1919年，在中国爆发的五四运动和在埃及爆发的反英革命运动，反映出中埃两国为追求民族独立、国家平等而反抗列强霸权欺凌的互相影

[①] "金砖国家"的概念，最初起源于"金砖四国"，即巴西、俄罗斯、印度、中国。后来这个概念的内涵与外延不断扩大，本文所称的"金砖国家"，为目前金砖国家合作机制的十个正式成员国，包括"金砖四国"及后来加入的南非、沙特阿拉伯、埃及、阿联酋、伊朗、埃塞俄比亚。

响和支持。苏联人民坚定地支持中国抵抗日本侵略的正义战争；印度医生柯棣华大夫等来华支持中国人民抗战，成为中印人民友谊的佳话；华人华工在南非和巴西的经济社会发展中有着重要的贡献。

1949年中华人民共和国成立后，中国和金砖国家的关系不断发展与深化。以世界历史研究所和中国的世界史学科发展为例，也是金砖国家中俄（苏）之间人文交流的受惠者。新中国成立后，大批苏联专家到中国讲学，开设世界史课程。他们的讲授严谨认真，课程设置规范，要求严格，教学有方，为中国学生打开了学习世界史的门径，对培养中国的世界史研究人才起到了公认的重要作用。同时，大批中国学生前往苏联莫斯科、列宁格勒（今圣彼得堡）等地的知名高校留学，接受了系统的专门化历史教育训练。他们后来也大多成为世界历史研究所和中国世界史研究的中坚力量。

改革开放以后，尤其是中国进入新时代以来，中国和金砖国家的关系得到了全方位发展，文明交流互鉴更趋活跃，规模更广大更深入。我们可以在中国各个商贸城市，遇见来自金砖国家的商人；在中国各个风景区，遇见来自金砖国家的旅游度假者；同样，在各个金砖国家，我们也都能遇到来自中国的商人、技术员和旅游者。所有这些交流和沟通，都在有形无形中，拉近我们的距离，增进我们的了解，从而也有利于我们之间的共同发展进步。

金砖国家间的友好合作源远流长，有深厚的基础。从历史发展而言，我们都有悠久的历史和文明，有或多或少的相似的历史体验，从而一向互相支持；从现实关切而言，我们都面临着维护国家主权、反对强权政治、进行建设发展、创造和谐社会、实现人民幸福的共同使命。实现国家全面发展，推动世界多极化和人类和平正义事业，是金砖国家的共同主张与追求。

习近平总书记提出，中非关系发展要"做强和夯实'五大支柱'"[1]，即政治上平等互信、经济上合作共赢、文明上交流互鉴、安全上守望相助、国际事务中团结协作。这"五大支柱"，不仅是中非关系的发展基础，也是金砖国家之间乃至国际关系中各国间关系稳定发展的"支柱"，从而也为全球化时代的国与国之间关系和全人类的文明交流互鉴建立起国际新范式。

金砖国家关系的发展，也可以加强与促进广大发展中国家之间的团结合作，实现多边互利，共同发展，合作共赢。我们都追求世界的平等、公义、发展、进步，我们也都追求建设富强、文明、幸福、和谐的国家。正是在这样的历史进程中，金砖各国人民彼此呼应和支持，人文交流、文明互鉴、民心相通，则是其中的重要方面。通过这样的文明交流互鉴，可以形成国际交流交往的新范式，有利于全球性和地区性问题的协调、协商、沟通、解决，以更好地建设更为公平、正义、合理的国际新秩序。

人类生活在同一个星球，结成了命运共同体。从金砖国家的文明交流互鉴，再到世界各国各地区的文明交流互鉴，以这样的视角领会和研究世界历史，体认中华文明的五个特性如何扩散到世界、影响到世界，又如何在文明交流互鉴中，从各国文明取长补短，使中华文明的广度与深度更为拓展。如此将为我们的世界史研究打开无比广阔的空间，从而使我们能够创立历史研究的新范式，书写代表中国史学研究水准、有高度创新的历史著述，将中国的世界历史研究事业进一步推向前进。

---

[1] 《习近平谈治国理政》第二卷，外文出版社，2017，第456页。

深入学习习近平文化思想
切实加强中华文化国际传播

滕云平[*]

中央广播电视总台深入学习习近平文化思想，坚定不移从习近平总书记重要思想、重要论述、重要指示中找启迪、找思路、找答案，着力发挥在精品创作、国际传播、融合传播和技术创新等方面的优势，有力有效推动了中华文化走出去，为推动文化繁荣、建设文化强国、建设中华民族现代文明贡献了总台力量。

一 彰显内容制作优势，聚焦中华文化打造精品力作

一是精心打造"头条工程"。总台精心制作《平"语"近人——习近平喜欢的典故》《典籍里的新思想》《习近平的文化情缘》等一批对外传播精品，生动阐释习近平总书记对中华优秀传统文化的深刻理解和从中汲取的治国理政智慧理念，推动习近平新时代中国特色社会主义思想和领袖风范魅力广泛对外传播。其中《平"语"近

---

[*] 滕云平，中央广播电视总台国际传播规划局局长。

人——习近平喜欢的典故》多语种版本节目在全球100多个国家落地播出，产生了巨大影响。2024年5月，在习近平主席对法国进行国事访问期间，总台在巴黎举办《平"语"近人——习近平喜欢的典故》（国际版）发布仪式，节目在"每日影像"Daily Motion、欧洲新闻台等法国主流媒体上线播出，法国宪法委员会主席、法国前总理法比尤斯，法国前总理、法国展望与创新基金会主席拉法兰等致辞祝贺，引发了热烈反响。二是精心打造中华文化精品节目。总台围绕中国传统节日持续提升春节联欢晚会、元宵晚会、中秋晚会等节目制作水平和海外传播力度，传播中华文化之美。2024年春节联欢晚会实现总台各频道频率和68种语言对外新媒体平台直播，联动全球200个国家和地区的2000多家媒体对春晚进行同步直播和报道，春晚已成为传播中华文化的重要载体和闪亮名片。总台还从传统文化宝库中汲取营养和智慧，连续推出了《国家宝藏》《中国国宝大会》《典籍里的中国》《寻古中国》《诗画中国》《非遗里的中国》等一大批传承弘扬传统文化的精品力作，在海内外叫好又叫座，让更多的文物和文化遗产"活"了起来、"火"了起来。

二 凸显全球布局优势，显著提升中华文化国际传播效能

一是巩固拓展海外投送能力。目前，总台广播电视通过传统落地渠道和新媒体平台实现全球覆盖，国际频道海外用户规模稳居国际媒体同行之首，其中新媒体平台用户数占比超过60%。这些海外落地平台渠道为精品文化节目国际传播提供了坚实的保障，既保证了规模，又做到了精准，从而实现显著的国际传播效果。二是抢占

新媒体传播阵地。总台在国际主流的社交媒体平台加强布局，建立起平台多样、语种丰富的社交媒体账号矩阵体系，吸引了巨量粉丝关注，成为推动中华文化传播的重要渠道。特别是近年来总台的网红工作室迅猛发展，多语种网红在吃透中华文化内涵的同时还掌握了"流量密码"，通过"网言网语"把中华文化传播得更加新潮、更加富有感染力。三是不断完善全球报道网络，扩大国际合作"朋友圈"。总台在全球拥有近 200 个海外站点，建立了覆盖广泛的报道员体系，不仅是总台开展国际报道的重要力量，更是推进中华文化传播的有力抓手。总台还积极开展媒体外交，与海外媒体搭建合作伙伴关系，建立起常态化的合作机制。截至目前，仅总台国际视频通讯社在全球签约用户就达 700 多家，遍及 153 个国家和地区，涵盖 4900 多个电视频道和新媒体平台。

三　打造融合传播优势，生动展现中华文明魅力

总台坚持"思想＋艺术＋技术"融合传播，高度重视传媒技术创新应用，创造性采用人工智能、实时动作捕捉、智能语言合成、AR 交互等前沿技术，赋能精品文化节目生产创作和对外传播。一是创新融合传播手段。例如，我们策划了"中国艺术推广计划"国传项目，目前已推出融媒体系列产品《千年调·宋代人物画谱》和《千年调·宋代山水花鸟》，围绕这个项目我们连续两年与 CNN 开展合作传播，在 CNN 电视频道、官网和社交平台矩阵广泛传播，覆盖全球用户近 4 亿户。二是引领前沿传媒技术创新。有人说 2024 年是人工智能应用大发展的"元年"。2024 年 2 月 26 日，总台制作的中

国首部文生视频 AI 系列动画片《千秋诗颂》开播，首部 AI 全流程微短剧《中国神话》、首部 AI 译制微纪录片《来龙去脉》也随后发布。这是总台积极探索生成式人工智能技术在媒体领域的创新应用，更是努力抢占传媒技术竞争制高点、赋能中华文化国际传播的具体实践。总台在人工智能领域的技术应用引起美国之音、半岛电视台、韩国 KBS 等众多海外媒体发文关注，认为总台此举是"突破性融合"，具有"里程碑意义"，预示着讲故事的新时期到来。

反思国际精准传播的实现路径

王维佳[*]

近年来,中国提升涉外事务能力并对其进行统筹管理的诉求日益迫切,而涉外工作的经验、知识和人才储备又成为"卡脖子"的短板,因此,国际传播、区域国别研究、国家安全学和涉外法等几个原本在各自学科体系中处于旁支地位的研究方向得到了特别关注,已经成为社会科学中重点建设的领域。这些新兴的热点研究领域多数都有传统学科作为基础。传统学科的知识积累在一定程度上可以起到支撑作用,但有时也会对新议题和新需求形成思路上的限制,甚至背离知识范式更新的初衷。为此,我提出在国际传播的理论和实践中,应该有意避免对智能化传播和媒体中心等思维范式的依赖,更多通过实践调研和横向学科融合进行知识拓展,特别是加强与区域国别学之间的融合,形成域外在地知识和整合性全球思维的有益互补,由此逐步实现国际传播"精准化"的目标。

近年来,数字媒体技术和人工智能对社会体系的全面介入成为

---

[*] 王维佳,北京大学新闻与传播学院副院长,研究员。

影响新闻传播学科研究旨趣和范式的关键变量。作为传播学的纵向分支，在大量知识积累和思维惯性的推动下，国际传播研究也逐渐呈现出相应的偏好。如何将中国形象的海外推广与方兴未艾的人工智能建立联系，实现传播的精准性成为热门议题。由此，智媒时代、人工智能、社交平台、精准传播、精准推荐也成为国际传播领域的关键词。

适应新的技术趋势，提升决策和内容制作导向的科学性，这都是以上"精准化"国际传播在研究思路上的重要贡献，也必然会在一定程度上有益于传播效果的提升。然而，这种研究偏好在理论思维上有两个基本出发点需要审慎判断。

第一，受众特征的量化呈现是一定社会机制产生的动态结果。那么，在国际传播中，究竟是有关社会机制的知识更为重要，还是不断变化的动态数据更为重要呢？关注可测量的结果，而忽视对社会机制的分析，这种主流传播研究的偏好不自觉中已经深入影响了我们思考问题的方式。长期以来，中国社会科学研究的域外知识就是一个明显的短板，对世界各地的历史文化和政治经济的了解非常匮乏，而受众量化分析所占据的课题资源、知识人力和研究精力的投入显然进一步限制了国际传播领域有关世界知识和在地知识的发展，更不用说这种舍本逐末的社会科学路径本身就需要仔细辨析。

第二，数据统计意义上的"精准传播"显然是以媒体为中心的传播，那么无论是传统大众媒体还是社交媒体平台，这些机构在国际舆论的形成中到底发挥什么作用？它们具有在根本上改变公众态度的功能，还是只能在价值共同体已然形成的基础上不断制造议题、塑造情绪呢？在"后真相"的话题已经被广泛讨论的情况下，完全将国际传播的重点放在媒体上,而不是放在更具有根本性的人际和群体接触上,这本身就是国际传播实践中值得认真反思的关键问题。近年来,西方媒体蓄意抹黑中国的谣言事件大量传播,其基础究竟是牢固的价值偏见共同体,还是媒体影响力与传播效果的技术实现?一味在"主战场"上以媒体传播的"精准性"迎战,这种方式真的有效吗?

事实上,已有学者强调开展深入调查研究是实现国际传播"一国一策"的重要前提,其指出"知己知彼"中"知彼"的不足正是我国国际传播理论研究的重大短板。以往研究中,也有部分研究者针对特定国别或区域的传播实践开展了分析(如东南亚、东北亚、中亚等区域,以及缅甸、老挝、泰国、土耳其等国家,并涉及新华社、CGTN、国际在线、中国国际广播电台、广西电视台国际部等对外传播机构)。这些研究者大多来自边境省份的高校,其学科背景涵盖外国语言文学、国际关系、国际政治、世界史等,其中很多人有过对象国的学习、工作或调研经历,并长期跟踪特定国家的历史现实。此类研究并不符合传播研究的主流范式,反而在很大程度上体现出国际传播所孜孜以求的现实针对性和在地精准化。

前文分析了国际传播的主流知识生产范式,并讨论了这种范式与实践需求之间的错位。在专业学术领域,解决这一问题的有效方式就是进行学科之间的对话和融合。为此,我们提出一个非常具体的建议,就是在国际传播学和区域国别学这两个重要学科间进行整合。

与国际传播、国家安全、国际法等新兴领域不同,区域国别学很难在中国的社会科学体系中找到积累深厚的单一传统学科作为依托，而这一点恰恰使得这一领域获得了极大的自由增长空间，可以成为一个多学科交叉的核心地带。对于国际传播学来说，以"连接"和"沟通"为视角可以将分散的区域国别研究串联起来，构成分段研究中的桥梁和主线。这两个学科领域的深度融合将在知识生产和战略实践两个层面带来社会科学研究新的价值增长空间。

遗憾的是，现有的国际传播基金立项与论文成果中，域外实地调研几乎处在缺失的状态。而上述散点式的域外研究缺乏全面性，因而无法对国际传播、人才培养和对外交往提供系统性支撑。可以说，在地化知识和域外调研的匮乏不仅限制了国际传播理论创新的源头活水，也使学科建设和人才培养普遍缺乏全球视野、历史深度和实践针对性。

2022年9月，区域国别学正式被纳入交叉学科一级学科目录，这吸引了学界的诸多关注。尽管其学科建设还处在探索阶段，但经由官方文件和相关学科专家的讨论，已经能够窥见一些基本共识，其中包括强调历史视野和域外基础知识的积累，提倡文明互鉴与重视文化主体性，重视跨学科和实地调研，强调自主知识体系构建等等。值得注意的是，这些指导学科发展的共识，不应该被单纯看作对区域国别学的要求，而是新时代背景下，所有涉及域外知识和国际问题的学科都应该面对和回应的问题。

（本文的完整版本以《在地出新知：国际传播精准化的实现路径》为题，载于《中国出版》2024年第10期）

谈中华民族文化传播

程曼丽[*]

所谓中华民族文化传播，是指中华民族作为一个整体或主体的对外文化传播。

中华文化是中国各民族人民共同创造、传承和发展的。自古以来，中华文化因环境的多样性而呈现出丰富多元的形态。秦汉以后，中华大一统的思想逐渐形成，中原地区文化持续与周边地区文化交流交融，经唐宋元明清历代发展，各民族文化深度融合、交相辉映，共同铸就了中华文化的灿烂图景。

但是长期以来，西方媒体对中国民族问题的报道大都是在"冲突框架"下展开的。这些报道往往会以历史视角追溯"冲突"的根源，通过片面的事实选择和基于西方价值观的错误解读，将中央政府与新疆、西藏地区的关系界定为"侵略"与"被侵略"，"压迫"与"被压迫"的关系。近年来，随着美国对华战略的转向，民族问题再次成为其涉华舆论议题设置的重点。

---

[*] 程曼丽，北京大学新闻与传播学院教授。

西方媒体在我国民族问题上的话语建构和舆论引导从反面提示我们：应当进一步发掘和研究包括不同民族文化在内的中华文化蕴含的哲学思想、人文精神和道德理念，形成足以突破现有话语桎梏的精神力量和文明形态。

第一，广泛传播多元一体的中华文化。

"多元一体"是中华民族的文化格局和特色。千百年来，各族人民在中华大地上和睦相处，形成了休戚相关、荣辱与共的一体化观念与意识，形成了相互依存的、统一而不能分割的中华文化。我们要深刻理解、把握中华文明的突出特性和中华文明多元一体格局，顺应中华民族从历史走向未来、从传统走向现代、从多元凝聚为一体的发展大趋势，致力于建设中华民族现代文明，创造人类文明新形态。建设中华民族现代文明，首先需要坚定文化自信，增强对中华民族多元一体发展优越性的认同感与自豪感；同时需要充分挖掘中华优秀传统文化的内涵，讲好各民族团结合作、互相支持、互相尊重、宽容相待、携手共进的故事，为多元一体中华文化的对外传播注入永不枯竭的动力源泉。

第二，推进中华民族代表性符号的整体传播。

长期以来，为了突出中华民族，尤其是少数民族的不同特色，我们尽可能展现其个性化的内容，包括不同民族的饮食习惯、服饰穿搭、民俗风情、音乐舞蹈、建筑风格等等。这样做原本没有问题，但是今时不同往日。目前美国在对中国实施打压的过程中，将民族问题进行极端化处理，竭力夸大其差异性、矛盾性的一面，并对国际舆论产生着持续而深刻影响。鉴于此，在涉民族对外传播中，我们应当将以往片段式的、单一符号的民族文化传播转变为中华民族代表性符号的整体传播，通过阐释符号所承载的理念和价值更好地说明中国，展现几千年来绵延发展的文明形象，展现各民族在"大家庭"中讲平等，在宗教上彼此尊重，在经济发展中互帮互助、走共同富裕道路的景观，凸显"中国特色"。

第三，关注人类社会的共同问题。

习近平总书记首倡构建"人类命运共同体"，呼吁"建设持久和平、普遍安全、共同繁荣、开放包容、清洁美丽的世界"。[①] 这是新时代中国共产党人基于中华民族共同体理念，针对国际社会的共同问题提出的中国方案。这要求我们在包括民族议题在内的对外传播中，尽可能摆脱思维和视野上的局限性，关注人类社会的共同问题，为解决这些问题提供中国方案和中国示范。

与西方国家不同，中华民族共同体既是民族共同体，也是政治共同体、文化共同体和命运共同体，具有丰富的理论内涵、历史积淀与实践范例，可以为广大发展中国家选择符合自身国情的发展道路、为促进世界多元文明的交流互鉴、为淬炼构建人类命运共同体的共同价值提供智慧资源。

第四，掌握舆论战的技术技巧。

伴随着美国政府对华战略的转变，掌握着国际话语权的美国舆论界将中国话题纳入整个世界话语体系中予以建构。事实上，这正是舆论战惯用的手段。舆论战是一种思想、观点、意志的导入，看似无形却极其有力。美国对华舆论战的案例告诉我们，舆论战不是匆促的应急之举，也不是简单的反击之策，其背后是一系列体制、

[①] 《习近平著作选读》第二卷，人民出版社，2023，第48页。

机制的支撑，包括舆情研判、舆论布局、议程设置以及各种策略、手段的运用。对此我们应当高度重视，加强研究，掌握其中的规律。这些需要我们进一步加强研究研判。在新媒体环境下，我们还要充分挖掘和利用各种话语资源和平台资源，在"中华民族共同体"与"人类命运共同体"统一的叙事框架下讲好中国故事，传播好中国声音。

新时代中华文化的国际传播：
战略规划与路径抉择

袁　征[*]

当今世界互联互通，信息传播技术日新月异，互联网、人工智能等技术的高速发展正不断改变人们的生活方式。随着中国日益走近世界舞台中央，新时代中华文化的国际传播需求，已经迫切地摆在我们面前。这里我就新时代中华文化的国际传播，谈一谈自己不太成熟的看法。

首先，要做好新时代中华文化国际传播工作，我们应厘清一些重要的认知，处理好三个方面的关系。

一是传统与现代的关系。中华文化应当是传统文化和现代文明相结合，既要挖掘中华传统文化的精髓，更要充分展示当代中国的风貌，展现中国所取得的巨大成就。

二是理念与现实的关系。当今世界是以美国为首的西方国家所主导的国际体系，在话语权方面我们处在弱势。既要向世界阐释自己的理念，展示中国文化的精髓，也要认识到中华文化的多面性，

---

[*] 袁征，中国社会科学院美国研究所副所长，研究员。

从容自信地面对外界的质疑。世界是复杂的，但我们是自信的，要学会包容和融通。

三是普遍与特殊关系。中华文化既是民族的，也是世界的。我们进行对外传播时，既要强调中国的特色，更要强调中国与世界的共性，强调不同文化的平等性和相通性，认同国际社会普遍认同的核心理念。将本国特色和世界共性辩证地结合起来，才能通过文化交流搭建起相通相知的桥梁。在对外传播的实践中，应有意识地使用"共情传播"这一方式，增强共情意识，提高共情能力，减少文化隔阂，提升不同国家民众对于中国理念的认同度。切忌先入为主、自说自话，甚至摆出美国人那种"教师爷"的姿态，流露出自大傲慢、高人一等的气势，那样只会增加受众的反感。

其次，战略规划上，国家层面应当有相应的协调机制，以指导全面推进国际传播工作。2023年6月2日，习近平总书记在文化传承发展座谈会上阐释了中华文明的突出特性，强调了"两个结合"的重大意义，就推进中国特色社会主义文化建设、建设中华民族现代文明做出了引领性的指示。作为一个有着深厚文化底蕴的大国，面对外部复杂的国际环境，我们应考虑制定中华文化国际传播的总体战略，指导国内各方明晰对外传播的使命、路径和方向，更好地协调各方力量，推动新时代中华文化的国际传播。要制定战略规划，我们不能闭门造车，而应当通过驻外使领馆、参与对外经贸合作的企业、参与"一带一路"建设的人员以及文化交流团体了解相关国家及民众的信息需求，真正做到把我们想讲的和他们想听的结合起来，积极回应国际社会的关切，消除他们的误解和担忧。在引进来和走出去的过程中，特别是文化交流中，国家应提供更多的便利条件。

最后，关于新时代中华文化国际传播的路径。习近平总书记就新时代的文化使命强调了"坚定文化自信""秉持开放包容""坚持守正创新"三点要求。在世界大变革时代，我们应注重运用新技术、新方法来面向国际社会传播新时代中华文化的精髓，充分展现中国文化的魅力，宣传中国的价值理念，为人类文明发展贡献中国智慧，提供中国方案，推动中华文明和世界文明的交流互鉴，为世界文明的发展作出贡献。在此，就新时代中华文化国际传播的路径，提出四点看法。

其一，自信而包容，将传统文化和新时代中国的发展结合起来，将中华文明和世界文明融通起来，彰显中国所倡导的文明互鉴精神。中华民族不断融合、中外交流绵延上千年，中华文明也是同其他文明不断交流互鉴而形成的文明。中国文化有自己的特色，有自己的价值理念，但中华文明和其他文明也有相通的地方。寻求和谐交融，达到润物细无声的境界，那才是中华文化推广应当努力的方向。

其二，以多主体协同联动来推动多层面中外交流，实现立体化国际传播。中华文明是中华民族各族文化数千年来不断融汇而成，丰富多彩，博大精深。仅仅依靠全媒体传播体系还难以完成中华文化国际传播的内容制作和传播推广，需要更多更广泛的机构团体和专业人员参与其中。从中央到地方，不仅有媒体，还有艺术院校、文化主体、企业以及公民个人，包括学者、非物质文化遗产传人、中华美食厨师等，都可以参与进来，以有效拓展中华文化传播的广度、深度和影响力。我们应乐见喜爱中华文化的外国人士也参与推广和传播。

其三，需要加大既懂中华文化，又精通外语并了解对象国政治文化、擅长国际传播的复合型高端人才的培养。这是未来我们进一步提升国际传播能力当务之急需要解决的问题。无论是在国际组织或跨国文化机构中，我们都极其缺乏这样的人才。

其四，充分利用数字化技术，通过多平台多媒体及智能化方式提升国际传播的效能。我们生活在一个数字化的时代，互联网早已改变了我们的生活。不光是广义上的大媒体，而且文化机构及管理部门都应当与时俱进，充分利用虚拟现实、人工智能等前沿技术来为中华文化的传播打造更多新平台和新场景，以提升国际传播的效能。

学者的使命与追求：参与国际学术构建，探寻人类共同福祉

陈　恒[*]

中华文明的连续性、创新性、统一性、包容性、和平性，既是历史传承的结果、文明互鉴的结晶，也是对中华文明形态现状的客观描述；既是我们内在的理想与追求的目标，又是我们探索人类命运共同体、塑造文明新形态的基本指南。但是，我们不能静态地、固化地、僵化地、画地为牢地理解这个基本判断，需要按照习近平总书记所说去理解，"只有把马克思主义基本原理同中国具体实际相结合、同中华优秀传统文化相结合，坚持运用辩证唯物主义和历史唯物主义，才能正确回答时代和实践提出的重大问题，才能始终保持马克思主义的蓬勃生机和旺盛活力"[①]。

毫无疑问，历史学家肩负着学术实践与大众传播双重使命，对此重大命题的理论阐释负有重要的责任。就当代中国的历史学界而言，

---

[*] 陈恒，上海师范大学副校长，教授。
[①] 习近平：《高举中国特色社会主义伟大旗帜　为全面建设社会主义现代化国家而团结奋斗——在中国共产党第二十次全国代表大会上的报告》，人民出版社，2022，第17页。

中国史研究者必须放眼世界，世界史研究者必须胸怀中国；中国史必须与世界史相结合，历史学必须与其他学科相结合，中国学术必须与世界学术相结合；历史学家既要有家国情怀，又要有世界精神，积极参与国际学术循环，总结人类文明的丰硕成果，构建解释世界的新思维、新理论、新方法。惟其如此，才能不断完善、不断丰富、不断发展中华文明的五个突出特性，为构建人类命运共同体贡献中国智慧。

不可回避的是，我们今天关于家国情怀的某些说法还停留在兰克时代的历史思维，当然这也是客观现实的反映，中国还没有完成国家统一，台湾还未回归，就是统一的内部也还面临着外部势力支持的分裂分子，扰乱中国式现代化的发展进程。中国是历史上少有的现代复杂国家，这种复杂与磨难也造就了中国的伟大。不过，家国情怀与世界主义并不相冲突，我们的历史研究更需要具有世界精神的家国情怀，既不排斥外来优秀文化，也善于把优秀外来文化与当代中国的历史学研究相结合。

就人文研究而言，我们的强项是研究中国，弱项是研究世界。无论中国多重要，她只是世界众多山峰中的一座；无论中国的研究多么全面、多么深刻、多么发达，也只是世界的一个面相。想象世界的方法很多，改造世界的路径不少。我们需要培养大量精通异域各种山峰的各种人才、专家、学者，这是真正的"耐心成本"。这可以从世界史研究几个比较重要的领域来看当今中国世界史学术界的基本状况。

世界通史的编写不但对于普及世界史知识、提升公众的历史素养具有积极作用，而且可以让外界了解编写者的世界观，一窥一个时代的学术水准与精神面貌。英语世界的"剑桥三史"、苏联科学院编写的《世界通史》（1959~1990）、联合国教科文组织的《人类文明史》等皇皇巨著既代表了不同思想观念下对世界历史的解读，也对历史教育的普及作出了巨大贡献，在学术界具有重要地位。我国最流行的世界史是周一良、吴于廑主编的四卷本《世界通史》，吴于廑、齐世荣主编的六卷本《世界史》，在国内世界史学界影响巨大，牢牢占据学术界的话语权，其源头是苏联的马克思主义史学叙事。但是，我们还没有能反映在新时代文明交流、互鉴、互融观念指导下对世界史解读的研究著作。

区域国别研究是服务现代国家的一个多学科交叉研究领域，旨在对特定区域或国家进行综合研究，为政策制定、商业决策、人员往来和文化交流提供重要支持。从本尼迪克特的《菊与刀》到布罗代尔的《地中海与菲利普二世时代的地中海世界》，再到萨义德的《东方主义》……欧美国家已经出版了大量经典著作。随着中国不断发展、不断融入世界，要提升对国际关系和全球事务的理解和应对能力，也要求我们不断加强区域国别研究。今日中国的区域国别研究，热闹非凡，一片繁荣，但难免鱼龙混杂，泥沙俱下，尤其是很少有人有进行长期基础研究的规划。世界上有很多国家或地区，比如撒哈拉以南地区、南亚东南亚地区、美国以南的泛南美地区，基本是没有基础研究学者的，可以称之为区域国别研究中的"三南问题"。没有长期的基础研究，怎么会有代表性的学术著作？

在我看来，全球史是区域国别的替代版本，是把整个地球作为一个相互联系的、相互影响的完整的区域来对待。这既是学术发展到一定阶段的产物，又是全球治理思想的无意流露。这个领域已经出现了诸如《西方的兴起》《枪炮、病菌与钢铁：人类社会的命运》《大分流：欧洲、中国及现代世界经济的发展》等一系列通史类、专题类的名著，影响巨大。反观我国的全球史书写，则是"三多一少"：讨论多、研究多、翻译多，行动少。唯一的例外是葛兆光先生主编的三卷本《从中国出发的全球史》，似乎可以作为中国史学界从实践层面正式介入全球史书写的标志。

  上述三个领域的状况说明我们的人文研究基础还不够强，我们的人文研究反思多于行动，我们的人文研究的世界性还有待进一步提升。从通史编撰到专题研究，我们各个研究的领域在什么时间可以出现全球性的代表著作？人文问题很隐性、很复杂，不仅是知识生产的问题，还涉及政治理想、民族意识、意识形态等方面。人文研究是否发达是检验一个国家的伦理、道德、正义、权利是否发达的利器，是国家软实力的体现。哲学社会科学即传统的"大文科"大致有三种倾向：宣传的、应用的、传统的。"大文科"包括政经法、教育、艺术、人文四类，大致侧重于经邦济世、人的发展、审美品位、追求真理等方面。从实用价值的角度看，人文属于链条的最低端，但这个低端是一切发展的基座、基石、基础，是看似无用却有大用的学问，尤其"历史研究是一切社会科学的基础"。

  一方面，中国学术期刊界出于转载与引用的考虑，对人文学术文章的发表要求越来越苛刻，青年学者发表的机会越来越少，其所发文章的数量远远少于20世纪80年代。另一方面，据统计，全国的世界史相关的从业人员大约只有1200人，其中还包括大量以教学为主的教师。根据林·亨特的说法，美国大约有12000名历史学从业人员，按照通常的比例，即其中四分之三的人员都在研究外国史来计算，美国大约有 8000 名外国史研究从业人员。中国的人口大约是美国的 4.24 倍，按此计算的话，我们的世界史研究者的人数远远满足不了中国式的现代化建设的需要。我们有多少世界史研究期刊呢？我们的世界史学术出版总量有多少呢？这些总量在整个中国出版业中所占比例又是多少呢？牛津、剑桥、哈佛、耶鲁、哥伦比亚等大学，甚至不少理工大学都有很好的历史系，且都侧重世界史研究。我们很多顶尖高校是没有历史系的，更不要说有世界史研究、外国史研究了。这些现象说明我们的人文学术研究地方性色彩较为浓厚，与我们的世界大国形象是不匹配的。

文明的活力在于交流与互鉴，积极参与国际学术对话，参与国际学术循环是拓宽视野、避免自大、减少国际学术界的不平衡与不对等的唯一路径。学者的国际参与度是学术活跃的标志，国际学术的参与度是文明开放的符号、文化自信的象征。不过，我们要注意的是，参与国际学术循环过程中所主张的"自主的知识生产"强调的是知识生产背后的思想观念的独立性、主导性，而不是关起门来搞学术。我们要避免把自主的知识生产理解为学术内卷，仅仅关注自己的传统，而不把自己的传统推向世界，变为世界所公认的知识、观念与价值。

人文学术关乎国家的长治久安。就世界史学术研究而言，今天，当我思考要做什么时，我总想知道牛津在做什么，剑桥在做什么，哈佛在做什么，耶鲁在做什么？明天，当他们想做什么，总想知道我们在做什么，必须知道我们在做什么的时候，则是我们已经真正掌握了世界知识生产的主动权，拥有了世界史学术话语权的时刻。这才是真正的知识强国、学术强国。当有一天，全世界青年学者的第一篇文章、第一本著作都想在中国发表，都以在中国出版为荣时，则是中国学术繁荣发达的达成时间。

  看世界不能停，我们需要不断睁眼看世界，需要更多的韧劲，需要更多的耐心，需要更多的包容，出版更多的具有世界性的学术著作，从而把中华文明"五个突出特性"的内涵阐发得越来越系统化、学理化、理论化、伦理化、道德化，让世人看到中华文明的辉煌与博大。

图书在版编目（CIP）数据

建设中华民族现代文明研讨会文集 / 中国社会科学院科研局编 .-- 北京：社会科学文献出版社，2024.9.
ISBN 978-7-5228-4135-9

Ⅰ.K203-53

中国国家版本馆 CIP 数据核字第 2024L5T091 号

建设中华民族现代文明研讨会文集

编　　者 / 中国社会科学院科研局

出 版 人 / 冀祥德
责任编辑 / 刘　芳
责任印制 / 王京美

出　　版 / 社会科学文献出版社·法治分社（010）59367161
地址：北京市北三环中路甲29号院华龙大厦　邮编：100029
网址：www.ssap.com.cn
发　　行 / 社会科学文献出版社（010）59367028
印　　装 / 三河市龙林印务有限公司

规　　格 / 开　本：787mm×1092mm　1/16
印　张：22　字　数：251千字
版　　次 / 2024年9月第1版　2024年9月第1次印刷
书　　号 / ISBN 978-7-5228-4135-9
定　　价 / 128.00元

读者服务电话：4008918866

版权所有 翻印必究